改訳 遊ぶことと現実
Playing and Reality
D・W・ウィニコット 著
橋本雅雄／大矢泰士 訳

岩崎学術出版社

Playing and Reality
by D. W. Winnicott
Tavistock Publications Ltd, London
Copyright © 1971 Associated Book Publishers Ltd.
Japanese translation rights arranged
through Tuttle Mori Agency Inc., Tokyo.

料金を払ってまで
私に教えてくれた
患者さんたちに捧げる

謝　辞

　本書の原稿の準備を手伝ってくれたジョイス・コールズ夫人に感謝を述べたい。

　また，マスード・カーンからは多くの恩義を受けている。彼は私の書いたものに建設的な批判をしてくれ，実際的な示唆が必要なときにはいつも（私の感じるところによれば）身近にいてくれた。

　患者諸氏に，献呈の辞のなかで感謝をあらわした。

　すでに出版されている論文の再録を許可されたことに対して，下記の方々に感謝する次第である。

『児童の心理学と精神医学（Child Psychology and Psychiatry）』誌編集者
『フォーラム（Forum）』誌編集者
『国際精神分析雑誌（International Journal of Psycho-Analysis）』編集者
『小児医学（Pediatrics）』誌編集者
国際精神分析叢書（International Library of Psycho-Analysis）監修者
ピーター・ローマス博士（Dr. Peter Lomas）
ロンドンのホガース出版社（Hogarth Press Ltd.）

序　論

　本書は，私が 1951 年に発表した論文「移行対象と移行現象」の発展である。最初に，多少とも繰り返しにはなるが，基本仮説を再び述べたいと思う。そのうえで，私自身の考えや臨床素材の査定のなかに生じた，その後の発展を紹介したい。最近の 10 年間を振り返って，私がますます強く感じるようになっているのは，ふだん分析家たちのあいだで交わされ，また文献のなかで行われる精神分析的なやりとりのなかで，この領域の概念化がいかに無視されてきたかということである。パーソナルで内的な心的現実や，それが外的現実あるいは共有された現実に対してもつ関係には焦点が当てられてきたが，その一方で，個人の発達や体験におけるこの領域は無視されてきたように思える。今日に至るまで，文化的体験は，分析家が自らの作業や思考のなかで用いる理論のなかに，その真の場所を見出したことがなかった。

　もちろん，哲学者たちの著作を読めば，この中間領域という言葉で記述されうるような事柄が彼らには認識されていたことが分かる。神学において，それは聖変化[訳注1]についての永続的な論争のうちに特有の形をとって現れている。それはまた，いわゆる形而上詩人たち（ジョン・ダンら）の特徴的な作品のなかにも随所に現れている。私自身のアプローチは，赤ちゃんと子どもの研究からきており，こういった現象が子どもの生活のなかで占める場所について考えるには，くまのプーさん[訳注2]が重要な位置にあることを理解しなければいけないし，私はこれにシュルツによる漫画「ピーナッツ」への言及を喜んで付け加えたい。私が本書で考察しているような普遍的現象が，想像豊かに創造的に生きることの特殊な力に関心をもつ人々の視野から外れ

訳注1）ミサの聖別でパンとぶどう酒が実体的にキリストの体と血に変化するというローマ・カトリックの教理。プロテスタントはこれを批判し，象徴にすぎないとする。
訳注2）英国の A. A. ミルンによる原作（1926 年）では，「くまのプーさん」は少年クリストファーのお気に入りのテディ・ベアである。物語は，幼いクリストファーにせがまれて，父親がこのテディベアを主人公にしたお話を語ってあげるという設定で始まる。

ることなど，実際のところありえないのである．

　私が一人の精神分析家として，おそらく小児科医であったが故に，乳児や子どもの生活のなかでこの普遍的現象がもつ重要性を感じ，この観察を，私たちがいつでも発展させていく過程にある理論へと統合したいと望んだのは，一つの宿命であった．

　今では一般的に認識されていると思うが，私が著作のこの部分で言及しているのは，赤ちゃんが使用する布切れやテディ・ベアそれ自体ではなく，対象というよりも，対象を使用することなのである．私が移行対象と呼ぶものを乳児が使用することに含まれている逆説（パラドックス）に，私は注意を促している．私の貢献は，逆説が受け入れられ，耐えられ，尊重され，そしてそれが解決されないように求めている点にある．分裂-排除された知的機能へと逃避することによって，その逆説を解決してしまうことは可能だが，その代価として，この逆説自体がもっている価値を失うことになる．

　この逆説は，受け入れられて耐えられるならば，すべての個人にとって価値がある．その個人は，ただ生きてこの世界に生活するだけでなく，過去や未来との文化的なつながりを利用して限りなく豊かになることができるようになる．基本的テーマをこのように拡張することが，本書での私の関心事である．

　私は，移行現象という主題をめぐってこの本を書くなかで，実例を挙げることに気が進まないのをずっと感じている．気が進まない理由は，最初の論文に書いたとおりである．実例は，標本をピンで固定するようなものであり，ごく不自然で恣意的な分類過程を始めさせてしまうが，私の言おうとしている事柄は普遍的なものであって，無限の多様性をもっている．それはむしろ人間の顔を記述する場合に似ている．顔の形と眼と鼻と口と耳に関して記述するにしても，全く同じ顔は存在しないし，似たような顔もそうあるものではない．静止しているときは似た顔であったとしても，少しでも表情や動きがあると違った顔になるものである．とはいえ，気が進まない気持ちはあるにしても，そのような形で貢献することを完全に拒絶しようとまでは思わな

い。

　こういった事柄はすべての人間の発達の早期段階に属しているので，広く開かれた臨床領域が私たちの探索を待っている。オリーヴ・スティーヴンソンによる研究（Stevenson 1954）がその一例であろうが，これは彼女がロンドン政治経済学院で保育専攻の学生であったときに行った研究である。また，バスティアーンス博士から聞くところによると，オランダでは医学生が子どもの生育史を親から聴き取るさいに，移行対象と移行現象についての質問も含めるのが今では通例となっているという。何よりも事実が教えてくれるのである。

　もちろん，引き出せる事実は解釈される必要があり，両親から与えられた情報や赤ちゃんの行動の直接的な観察を十全に活用するためには，それらを理論との関係のなかに置いてみる必要がある。このようにして，同じ事実がそれぞれの観察者によって異なる意味を持つように見えることがありうる。にもかかわらず，これは直接観察や間接的質問を行うのに有望な領域であり，学生は時おり，この限定された領域について質問した結果から，象徴形成や対象と関係することの早期段階の複雑さと重要性を認識することだろう。

　私は，これらの事柄についての正式の調査を一つ知っており，読者はそこから発表される出版物を見逃さないようにしてほしい。ローマのレナータ・ガッディーニ教授が行っている，三つの異なる社会集団を用いた，移行対象の綿密な研究である。彼女はその観察にもとづいてすでに考えを定式化し始めている。私は，ガッディーニ教授が前駆という考えを使っていることには価値があると思う。彼女はこの考えを用いて，非常に早期にみられるような握り拳や手の指や親指をしゃぶること，舌をしゃぶること，そしておしゃぶりの使用をめぐる複雑な事柄のすべてを，この全体的テーマに含めることを可能にした。また彼女は，揺らすこと（rocking）という問題を導入しており，これは子どものリズミカルな身体運動と，揺りかごや人間の抱っこで揺らすことの両方を含んでいる。抜毛もこれと関連のある現象である。

　それ以外に，移行対象という考えをめぐる研究の試みとして，サンフランシスコのジョゼフ・C・ソロモンによるものがあり，彼の論文「内在化され

た移行対象としての固定観念」(Solomon 1962)は，新しい概念を導入している。私自身とソロモン博士の見解がどこまで一致しているかは分からないが，重要なことは，移行現象の理論が手元にあれば，多くの古くからある問題を新鮮な目で見直すことができる，ということである。

　本書での私自身の貢献は，もう私が赤ちゃんの直接的な臨床観察をする位置にいないという事実と結びつけて考える必要がある。赤ちゃんの直接的な臨床観察こそ，私が理論の形へと築き上げたすべての主要な基盤であった。とはいえ，私は，親たちが自分のやりかたとタイミングで想起する機会さえ与えられれば，子どもとの体験について述べることのできる描写に，今でも触れる機会を持ち続けている。私にはまた，子どもたちが自分自身の重要な対象や技巧(テクニック)について語るのを聞く機会が今でもある。

目　次

謝　辞　v
序　論　vii

第1章　移行対象と移行現象　1

第2章　夢を見ること，空想すること，生きること
　　　　——一次的解離を記述するケース・ヒストリー　35

第3章　遊ぶこと——理論的記述　51

第4章　遊ぶこと——創造的活動と自己の探求　72

第5章　創造性とその諸起源　90

第6章　対象の使用と同一化を通して関係すること　119

第7章　文化的体験の位置づけ　131

第8章　私たちの生きている場所　143

第9章　子どもの発達における母親と家族の鏡-役割　152

第10章　本能欲動とは別に交叉同一化において相互に関係すること　163

第11章　青年期発達の現代的概念とその高等教育への示唆　191

終わりに　209
文　献　210

解　説　215
訳者あとがき　224
索　引　225

第1章　移行対象と移行現象

　この章では，1951年に定式化した最初の仮説をそのまま提示してから，これに二つの臨床例を付け加えたい。

I. 最初の仮説 [原注1]

　よく知られているように，乳児は生まれてまもない頃から，こぶし，親指やその他の指を使って口唇快感領域を刺激し，その領域での本能満足を味わったり，静かな一体感に浸ったりもする。また，これもよく知られていることだが，その数カ月後，乳児は性別にかかわりなく，好んで人形で遊ぶようになり，ほとんどの母親たちは乳児が特定の対象で遊ぶのにまかせ，子どもがそういった対象にいわば嗜癖的に耽溺したとしても不思議には思わないものである。

　時間的に隔たったこれら二つの現象のあいだには関連があり，前の現象から後の現象への発達を研究すると得るところが大きいだろうし，これまで見落とされがちだった重要な臨床的素材を活用することにもつながるだろう。

初めての所有物

　母親たちの関心や問題と密接に関わったことのある人なら誰でも気づいていることだろうが，赤ちゃんは，最初の「私-でない（not-me）」所有物を使うとき，実に豊富なパターンを見せるものである。これらのパターンは目

[原注1] 国際精神分析雑誌 第34巻2号（1953），およびD.W.ウィニコット著『小児医学から精神分析へ』ロンドン，タヴィストック出版（1958a）に掲載，収録された。

に見える形で示されるため，直接観察の対象にもなりうる。

新生児がこぶしを口に入れる活動から始まって，最終的にはテディベア，人形，柔らかい玩具や固い玩具といったものへの愛着にいたる，一連の出来事の経過には幅広いヴァリエーションがある。

口唇的な興奮や満足が他のすべての基礎にあるのかもしれないが，ここで重要なのは，明らかにそれとは違った何かである。他の多くの重要なことが研究されうる。そこに含まれるのは，次のようなことである。

1. その対象の性質
2. その対象を「私-でない」ものとして認識する乳児の能力
3. その対象の場所——外部か，内部か，境界上か
4. ひとつの対象を創造し，思いつき，工夫し，創始し，生みだす乳児の能力
5. 愛情のあるタイプの対象関係の始まり

私が「移行対象」と「移行現象」という用語を導入したのは，体験の中間領域を言い表すためである。それはつまり，親指とテディベアとのあいだ，口唇的性愛と本当の対象関係とのあいだ，一次的な創造的活動とすでに取り入れられたものの投影とのあいだ，恩義への一次的無自覚と恩義を認めること（「ター（ありがとう）」と言うこと）とのあいだの体験の中間領域である。

この定義によれば，乳児の喃語や，もっと年上の幼児がこれから眠りに入ろうとするときにいくつかの歌やメロディーを繰り返し口ずさむことも，移行現象として中間領域に含まれる。また同様に，乳児のからだの一部ではないが，かといって外的現実に属するとも充分に認識されていない対象を使用することもこれに含まれる。

人間の本性をめぐる通常の見解の不適当さ

対人関係の観点からの人間の本性の説明は，たとえ機能の想像力による精緻化や意識的・無意識的な空想の全体（抑圧された無意識を含めて）を考慮

に入れていたとしても，充分なものでないことが広く認識されている。また，ここ20年間の研究から得られた，これとはまた違った人間の記述のしかたもあり，それによれば，境界膜と外部と内部をもった単一体（ユニット）となる段階に達したすべての個人について，その個人には**内的現実**があると言うことができ，それは豊かにも貧しくも，平和にも戦争状態にもなりうるような内的世界である。この考えは役に立つが，はたしてそれで充分だろうか？

　私が主張したいのは，もしこのような二分法が必要だとすれば，三分法も必要だということである。すなわち，見落としてはならない人間の生活の第三の部分は，内的現実と外的生活の両方が寄与している**体験すること**の中間領域である。これは疑義を突きつけられることがない領域である。なぜなら，この領域に求められることといえば，内的現実と外的現実を分離しつつも相互に関係させておく，という永遠の人間的課題に取り組む個人にとって，それが休息の場として存在すること以外にはないからである。

　「現実検討」という言葉を使い，統覚と知覚をはっきりと区別するのが普通であるが，ここで私が主張しているのは，赤ちゃんが現実を認識して受け容れられないことと，それができるようになっていくこととのあいだには，中間状態があるということである。それゆえに，私は**錯覚**（illusion）の実質を研究しているのである。錯覚は，乳児には許されており，大人の生活では芸術や宗教に元来備わっているが，ひとたび大人が他の人たちに対し，信じることを過剰に強く要求して，その人たちが抱いてもいない錯覚を無理やりその人たちも共有していると認めるように強制するならば，狂気のしるしにもなる。私たちは**錯覚的体験**への敬意を共有することができ，もし望むなら，私たちの錯覚的体験の共通性にもとづいて集まってグループを形成することもあるだろう。これは人間における集団形成の自然の成因である。

　理解していただけるものと思うが，私は，小さな子どものテディベアや，乳児のこぶし（親指，その他の指）といったものについて個々の話をしているわけではないし，対象関係の最初の対象について特定的に研究しているわけでもない。ここで私にとって関心があるのは，最初の所有物であり，主観的なものと客観的に知覚されるものとの中間領域なのである。

パーソナルなパターンの発達

　精神分析の文献には,「手を口へ」から「手を性器へ」にいたる進展については多く言及されているが,その先の,真に「私-でない」対象を扱うことへの進展については,おそらくさほど言及されていない。乳児の発達においては,遅かれ早かれ乳児の側に,自分以外の対象をパーソナルなパターンへと織り込んでいく傾向が出てくる。これらの対象は,ある程度までは乳房を表しているが,ここで論じているのはとくにこの点ではない。

　ある乳児たちの場合には,親指を口に入れているときに,前腕を回内・回外運動させることで,親指以外の指が顔を撫でる。そのとき,口は親指との関係で活発化しているのであって,ほかの指は口に関与していない。口と関わっている親指よりも,上唇やそれ以外の部分を撫でている他の指のほうが重要になっている場合もあり,あとで重要になっていく場合もある。さらには,この撫でる活動が,直接的な親指-口の結合をともなわずに,それ単独でみられる場合もある。

　ごく一般的な体験のなかで,以下のうちのどれかが起こって,親指しゃぶりのような自体愛的体験を,もっと複雑なものにする。

Ⅰ）もう一方の手で,毛布やシーツといった外的対象をつかみ,指もろとも口に持っていく。

Ⅱ）いろんなふうに布切れを抱えて,吸ったり,あるいは実際には吸わなかったりする。このときに使用される対象には,いうまでもなくナプキンや（のちには）ハンカチが含まれ,何がいつでも利用できて,あてになるかによって違ってくる。あるいは,

Ⅲ）赤ちゃんがまだ数カ月のころから,羊毛(ウール)をむしり,それを集めて,撫でる活動に使いはじめる。これよりも稀なことではあるが,羊毛を飲み込んでしまい,困ったことになる場合さえある。あるいは,

Ⅳ）口をもぐもぐ動かすこと（mouthing）が起こり,これに「マン-マン（mum-mum）」といった音や,喃語,おなら,初めての音楽的な音な

どがともなう。

　思考すること，あるいは空想することが，こういった機能的体験と結びついてくるものと考えることもできるだろう。
　こういったすべてを，私は**移行現象**と呼んでいるのである。さらに，こういったすべてから（どの個別の乳児について研究しても），以下のような事柄や現象が現れるだろう。それは，たとえば羊毛のかたまり，毛布や羽布団の角のところ，言葉やメロディー，きまった癖などが，その子にとって就眠時に使うために決定的に重要になってきて，また，不安（とくに抑うつ的なタイプの不安）に対する防衛にもなる，という現象である。おそらく，何かの柔らかい対象やその他の対象を見つけて使用し，その後，それが**移行対象**と私が呼ぶものになっていく。この対象は重要でありつづける。親たちはそれに価値があることを知るようになり，出かけるときには持ち歩いたりする。母親は，それが汚れても，さらには臭くなったとしても，そのままにしておく。洗ったりすると，乳児の体験の連続性に途切れ（ブレイク）を入れてしまい，この途切れが乳児にとってのその対象の意味と価値を破壊してしまうかもしれないことを分かっているからである。
　移行現象のパターンは，おおよそ生後4カ月，6カ月，8カ月，12カ月までに現れるように思う。私は意図的に，幅広いヴァリエーションの余地を残した言い方をしている。
　乳児期にできたパターンが児童期まで持続することもあり，就寝時や寂しいときや抑うつ的な気分に襲われそうなとき，元々の柔らかい対象が絶対的に必要でありつづける。しかしながら，健康な場合，関心の幅はしだいに広がっていき，最終的には，抑うつ的な不安が近づいているときでさえ，その幅広さは維持される。ごく早い時期に始まった特定の対象や一定の行動パターンへのニードが，成長後に愛情剝奪の脅威が迫った場面で，ふたたび現れることがある。
　この最初の所有物は，ごく早期の乳児期から派生した特別な技巧（technique）とともに使用される。その技巧は，より直接的な自体愛的活動

を含んでいることもあれば，それとは別個に存在していることもある。しだいに乳児の生活のなかで，テディベアや人形や固いおもちゃが獲得される。男の子は，ある程度，固い対象を用いる傾向があり，女の子は，ただちに家族の獲得へと進む傾向がある。しかしながら，留意しておくことが重要なのは，私が移行対象と呼んでいる**最初の「私-でない」所有物の使用に，男児と女児のあいだで違いは見られない**という点である。

　乳児が組織化された音（「マム（お母さん）」「ター（ありがとう）」「ダー（お父さん）」）を使い始めるにつれて，移行対象をさす「言葉」が現れることもある。その最早期の対象に子どもが与える名前には意味があることが多く，たいていは大人が使っている言葉が部分的にそこに取り込まれている。たとえば，その対象に与えられた名前が「バア」だとすると，「b」の音は，大人が「baby」とか「bear」という言葉を使っていたことから来たのかもしれない。

　言っておかなければいけないのは，母親以外には移行対象がない場合もあるということである。また，乳児が情緒的発達上の障碍のために移行状態を楽しむことができない場合もあれば，あるいは使用されていくさまざまな対象の連鎖が中断されてしまった場合もある。あるいは，そう見えても連鎖は隠れたかたちで維持されていることもある。

その関係における特殊な性質の要約

1. 乳児はその対象に対する権利が自分にあるものと思っており，私たちはこの想定に同意している。それでも，ある面では万能感を破棄しているということが，最初から特徴的な点である。
2. その対象は，激しく愛されたり，ズタズタにされたりもする一方で，優しく愛情をこめて抱きしめられる。
3. それは，乳児が変えたのでない限り，変えられてはならない。
4. それは，本能的な愛することや憎むこと，あるいは場合によって純粋な攻撃性にさらされても，生き残らなければならない。
5. しかし，それは乳児にとって，暖かさを与えてくれたり，動き出しそう

だったり，肌触りが良いように思えたり，あるいは，今にもそれが自らの生命力や現実をもつことを表すような何かをやりそうに見えたりする，といったものでなければならない。
6. それは私たちの視点からみると外部から来るものであるが，赤ちゃんの視点からみるとそうではない。かといって，内部から来るものでもなく，幻覚（hallucination）ではない。
7. それは少しずつ脱-備給されていく運命にあるので，何年かのあいだに，忘却されるというよりも，むしろ辺縁(リンボー)に追いやられる。これによって私が言いたいのは，健康な場合，移行対象は「内側に行く」ことはなく，それについての感情が必ずしも抑圧されるわけでもない，ということである。それは忘れられるのではないし，悼(いた)まれる（mourned）こともない。それはただ意味を失うのである。なぜなら，移行現象はすでに拡散して，「内なる心的現実」と「ふたりの人に共通して知覚されている外的世界」とのあいだの中間的な領野の全体に広がっているからである。言ってみれば，それは文化的領域の全体である。

　この時点で，私の主題は，遊びや芸術的創造性，芸術を味わうこと，そして宗教的感情，夢を見ること，さらにはフェティシズム，嘘をつくこと，盗むこと，愛のある感情の起源と喪失，薬物嗜癖，強迫儀式におけるお守り，などといった主題にまで広がることになる。

移行対象と象徴性の関係
　たしかに，毛布の一片（あるいは何であっても）が，乳房のような何らかの部分対象を象徴しているのは本当である。にもかかわらず，それについて重要な点は，その象徴的価値よりも，むしろその実在性（actuality）にある。現実に存在するけれども乳房（または母親）ではないということが，乳房（または母親）をあらわしているという事実と同じくらいに重要なのである。
　象徴性が用いられるとき，乳児はすでに，空想と現実，内的対象と外的対象，一次的創造性と知覚をはっきりと区別している。しかし移行対象という

用語は，私の提言によれば，違いと類似性を受け入れられるようになる過程が存在する余地を与えてくれるのである。私が思うに，時間的経過のなかでの象徴性の起源を表す用語，純粋に主観的なものから客観性へといたる乳児の旅路を言いあらわすための用語が必要である。そして私には，移行対象（毛布の一片など）こそ，体験することへの進展の旅路に私たちが見出すものであるように思える。

象徴性の本質をすっかり理解していなくても，移行対象を理解することは可能であろう。象徴性が正確に研究できるのは一個人の成長過程においてのみであり，また，象徴性のもつ意味あいにもかなりの幅があるように見える。たとえば，聖餐式の聖別されたパンのことを考えてみよう。それはキリストの身体を象徴するものだが，次のように言っても間違いではないだろう。ローマ・カトリックの人々にとって，それはキリストの身体**であり**，他方，プロテスタントの人々にとって，それはキリストの身体の**代理物**であり，想起を促すものであって，本質的には，実際のところ，現実にキリストの身体そのものというわけではない。しかし，どちらの場合も，それは象徴なのである。

移行対象の臨床的記述

親たちや子どもたちに触れる機会のある人なら誰にとっても，例証となる臨床素材は無数にあり，その多様性も無限である。以下に具体例を提示するのは，あくまで読者に，自身の体験のなかから同様の素材を思い出してもらうためにすぎない。

二人の兄弟：所有物の早期の使用にみられた違い

移行対象の使用における歪み　Xは，今では健康な男性だが，かつて成熟に向かう途上では苦闘しなければならなかった。Xが乳児だったとき，母親はXの世話を通して「どうやって母親になるかを学んだ」。そして，そこで学んだことのおかげで，他の子どもたちとのあいだではい

くつかの間違いを避けることができた。Xが生まれて，やや孤独に彼の世話をしていた頃，彼女が不安になっていたのには外的な理由もあった。彼女は母親としての責務をとても真面目に受けとめ，Xを7カ月間，母乳で育てた。彼女は，Xの場合はこの期間が長すぎて離乳がひどく難しかったと感じている。彼は指しゃぶりをするということがなく，母親が彼を離乳させたときには「安心して頼れるようなものが彼には何もなかった」。彼は哺乳瓶やおしゃぶりその他の授乳法をどれも受けたことがなかった。彼は，ひとりの人間としての**母親そのものに対する**非常に強い早期的愛着をもっていて，彼が必要とするのは現実の人物としての母親なのだった。

12カ月の頃から，彼はおもちゃのウサギを受け入れて，よく抱きしめるようになり，この愛情のこもった関心はのちに本物のウサギへと転移されるようになった。このおもちゃのウサギは5，6歳の頃まで続いていた。それは**慰め**（comforter）だったとは言えるかもしれないが，決して本当の移行対象の性質はもっていなかった。それは本当の移行対象のように母親よりも重要になることは決してなく，乳児の不可分の一部にはならなかった。この男の子の場合，7カ月時の離乳で最高潮に達した不安は，のちに喘息をもたらし，ほんの少しずつこれを克服していった。その後の彼にとって，家族の住む町から遠く離れたところで仕事をみつけることが重要だった。彼は言葉の広い定義で言えば正常，または健康と言えるが，母親に対する彼の愛着は今でも非常に強力である。この男性は今も未婚である。

移行対象の典型的な使用　Xの弟であるYは，一貫してごく順調に発達を遂げてきている。今，彼には自分の子どもが三人いて，みな健康である。Yは生まれてから4カ月のあいだ母乳で育てられ，その後の離乳のさいも困難はなかった。最初の数週間は親指しゃぶりがあり，これがかえって「兄の場合にくらべて離乳を容易にした」。5，6カ月の頃に離乳してまもなく，彼は毛布の端の，縫い閉じてあるところを好むように

なった。この毛布の角からウールがちょっとはみ出していると彼は喜び，よくそれを自分の鼻に軽く触れさせた。これがまもなく彼の「バア」となったが，この言葉を，彼は組織化された音が言えるようになった頃に自分で造語したのだった。満1歳を迎える頃から，彼は赤い紐のついた柔らかな緑のセーターを，毛布の角の代わりにすることができた。これは抑うつ的な兄の場合のような「慰め」ではなく，むしろ「鎮静物 (soother)」であり，いつでも効く鎮静剤だった。これは私が**移行対象**と呼んでいるものの典型例である。Yが幼い頃，誰かが彼に「バア」さえ与えれば，彼がすぐにそれをしゃぶって安心することは常に確実だったし，実際，寝る時間も近い頃に与えられれば，ほんの数分で眠ってしまうのだった。同じ頃，親指しゃぶりも続いていて，これは3，4歳の頃までであり，彼自身も親指しゃぶりのことや，そのために一方の親指に固くなった箇所があったことを覚えている。彼はいま（父親として）自分の子どもたちの親指しゃぶりや「バア」の使い方に興味を持っている。

この家族の7人のごく普通の子どもたちに関する話から分かってきた点を，比較対照のために整理すると下表のようになる。

生育史を聞くなかでの価値

親との相談面接では，その家族の子どもたち全員に関して，それぞれの早

		親指しゃぶり	移行対象		子どものタイプ
X	男	無	母親	ウサギ（慰め）	母親に固着
Y	男	あり	「バア」	セーター（鎮静物）	障碍なし
双生児	女	無	おしゃぶり	ロバ（友だち）	成熟の遅れ
	男	無	「イー」	イー（保護的）	潜伏性精神病質
Yの子ども	女	無	「バア」	毛布（保証）	良好な発達
	女	あり	親指	親指（満足）	良好な発達
	男	あり	「ミーミ」	複数の対象（選ぶ）＊原注	良好な発達

＊原注）追記：ここははっきりしなかったが，そのままにしておいた。D.W.W., 1971.

期の所有物や技巧（techniques）についての情報を得ることに価値がある場合が多い。そうすることで，母親は自分の子どもたちを互いに比較し，乳幼児の頃の彼らの特徴を思い出して較べてみることになる。

子どもからの寄与

移行対象について，子どもから情報が得られることもしばしばある。たとえば，

> アンガス（11歳9カ月）は，弟が「テディベアとかを山ほど持って」いて，「その前は小さい熊を持ってた」と私に教えてくれたが，それに続けて，自分自身の生育史について少し話した。彼自身はテディベアを持っていなかったという。ベルを鳴らす紐が下がっていて，その下端の房飾りを彼は叩き続け，そうするうちに眠りに就いたという。おそらく，しまいには落ちてきてしまって，それっきりになったようである。でも，それとは別の何かもあった。彼はこれについてなかなか話したがらなかった。それは赤い目をした紫のウサギだった。「僕はそいつが好きじゃなかったよ。よくあちこちに投げつけてた。今はジェレミーが持ってる。僕があげたんだ。そいつがイタズラばかりするから，ジェレミーにあげちゃった。簞笥から落ちてくるのを**やめないんだ。今でもときどき僕のところに来るよ。僕もそいつに来てほしいんだ。**」彼は紫のウサギの絵を描いたが，それを描いたことに自分でも驚いていた。

お気づきになったと思うが，年齢相応のごく普通で良好な現実感覚をもっているこの11歳の少年が，移行対象の性質や活動について語るときには，あたかも現実感覚を欠いているかのように話したのである。そのあとで母親に会ったとき，彼女はこのアンガスが紫のウサギを憶えていたと知って，驚いた顔をした。色つきの絵を見て，彼女はすぐにそれと分かったようだった。

移行対象の例はどこにでもある

ここでは意図的に,これ以上は事例素材を出さないようにしたい。私が報告している内容があたかも稀な出来事であるかのような印象を与えてしまうのを避けたいからである。ほぼすべての事例の生育史のなかに,移行対象について,あるいはその欠如について,何か興味深い点が見られるものである。

理論的研究

すでに受け入れられている精神分析理論に基づいて,いくつかのことを述べることができる。

1. 移行対象は,乳房,または最初の関係性の対象をあらわしている。
2. 移行対象は,現実検討が確立する以前に現れる。
3. 移行対象との関係において,乳児は(魔術的な)万能的コントロールから,操作によるコントロール(筋肉性愛と協応の快感を含む)へと移っていく。
4. 移行対象は,のちにフェティシズム的な対象へと発展していく場合もあり,成人の性生活の特徴として残ることがある(ウルフ(Wulff 1946)によるこのテーマの発展を参照)。
5. 移行対象は,肛門性愛的な組織化ゆえに糞便をあらわしている場合もある(ただし,移行対象が臭くなったり洗濯されなかったりするのは,これが理由ではない)。

内的対象(クライン)との関係

移行対象の概念を,クライン(1934)の内的対象の概念と比較してみると興味深い。移行対象は,**内的対象ではなく**(内的対象は心的概念である),ひとつの所有物である。とはいえ,移行対象は(子どもにとってみれば)外的対象でもない。

次のように複雑な説明をしなくてはならない。乳児が移行対象を用いることができるのは,内的対象が生きていて,リアルで,ほどよい(あまりにも

迫害的すぎない）ときである。しかしこの内的対象の質は，外的対象の存在や生気（aliveness）や振る舞いによって違ってくる。何らかの本質的な機能において外的対象が失敗すると，間接的に，内的対象が死んでいること（deadness）や迫害的性質を帯びることにつながる[原注2)]。外的対象の不適切さがずっと続いてしまうと，内的対象が子どもにとって意味をもたなくなり，そして，そうなった場合にのみ，移行対象もまた無意味になる。したがって，移行対象は「外的な」乳房をあらわすが，それはあくまで**間接的に**，「内的な」乳房をあらわすことを通じてなのである。

　移行対象は決して内的対象のように魔術的コントロールの下にあるわけでもなく，現実の母親のようにコントロールの外にあるわけでもない。

錯覚-脱錯覚

　このテーマに対する私自身の積極的貢献への地固めとして，いくつか，実践上は理解されるであろうが乳児の情緒的発達に関する多くの精神分析的文献ではあまりにも安易に当然視されているように思える事柄を，言葉にしておかなければならない。

　ほどよい母親なしには，乳児が快楽原則から現実原則へと進んだり，あるいは一次的同一化（Freud 1923を参照）に向かい，超えていく可能性はなくなる。ほどよい「母親」（必ずしも乳児本人の母親である必要はない）とは，乳児のニードに能動的な適応をし，乳児がその適応の失敗に持ちこたえてフラストレーションの結果に耐えられる能力を成長させていくにつれて，能動的適応を次第に減らしていく，そんな母親である。当然ながら，乳児自身の母親は他の誰かよりも「ほどよく」なりやすい。なぜなら，こういった能動的適応は，一人の乳児に対する気楽で遺恨のない熱中を必要とするからである。実際のところ，乳児のケアの成功は，献身の事実によって決まるのであって，賢さや知的啓蒙によるのではない。

　ほどよい母親は，すでに述べたように，最初は乳児のニードに対してほとんど完璧に近い適応をするところから始まり，時間が経つにつれて，乳児が

原注2)　元の［1951年版の］文章にもとづきながらも，本文のこの部分に修正を加えた。

彼女の失敗に対処する能力を成長させるのに応じ，次第に，その適応の完璧さをだんだんと減らしていく。

　乳児が母親のこの失敗に対処する手段には，以下のようなものが含まれる。

1. フラストレーションには時間的に限りがあるという，しばしば繰り返された乳児の体験。最初のうちは，当然，この時間的限界は短いものでなければならない。
2. プロセスでとらえる感覚が育っていくこと。
3. こころの活動の始まり。
4. 自体愛的な満足の活用。
5. 想起し，追体験し，空想し，夢見ること；過去，現在，未来を統合すること。

　すべてがうまくいくと，乳児は実際にフラストレーションの体験から何かを得ることができるようになる。なぜなら，［乳児の欲求に対する養育者の］不完全な適応によって対象は現実的なものになるからであり，言いかえれば，対象は愛されるとともに憎まれるものになるからである。このことの帰結として，**すべてがうまくいくと**，欲求に対する緊密な適応があまりにも長期間ずっと続けられて自然に減少しないために，乳児が混乱させられることがありうる。なぜなら，正確な適応というのは魔術に似ていて，完璧にふるまう対象は，せいぜい幻覚程度にしかなりえないからである。とはいえ，**出発点においては**，適応はほぼ正確なものである必要があり，そうでないと乳児が外的現実との関係性を体験する能力を発達させ始めることはできず，あるいは，外的現実の概念を形成することさえもできなくなる。

錯覚，そして錯覚の価値

　母親は，最初のうちほとんど100パーセントに近い適応をすることによって，彼女の乳房が乳児自身の一部であるという錯覚をいだく機会を乳児に与える。言ってみれば，その乳房は赤ちゃんの魔術的支配のもとにある。興

奮状態の合間の静かなときの，乳児の世話一般についても同じことが言える。万能感はほとんど体験的事実といってもよいほどである。母親のその後の課題は，乳児を次第に脱錯覚させることであるが，初めに彼女が錯覚のための機会を与えることができていなければ，この課題に成功する望みはない。

　別の言葉で言えば，乳房は，乳児の愛する能力から，あるいは（こうも言えるだろうが）ニードから，乳児によって繰り返し創造される。乳児のなかで，私たちが母親の乳房[原注3]と呼ぶ，ひとつの主観的現象が発展する。母親は，ちょうど乳児が創造する準備のできたところに，適切な瞬間に，実際の乳房を置くのである。

　それゆえ，人間は生まれたときから，客観的に知覚されたものと主観的に思い懐かれたものとの関係という問題にかかわっており，この問題の解決においては，母親によってほどよく出発させられていない人に健康な解決はない。**私が中間領域と呼んでいるのは，一次的創造性と，現実検討にもとづく客観的知覚とのあいだで，乳児に許されている領域である。**移行現象は錯覚の使用の早期段階を表している。錯覚の使用がなければ，人間にとって，その人の外部にあると他者から知覚される対象との関係には，何の意味もなくなってしまうのである。

　図1で説明されている考えは，以下のようなものである。すべての人間の個人の発達における初期のある理論上の時点で，乳児は，母親によって提供されたある状況のもとで，本能緊張からくるニードの高まりを満たしてくれるような何かについての考えを思い懐くことが可能になる。乳児は，何が創造されるべきかを初めから知っているとは言えない。この時点で，母親が姿を現す。ごく普通のやり方で，彼女は自分の乳房を与え，潜在的な授乳衝迫を向ける。乳児のニードへの母親の適応がほどよいものであれば，乳児自身の創造する能力に呼応する外的現実があるのだという**錯覚**を与える。言い換えるなら，母親が供給するものと，子どもが思い懐くであろうものとの

[原注3] 私はここに母親的ケアの技術の全体を含めている。最初の対象は乳房である，と言うとき，この「乳房」という言葉が実際の肉体だけでなく，母親的ケアの技術の全体を表すものとして使われていると私は考えている。実際の授乳で哺乳瓶を使っている場合も，母親が（私が言う意味での）ほどよい母親であることは何ら不可能ではない。

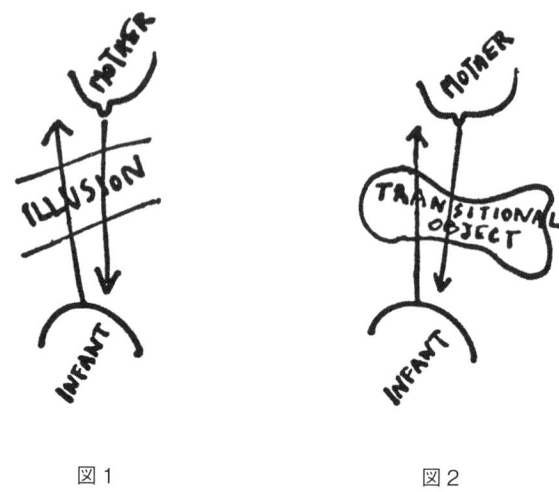

図1　　　　　　　　図2

間には重なりがある．観察者からみれば，子どもは母親が実際に提示したものを知覚しているが，これが真実のすべてではない．乳児がその乳房を知覚するのは，ちょうどそこで，そのときに，乳房というものが創造されうる限りにおいてのみである．母親と乳児の間に相互交換（interchange）はない．心理学的に見れば，乳児が乳房から取り入れているのは自分自身の一部であり，母親が母乳を与えている乳児は彼女自身の一部なのである．心理学において相互交換という考えは心理学者のなかの錯覚に基づいている．

　図2では，私が移行対象と移行現象の主要な機能と見なすものを説明するために，錯覚の領域にひとつの形が与えられている．移行対象と移行現象は，個々の人間に，その人にとっていつも重要になるものを開始させる．それは，疑義を突きつけられることのない，体験の中立的領域である．**移行対象について，「あなたがこれを思い懐いたの？　それとも，これは外からあなたに示されたの？」という質問を私たちが絶対にしないことが，私たちと赤ちゃんの間での合意事項であると言える．重要な点は，この点について何の決定も期待されないことである．このような問いは立てられるべきでない．**

　この問題は，疑いもなく人間の乳児に最初は目立たない形で関わっているが，母親の主要な責務が（錯覚の機会を供給することと並んで）脱錯覚であ

るという事実ゆえに，しだいに明白な問題となってくる。これは離乳の課題の下ごしらえでもあり，また，親や教育者にとっては課題のひとつでありつづける。別の言葉で言えば，この**錯覚**という事柄は人間に本来的に備わっていて，誰一人としてこれを自分だけで解決できる人はいないのである。もっとも，その**理論上**の理解は**理論上**の解決を提供しうるのだが。物事がうまく運べば，徐々に脱錯覚が起こる過程のなかで，私たちが離乳という言葉で集約している諸々のフラストレーションの舞台が準備される。ただし，離乳をめぐる諸現象（それらをクライン（1940）は抑うつポジションの概念において詳しく説明した）について語るとき，私たちは，その背景にある過程，つまり錯覚と徐々の脱錯覚の機会を提供するような過程を想定しているということを忘れてはならない。錯覚-脱錯覚がうまくいかないと，乳児は離乳のような正常なものに到達することもできなければ，離乳への反応にいたることもなく，そのような場合に，離乳という言葉は全くあてはまらない。単なる授乳の終結は，離乳ではない。

　私たちは正常な子どものケースで，離乳の著しい重要性を目にすることができる。ひとりの子どものなかで離乳の過程から発動した複雑な反応を目のあたりにするとき，私たちは，その子にこういう反応が起こりえたのも，錯覚-脱錯覚の過程がうまく遂行されているがゆえに，実際の離乳を論じるときにはそれを無視できるからなのだ，ということを知っている。

錯覚-脱錯覚の理論の発展

　ここで想定されていることは，現実の受容という課題は決して完了されることがなく，どんな人間も内的現実と外的現実を結びつけるという緊張から逃れることはできず，この緊張からの解放は，疑義を突きつけられることのない（芸術，宗教などといった）体験の中間領域（cf. Riviere 1936）によって与えられる，ということである。この中間領域は，遊びに「我を忘れる（lost）」小さな子どもの遊びの領域と直接つながっている。

　乳児期においてこの中間領域は，乳児と世界の関係の始まりに必要であり，早期の臨界期のほどよい母親的ケアによって可能になる。このすべてにとっ

て欠かせないのは、外的な情緒的環境や、移行対象のような物理的環境の特定の要素における（時間的）連続性である。

移行現象が乳児に対して許容されうるのは、親たちが客観的知覚に内在する緊張を直観的に認識しているからであって、まさしく移行対象があるところでは、私たちは乳児に対して主観的なものか客観的なものかを問い詰めることはしない。

もしある成人が、彼の主観的な現象の客観性を受け入れるよう要求してくるならば、私たちはそこに狂気を認識または診断することになる。しかし、もし成人が、そんな要求をしないでパーソナルな中間領域を享受することができているならば、私たちはそれに呼応する自分自身の中間領域を認めることができ、あるていど重なりあうような体験、つまり芸術や宗教や哲学の集団の成員のあいだに共通するような体験を喜んで見出そうとするだろう。

要約

主として最初の所有物との関係のなかに表現されるような、健康な乳児の最早期の体験がみせる豊かな観察の領域に読者の注目を促した。

この最初の所有物は、それよりも時間的に先行する、自体愛的な現象やこぶしと親指を吸うことに関連しており、また、時間的に後にあらわれる、最初の柔らかい動物や人形、そして固い玩具とも関連している。それは外的対象（母親の乳房）と諸々の内的対象（魔術的に取り入れられた乳房）の両方と関連しているが、そのどちらとも明らかに異なる。

移行対象と移行現象は、体験の始まりの基礎にある錯覚の領野に属している。この発達の早期段階は、乳児のニードに適応する母親の特別な能力によって可能となり、これによって乳児は、自分が創造したものは現実に存在するのだという錯覚を抱くことができるようになる。

この体験の中間領域は、内的現実と外的（共有された）現実のどちらに属するのかを問われることなく、しだいに乳児の体験の大きな部分を占めるようになり、さらに一生を通して、芸術や宗教、想像の営み、創造的な科学の

仕事などに含まれている，強烈に体験することのなかに維持される。

　乳児の移行対象は，通常，とくに文化的関心が発達するにつれて，しだいに脱備給されていく。

　これらの考察からさらに生じてくるのは，受け入れられた逆説（パラドックス）は肯定的な価値をもちうる，という考えである。逆説の解決はむしろ防衛的組織化につながり，これは大人において本当の自己と偽りの自己の組織化として見出されることがある（Winnicott 1960a）。

II. 理論の適用

　移行的なのは，もちろん，対象それ自体ではない。その対象は，乳児の，母親と融合している状態から，外にある分離した何かとしての母親と関わっている状態への移行をあらわしている。これはしばしば，子どもがナルシスティックに対象と関係することから脱け出て成長する時点だと言われるが，私はそういう言い方を避けてきた。なぜなら，それが私の言いたいところだとはどうも思えないからである。それに，この言い方には依存という考えが抜け落ちている。自分の一部ではないものが存在しうると子どもが確信するようになる以前の最早期の段階には，依存こそ不可欠なのである。

移行現象の領域に示された精神病理

　私は移行現象の正常性を大いに強調してきた。それでも，事例の臨床的検討のなかで，明らかな精神病理がみられることがある。分離と喪失に対する子どもの対処の一例として，分離がどのように移行現象に影響を与えうるのかに注目してみたい。

　よく知られているように，乳児の依存している母親などがその場にいないときでも，乳児はある程度の時間は生き続ける母親の記憶や心的イメージ，あるいは母親についての内的表象と私たちが呼ぶものを持っているゆえに，ただちに変化が起こることはない。もし母親が，分・時間・日数で計れ

る一定の限界を超えてその場を離れているならば，記憶または内的表象は薄れていってしまう。このことの影響が及ぶにつれて，移行現象はしだいに意味を失い，乳児は移行現象を体験できなくなる。私たちは，対象が脱備給されていくのを実際に目にすることもあるだろう。時には，喪失の直前に，対象が意味を失う脅威に対する否認の一環として，誇張されたかたちで移行対象が使用されるのを見ることができる。否認のこうした側面を例示するために，ある男の子の紐の使用に関する短い臨床事例を示したい。

紐[原注4]

　7歳の男の子が，両親に連れられてパディントン・グリーン小児病院の心理科に来た。1955年3月のことである。両親は他の二人の家族成員を連れて来ており，それは知的障害養護学校に通う10歳の女の子と，ほぼ健常な4歳の小さな女の子であった。このケースは，この男の子の性格障害を示す一連の症状ゆえに，家庭医から紹介されてきたのだった。彼の知能検査の結果はIQ108であった（ここでの記述の目的に沿って，本章の主要テーマと直接関係のない詳細はすべて省いている）。

　まず私は両親と長時間の面接をし，両親はこの男の子の発達の全体像と発達上の歪みについて明快に話してくれた。ただ，彼らはあるひとつの重要な詳細については語っておらず，それは結局，本人との面接で現れてくることになった。

　母親が抑うつ的な人であることは容易に見て取れ，彼女はうつで入院したことがあると語った。両親の話から，この男の子が3歳3カ月のときに妹が生まれるまで，母親はちゃんとこの男の子の世話をしていたことを私は心に留めることができた。これが最初の重要な分離であり，次の分離はこの子が3歳11カ月の頃，母親が手術を受けたときだった。この子が4歳9カ月の頃には，母親が精神科病院に2カ月間入院し，そのあいだ母親の妹［叔母］がこの子の面倒をよくみていた。こ

[原注4]『児童の心理学と精神医学』Vol. 1（1960）とウィニコット著『情緒発達の精神分析理論』（1965）［ロンドン，ホガース出版社および精神分析研究所・刊］にて発表。

のころになると，この子の世話をする人の誰もが，彼について，非常に良いところもあるが扱いにくい子どもだと感じるようになっていた。彼は突然に気分が変わりやすく，たとえば叔母を八つ裂きにしてやるというようなことを言ったりして，周りの人をぞっとさせることがよくあった。彼は多くの奇妙な症状を示すようになっていて，強迫的に物や人を舐めたり，強迫的に喉で音をたてたり，しばしば大便に行くのを拒んでは粗相をしたりした。彼は明らかに姉の知的障碍を気にしていたが，彼の発達の歪みは，この要因が意味をもちはじめるよりも以前から始まっているようだった。

　こういった両親面接の後，私は個人面接でこの男の子と会った。その場には二人の精神科ソーシャルワーカーと二人の見学者が同席した。彼はすぐには異常な印象を与えず，早々に私とのスクィグル・ゲームに入った（このスクィグル・ゲームでは，まず私がある種の衝動的な線描きをして，子どもにそれを何かのものにしてみるようにと誘う。その次は，今度は子どもが殴り書き(スクィグル)をして，それを私が何かにしてみる番である）。

　このケースでのスクィグル・ゲームは，奇妙な結果になった。すぐにこの子の怠惰さが現れてきたほか，私がやったことはほとんどすべて，彼によって紐に関連するものへと変形されるのだった。彼の 10 枚の線描画のなかには次のようなものがあった。

　投げ縄
　ムチ
　乗馬用のムチ
　ヨーヨーの糸
　結んだ紐
　また別の乗馬用ムチ
　また別のムチ

　この子との面接が終わってから，私は両親ともう一度面接し，この子

が紐にこだわっていることについて質問した。両親は私に，この話題を出してもらえてよかった，重要なのかどうか分からなかったのでさっきは言わなかったのですが，と言った。彼らが言うには，この子は紐に関するあらゆるものにとらわれるようになっていて，実際，両親が部屋に入ると，この子が椅子とテーブルを結びつけてしまっているのを目にすることがよくあった。また，クッションがたとえば暖炉に紐で結びつけられていることもあった。両親は，この子の紐に対するとらわれが，だんだんとある新しい特徴を示すようになっていて，これまでの普通の心配とは違った深刻な懸念をもっているのだと言った。彼は最近，妹の首を紐で縛ったのである（彼女の誕生が彼にとって母親からの最初の分離をもたらした，あの妹である）。

このケースのような面接では，働きかけの機会がごく限られていることはすでに分かっていた。つまり，この家族は地方に住んでいたので，両親またはこの子に会えるのはせいぜい半年に一度になりそうだったのである。そこで私は，次のような働きかけをした。私は母親に，この子は分離の恐怖にどうにか対処しようとしていて，紐を使うやりかたで分離を否認しようと試みており，これはちょうど人が友達との分離を否認しようとして電話を使うようなものだ，と説明した。母親は懐疑的だったが，私は母親に，もし私の言っていることにほんの一理でもあるように感じることがあったら，都合のよい時にこのことを本人にオープンに話してみてほしい，私の言った内容を彼に知らせたうえで，それに対する彼の反応によっては，分離のテーマについて話を展開してみてほしい，と伝えた。

その後しばらくこの家族から連絡はなかったが，それから約半年経った頃，彼らは私に会いに来た。母親は，どのようにしたかを自分からは言わなかったが，私が尋ねると，前回の面接の直後に起こったことを話してくれた。彼女によると，最初は私の言ったことをおかしな話のように感じたけれども，ある晩，本人にその話をしてみたところ，子どもは，母親である彼女との関係や，彼女との接触の欠如への恐怖について，と

ても話したがったという。彼女は本人の助けを借りて、思いつく限りいろいろな彼との分離について話し合い、そのときの彼の反応から、私の言ったことが正しいと確信した。さらに、彼女が本人とこの話をしたとき以降、紐の遊びが消失した。以前のようにものを結びつけることがなくなったのである。彼女は本人とのあいだで、これ以外にもたくさん、彼女と隔てられているという彼の感情について話を交わしたといい、そして彼女は面接で次のようなとても意義深い発言をした。最も重要な分離は、自分が重篤なうつ状態のときに子どもが味わった喪失だったようだと彼女は感じていて、その喪失は、単に彼女がいなくなるということだけではなく、彼女が完全に他のことに没頭しきっているために、彼との接触がなくなってしまうことだったようだ、と言ったのである。

　のちの面接で、母親は私に、最初に本人とその話をしてから1年後、再び紐で遊んだり家のものを結びつけたりすることがあったと話した。これはちょうど母親が実際に手術のため入院しようとしているときで、彼女は彼にこう言った。「あなたが紐で遊んでいるから、あなたは私がいなくなるのが心配なんだということが分かるわ。でも今回は、ほんの何日かいないだけだし、私の手術もそんなに大変じゃないのよ。」この会話をしたあと、紐遊びの新しい局面は消失した。

　私はその後もこの家族と接触を保っており、学校その他いろいろと細かなことについて手助けをしてきた。最近、初回の面接から4年が経った頃、母親の新たな抑うつと関連して、紐へのとらわれのまた新しい局面があったことを父親が報告した。この局面は2ヵ月続いたが、家族そろって休暇に出かけ、また同時期に家庭の状況に改善があった（しばらく失業していた父親が仕事を見つけた）ときに消失した。これと関連して母親の状態にも改善があったのである。さらに父親は、ここでの話題に関係のある興味深いエピソードを話してくれた。この最近の局面の最中のこと、この子がロープを使ってちょっとした行動を起こし、父親はその行動に、これらすべてがいかに密接に母親の病的不安と結びついているかが示されていて、とても意味深いように感じたという。ある

日，父親が家に帰ると，この子がロープで逆さにぶら下がっていた。実にぐったりと，まるで死んでいるかのように上手に演じていた。父親は，これは気に留めてはいけないと気づき，30分ばかり庭で半端仕事を片付けていたところ，この子はもう飽きてこのゲームをやめたのだった。これは父親の不安のなさをみる重要な試金石だった。しかし次の日，この子はまったく同じことを，キッチンの窓からよく見える樹木でやった。母親はひどいショックを受け，この子が首つりをしたのだと思い込んで，家から駆け出してきた。

　付け加えて，次のような詳細もこのケースの理解に役立つかもしれない。この子は今では11歳になり，「タフ・ガイ」の路線に沿って発達をしているけれども，非常に自意識的で，すぐに首まで赤くなる。テディベアをたくさん持っていて，それらはみな彼にとって子どもたちである。おもちゃだと敢えて言う人はいない。彼はそれらをとても大切にし，多くの愛情を注いでいて，ズボンを作ってやり，そのさいには細かな裁縫までする。父親は，この子は母親的ケアをしているこの小さな家庭から安全感を得ているようだと言う。誰かが家に来ると，彼はサッとそれらをすべて妹のベッドに押し込んでしまう。家族以外の誰も，彼がこの家庭をもっていることを知ってはならないからである。これと並行して，排便したがらない傾向，あるいは糞便をため込む傾向がある。したがって彼には，母親との関係における彼自身の非-安全感に基づいた母親同一化があることや，これが同性愛に発展していく可能性があることを推測するのは難しくない。同じように，紐へのとらわれが倒錯へと発展する可能性もあるだろう。

コメント

次のように言うのが妥当であるように思える。

1. 紐は，あらゆる他のコミュニケーションの技巧の延長と見なすことができる。紐は結びつける。そしてまた，いろいろな対象を包んだり未統合な

素材を抱えたりするのにも役立つ。この点において，紐は誰にとっても象徴的な意味をもっており，誇張された形での紐の使用は，非-安全感の始まりやコミュニケーションの欠如の観念から生じてきやすい。このケースでは，この子の紐の使用のなかに忍び入りつつある異常性を見てとることができ，その使用を倒錯へと導くような変化について明らかにする手立てを見つけることが重要である。

　紐の機能がコミュニケーションから**分離の否認**へと変化しつつある事実を考慮に入れるなら，そういった解明に到達することができそうである。分離の否認として紐がひとつの物自体（thing in itself）となってしまい，危険な性質をもち何としてでも制御しなければならない何かになってしまう。このケースでは，手遅れになる直前に，紐の使用がまだ希望を含んでいるうちに母親がそれに対処できたようである。希望が欠けていて紐が分離の否認をあらわしている場合になると，これよりも遥かに複雑な状況が生じていることになる——対象を制御するためには操作せねばならないという場合に必ず発達してくるスキルから，いくつかの二次的利得が生じるゆえに，治癒が難しくなってしまう状況である。

　したがって，倒錯の発達を観察することを可能にしてくれるとすれば，このケースはその意味でも特別に興味深いといえるだろう。

　2．この臨床素材から，両親をどのように活用できるかを見てとることも可能である。両親を活用できる場合，彼らは非常に効率よく作業してくれるし，治療を必要とするすべての子どもに対応するには心理療法家の人数がつねに足りないことを考えればなおさらのことである。このケースの家族は，父親の失業による大変な時期を乗り越え，遅れのある姉のことで社会的にも家庭内でも苦労がありながらしっかりと対応してきて，また入院を含めて母親のうつ病の重篤な時期を生き延びてきた，良い家族であった。このような家族には大いに強さがあるに違いなく，この推測にもとづいて私は，両親たちが自分で自分の子どものセラピーを行うように誘ってみる決心をしたのである。これを実行するなかで，両親が自分たちで学んだところが多かったが，

彼ら自身がしていることが何なのかを誰かに説明してもらう必要も確かにあった。また，彼ら自身の成功を評価してもらい，その過程の全体を言語化する必要もあった。彼らが自分たちで息子に関わって病気を切り抜けるに至ったという事実は，彼らにとって，ときおり生じる他の問題にも対応していけるという自信にもなった。

1969年の付記

上記の報告が書かれてから10年のあいだに，私はこの子の病気がすっかり治癒してはいなかったことを知るにいたった。母親のうつ病との結びつきはその後も残っており，そのため彼が家族のもとに戻ろうとするのは避けられなかった。家を離れて住めば個人療法を受けられたところであるが，家族と住む限りそれは不可能だった。家にいて，彼は初回面接時にすでに出来上がっていたパターンをそのまま続けていた。

青年期に彼は，薬物嗜癖をはじめとする新たな嗜癖をいくつか発展させた。教育を受けるために家を離れることが彼にはできなかった。母親から離そうとする試みはすべて失敗に終わった。彼はいつも逃げ出し，家に戻ってしまったからである。

彼は適応的とはいえない青年になった。いつもごろごろしていて，明らかに時間と知的潜在力を無駄にしていた（上に記したように彼のIQは108を示していた）。

問題は以下の点である。すなわち，この薬物嗜癖のケースを検討する研究者がいたとしたら，移行現象の領域で表出されていた精神病理に対して，はたして充分な注意を払うだろうか？

III. 臨床素材：空想の諸側面

本書の後半では，臨床に携わるなかで心に浮かんできた考えのいくつかを探索していきたい。私は，移行現象について自分用に形成してきた理論が，私の見ること，聞くこと，行うことに影響を与えていると感じている。

ここで，ある成人患者の治療からの臨床素材を詳しく提示し，どのようにして喪失の感覚そのものが，その人の自己体験を統合する方法になりうるのかを示したい。

その素材は，ある女性患者の分析の一セッションからのものである。なぜこれを提示するかといえば，この素材では，客観性と主観性のあいだの広大な領域の特徴である著しい多様性について，さまざまな例を一度に見ることができるからである。

この患者は，子どもも何人かいて，高い知能を仕事で生かしている女性であるが，通常「スキゾイド」という言葉でまとめられるようなさまざまな症状ゆえに治療に来ていた。おそらく，ふだん彼女と関わっている人たちは彼女がこれらの症状で苦しんでいることに気づいていないだろうし，ふだんから彼女が人に好かれて価値を認められていることは確かだった。

このセッションは，抑うつ的とも言えるような夢の話から始まった。この夢は，強欲で支配的な女性としての分析家という，ごく直接的で意味深い転移素材を含んでいた。それもあって彼女は，彼女にとって非常に男性的な人物像である，以前の分析家に強く憧れている。これは夢であり，夢として解釈の素材に使うことができた。患者は，また夢を見ていることを喜んだ。これに加えて，彼女は現実生活の幅が広がって豊かになった点をいくつか語ることができた。

彼女は時おり，不意に，**空想すること**とでも呼べそうなものに心を奪われることがある。彼女が列車旅行に行って事故に遭う。子どもたちは彼女に起こったことをどうやって知ることができるだろう。ましてや，分析家はどうやって知ることができるだろう。彼女が叫んだところで，母親には聞こえないだろう。この話に続いて，彼女は最も恐ろしい体験について話した。彼女がほんのしばらく猫を置いてその場を離れたところ，あとになって，その猫が何時間も鳴き続けていたことを知ったのだった。これは「まったく恐ろしすぎる」体験であり，彼女が子ども時代

を通して体験してきた非常に多くの分離と結びついている。それらの分離は彼女が耐えられる限度を越えており，それゆえ外傷的になって，新しいさまざまな防衛の組織化を必要としたのだった。

　この分析の素材の多くは，関係の否定的側面に遭遇すること，つまり親をあてにできないときに子どもが必然的に体験する漸次的な失敗と関連している。患者は，自分の子どもに関するこの種のことすべてに対して極度に敏感で，最初の子どもとの問題の多くが，第二子を妊娠したとき（つまりこの子が2歳になる少し前）にこの子を置いて夫と3日間の休暇に出かけたせいなのだと考えていた。彼女は，出発後にこの子が4時間もずっと泣き続けていたことを聞かされ，帰ってから何時間もかけて関係を再確立しようとしたが，どうにもならなかったという。

　私たちが直面していたのは，動物や小さい子どもたちは何が起こっているのかを話してもらって理解することができない，という事実だった。猫には理解できないだろう。それと同様に，2歳に満たない赤ちゃんも，これから生まれてくる新しい赤ちゃんについて適確に教えてもらうことはできない。もっとも，「生後20カ月前後」になると，赤ちゃんに理解できる言葉でこれを説明することがどんどん可能になってくるのだが。

　何の理解も与えられようがない頃に，母親が新しい赤ちゃんを産むためにしばらく留守にするとき，子どもの視点からすれば母親は死んでいることになる。まさに，死んでいるとしか言いようがないのである。

　それが何日にも及ぶこともあれば，何時間とか，何分とかいうこともあるだろう。限界に達するまでは，母親はまだ生きている。この限界が踏み越えられてしまった後は，彼女は死んでいる。この二つのあいだには貴重な怒りの瞬間があるが，それはすぐに失われるか，あるいはおそらく決して体験されることなく常に潜在して暴力の恐怖を内包し続けることになる。

　ここから私たちは二つの極端にいたることになるが，この両極は実に大きく異なっている。母親がそこにいながらにして死んでいる場合と，もう二度と現れることができないゆえに生き返ることがなく，死んで

る場合である。これは子どもが，視覚・触覚・嗅覚による保証がなくても，内的な心的現実のなかで人々を生きさせる能力を築き上げるよりも前の時期の話である。

　この患者の子ども時代は，まさにこの領域における一つの大きな試練だったといえる。11歳頃，彼女は戦争のせいで地方に疎開した。彼女は子ども時代や両親のことを完全に忘れ去ったが，こういった場合によくあるように，彼女の世話をしてくれる人たちのことを決して「おじさん」「おばさん」と呼ばない権利を堅く守っていた。彼女はその数年間を通してずっと，世話をしてくれる人に対して**どんな呼び方もしない**ようにしており，これは母と父を覚えていることの裏返し（negative）であった。これらすべてのもとになるパターンは彼女の早期幼児期にすでにつくりあげられていたことが，あとで理解されるだろう。

　このことから，私の患者はある立場を取るようになり，それが転移のなかに再び現れてきた。その立場とは，ただひとつリアルなものは隙間(ギャップ)である，すなわち死や不在や健忘である，というものであった。このセッションの流れのなかで，彼女は特殊な健忘を示し，これが彼女を悩ませた。そして私がとるべき重要なコミュニケーションは，以下のように伝えることだと私には分かってきた。"消してしまう"ということが起こっているのかもしれない，そして，この空白こそが唯一の事実で唯一リアルなのかもしれない，と。健忘がリアルなのに対して，忘れられた内容は現実性(リアリティ)を失っているのである。

　これとの関連から，患者は，ひざ掛け毛布がこの面接室にあるのを思い出した。以前，彼女はこれを体に巻き，あるときセッション中の退行的なエピソードのなかで用いたことがあった。いま彼女はこのひざ掛けを取りに行かないし，使うこともない。その理由は，そこにないひざ掛け（彼女がそれを取りに行かないから）のほうが，分析家が持ってくるかもしれないひざ掛け（たしかに分析家は彼女に手渡すことも考えていた）よりも，リアルだからである。これを考えたことによって，彼女はひざ掛けの不在に直面することになった。あるいは，象徴的な意味にお

けるひざ掛けの非現実性に直面した，といったほうがよいかもしれない。

　ここから，象徴という観念に関連する進展があった。以前の彼女の分析家のほうが，「今の分析家よりも私にとって重要なのです」。彼女はこう付け加えた。「先生のほうが私に良くして下さっているのかもしれませんが，でも私は前の先生のほうが好きです。私が前の先生のことを完全に忘れてしまったとしても，やはり好きだと思います。前の先生がいないことのほうが，先生がいらっしゃることよりも，もっとリアルなんです。」これは彼女が使った言葉どおりではないかもしれないが，はっきりとした彼女自身の言葉で伝えてきた内容であり，彼女が私に理解してもらうことを必要としていた内容であった。

　懐かしさ（ノスタルジア）という主題が現れてくる。それは，失われた対象の内的表象を，人がはかなくも捕えておくことの一種である。この主題は，後出の事例報告に再び出てくる（本書49ページ末尾参照）

　それから患者は，自分の想像について，また，自分がリアルだと信じているものの限界について話した。彼女はこう話し始めた。「私は自分のベッドの横に天使が立っているなどと本気で信じてはいませんでした。でも一方で，私の手首には鷲が鎖でつながれていたんです。」これはたしかにリアルに感じられ，このときに強調されていたのは「鎖でつながれていた」という言葉だった。また彼女には，非常にリアルな白馬がいて「どこにでも乗って行ったり，木に繋いだり，いろいろしていたものです」。彼女はいま本当に白馬を所有できたらいいなと思っていた。そうすればこの白馬の体験のリアルさに対処できるようになり，もっと別のやりかたでリアルにすることができるのではないかと思うのだった。彼女が話すにつれて，私は，当時の年齢や，他の点では良い存在だった両親を繰り返し喪失したことにまつわる彼女の大変な体験といった文脈で見なければ，彼女のそうした考えはいかに容易に幻覚に分類されうることかと感じていた。彼女は大きな声をあげて言った。「きっと私は，いなくなったりしない何かが欲しいんです。」私たちはこれを，"リアルなのは，そこにないものだ"と言うことで定式化した。鎖は，肯定的要

素である鷲の不在の否認にほかならない。

　ここから私たちは，薄れていく象徴ということに取り組んでいった。彼女は，自分は分離があっても象徴を長いあいだリアルなものに保つことができたのだと主張した。ここで私たちは，あることに同時に気がついた。それは，彼女の非常に優れた知性が駆使されてきたのには，代償が伴っていたということである。彼女はごく幼い頃から字が読めて，たくさんの本を読んできた。非常に早期から彼女はたくさんの思考をし，物事に対処するのにいつも思考を使ってきて，そのことを楽しんでもいた。しかし，私が，こうして思考を使うときにはいつも知的欠損への恐怖があるのではないか，と言ったとき，彼女は安堵の様子を見せた（と私は思った）。これに続けて，彼女は，自閉的な子どもたちに関心があることや，友人の統合失調症への緊密な関わりに話を巡らせた。統合失調症は，良好な知性にもかかわらず知的ハンディキャップを負うという考えを例証するような状況である。誰が見ても彼女が知的なのは明らかだったが，彼女は自分が良好な知性に大きな誇りをもっていることに，非常に強い罪悪感を抱いていた。その友人の場合，知性の裏面に迷い込んで精神的病気による精神遅滞に陥ったと言うほかなさそうだが，どうしても彼女には，その彼に良好な知的潜在能力があったと考えるのは難しかった。

　彼女は，分離に対処するためのさまざまな技巧(テクニック)を語った。たとえば，紙で作ったクモから，母親が不在のあいだ，毎日一本ずつ足を抜いていく，といったものである。それから，彼女の言葉を使えば，瞬間的場面(フラッシュ)を不意に見ることもあって，たとえば彼女の犬のトビー（おもちゃの犬）が突然見えることがよくあり，「あ，トビーがいる」と言うのだった。家族のアルバムにおもちゃの犬のトビーと一緒に写っている彼女自身の写真があり，彼女はこのおもちゃの犬を瞬間的場面(フラッシュ)の蘇り以外では忘れてしまっていた。この話から，ある恐ろしい出来事が思い出された。彼女の母親が，「私たちがいなかったあいだずっと，あなたの泣いている声が『聞こえた』わよ」と言ったときのことだった。両親は４マイ

ルも離れたところにいた。彼女はその当時2歳で，こう思った。「私のお母さんが嘘を言ったなんてことがあるかしら？」そのときの彼女はこれにどうにも対処できず，母親が実は嘘をついたのだという，彼女が実際には真実だと知っていることを否認しようとした。皆が「あなたのお母さんは素晴らしい人よ」と言うので，彼女にとって母親が嘘をつくなどと信じるのは難しかったのである。

　このことから私たちは，私からみてかなり新しい考えへと到達することができそうだった。ここに，一人の子どもが描写されていて，その子は移行対象をもっており，明らかな移行現象があった。これらの移行対象は何かを象徴していて，子どもにとってはリアルだった。しかし次第に，あるいはしばらくのあいだ頻繁に，彼女は，**それらが象徴している事物のリアルさを疑わなければならなかった**。つまり，それら移行対象が母親の献身と信頼性を象徴しているとすれば，移行対象そのものはリアルであったにしても，移行対象が表しているものはリアルでなかった。母親の献身と信頼性はリアルでないものだった。

　これは，動物を失ったり，自分の子どもたちを失ったり，という彼女の人生につきまとっていた種類のことに近いように見えたので，彼女はこんなふうに言った。「私が持っているものといえば，すべて，私が持っていないものなのです。」"ない"ということを，何もかもが終わることに対するギリギリの防衛にしようとする必死の試みが，ここにはある。"ない"こと（the negative）のみが，"ある"こと（the positive）なのである。ここまできたとき，彼女は分析家にこう言った。「それで，先生はこれに対して何をなさるというんですか？」私が黙っていると，彼女は言った。「ああ，わかりました。」私が巧妙に黙ってやり過ごしていると感じて彼女は恨んでいるのだろう，と私は思い，こう言った。「私が何も言わないのは，何を言ったらいいか分からないからです。」すぐに彼女は，いいんですと言った。本当に，彼女は沈黙を喜んでいた。むしろ私が一言も言わずにおいたほうが，彼女としては良かっただろう。おそらく私は，沈黙する分析家として，彼女がこれからもずっと探し求

めつづけると自分で分かっている前の分析家と一緒にされていたことだろう。彼女は，前の分析家が帰ってきて「よくできました！」などと言ってくれるのを，ずっと期待しつづけるのだろう。彼女が彼の顔を忘れて長い時間が経っても，それは変わらないのだろう。私は彼女の真意はこうなのだろうと考えていた。彼女が彼の顔を忘れる時というのは，彼が主観性のごちゃ混ぜの沼にすっかり沈み込み，まだ母親がいて彼女が母親の欠損すなわち母親の不在に気づく前には存在していたと信じているものと，彼が一体になった時なのだ，と。

結　び

　このセッションで，私たちは主観性と客観性のあいだの全領域を行き来していて，最後はちょっとしたゲームで終わった。彼女は別荘への鉄道旅行に出発しようとしていて，こう言った。「先生も一緒にいらっしゃるといいと思います，途中までとか。」彼女は，私のもとを離れるのが彼女にとっていかに大きなことかについて話していたのである。ほんの1週間のこととはいえ，これはもっと長い夏の休暇のリハーサルにもなっていた。また，彼女のその言葉は，彼女がいったん私のもとを去ってしまえば，私からの分離がすぐにもうどうでもよくなってしまうという意味でもあった。だから彼女は，途中の駅で私は降りて「暑苦しい列車に乗って帰る」のだと言い，さらにこう言って母親に同一化した私の側面を冷やかした。「ものすごく退屈するでしょうし，子どもや赤ちゃんがたくさん乗ってますから，先生によじ登ってきますよ。先生の服の上で吐いちゃうかもしれない。ざまあみろ，です。」

　（お分かりになることと思うが，そこには，私が**現実に**彼女と一緒に行くという考えはなかった。）

　彼女は帰る直前にこう言った。「（戦争で）地方に疎開したとき，私は，**両親がそこにいるかどうか確かめに行った**と言えると思うんです。私はそこに行けば両親がいると思っていたみたいなんです。」（これは，彼女が両親は自宅にはいないのだと思っていたことを暗示している。）そこ

にはまた,彼女が答えを見出すのに1,2年を要したことも暗示されていた。答えは,両親はそこにおらず,**それが**現実だというものであった。その前に彼女は,使わなかったひざ掛け毛布についてこう言っていた。「あの,ひざ掛けはとても気持ちいいでしょうけれど,気持ちがいいことよりも現実のほうが大切です。だから,**ひざ掛けがないことのほうが,ひざ掛け**よりも大切なんです。」

この臨床断片が例証しているのは,個々の現象が,外的または共有された現実と,真の夢とのあいだの領域のどこに位置しているかについて,各現象のあいだに存在する相違をこころに留めておくことの大切さである。

第2章　夢を見ること，空想すること，生きること
—— 一次的解離を記述するケース・ヒストリー

　この章では，新しい試みとして，空想することの多様さのあいだにある微妙な質的違いを提示してみたい。私は，空想することと呼ばれてきたものに特に注目し，ここでもまた，一つの治療セッションからの素材を用いる。そこでは，空想することと夢を見ることの対比が，ただ重要であっただけでなく，おそらくは中心的であった[原注1]。

　私が用いるのは，ある中年期の女性の事例である。この女性は分析のなかで，空想すること，あるいは白昼夢を見ることに類するものによって，彼女の生活全体がいかに支障を来していたかを徐々に発見しつつある。いまや明らかになったのは，彼女にとって，空想することと，それ以外のこと（夢を見ることや，現実に生きて現実の対象と関係すること）とのあいだに，本質的な違いがあるということである。彼女のなかでは，思いがけないほど明確に，夢を見ることと生きることは同種のものとみなされ，他方，白昼夢を見ることはそれらと別種のものとみなされてきたのだった。夢は現実の世界で対象と関係することによく適合し，同様に，現実の世界で生きることは夢の世界によく適合する。この点は誰にとっても馴染みのあることで，とくに精神分析家にとってはそうである。しかし，これと対照的に，空想することは孤立した現象にとどまり，エネルギーを奪い，夢を見ることにも生きることにも寄与していない。空想することが，ある程度，この患者の生活の全体にわたって固定した状態が続いていた。つまり，ごく早期から，つまり彼女が2, 3歳の頃からそのパターンが確立していたのである。それはもっと早い

原注1）このテーマの別の角度からの考察としては，『小児医学から精神分析へ』（Winnicott 1958a）所収の「躁的防衛」（1935）を参照のこと。

時期から明確に現れていて，おそらくは親指しゃぶりの「治癒」とともに始まったようである。

　これら二群の現象のあいだの違いを示しているもう一つの特徴は，以下の点である。生活の側にある数多くの感情や夢は抑圧される傾向があるのに対して，空想することの隔絶性（inaccessibility）は，また種類の違う事柄である。空想することの隔絶性は，抑圧よりも，むしろ解離と関連している。この患者が全体性をもった個人となり始め，強固に組織化された解離を失うようになるにつれて，しだいに彼女は，空想することが自分にとって死活にかかわる重要性をもち続けてきたことに気づき始めている[原注2]。それと同時に，空想することが，夢や現実とつながりのある想像へと変化しつつある。

　そこにある質的な違いは，極度に微妙で言い表しがたいものかもしれないが，大きな違いは解離状態の有無にある。たとえば，彼女が私の面接室で治療を受けていて，そこからほんの少しだけ空が見える。夕方である。彼女は言う。「私はあのピンク色の雲の上にいて，歩けるんです。」もちろん，これは想像の飛翔でもあるだろう。想像が人生を豊かにするありかたの一つにもなりうるだろうし，夢の素材にもなりうるだろう。同時にまた，この患者の場合は，これがまさしく解離状態に属しているということがありうる。そして，ひとつの時点に複数ある解離状態を自覚できるような全体としての個人がそこにいないという意味で，解離は意識されないだろう。患者は自分の部屋にいて，ただ息をする以外は何もしていないときに，（空想のなかで）一枚の絵を描きあげたり，職業上の面白い仕事を仕上げたり，郊外を散策したりしたが，観察者の視点からみれば何ひとつ起こってはいない，ということがある。実際，解離状態のなかで実に多くのことが起こっているゆえに，およそ何も起こるはずがないのである。また他方で，彼女は自分の部屋にいて明日の仕事のことを考えたり，計画を立てたり，休暇について考えたりして，これが世界の，そして夢と生きることが同じである場所の，想像豊かな探索であることもある。このようにして，彼女は健康な状態から病的な状態へと揺れたり，また健康な状態へと戻ったりする。

原注2）彼女は，そこに立って気づくことのできるような"場所"をもっている人である。

彼女が空想しているときと，想像しているときでは，異なった時間要因が作用しているのが見て取れるだろう。空想することのなかでは，起こることは即時的に起こる。もちろん実際上は何ひとつ起こらない。空想することと想像することという二つの類似した状態は，分析のなかでは違うものとして認識される。なぜなら，分析家が探しさえすれば，そこにある解離の度合いを示す指標はいつでも見つかるからである。患者のこころのなかで起こっていることの言語的記述からは，これら二つの違いを見分けられないことがしばしばあり，もしセッションでの作業を録音したとしても，その違いは失われてしまうだろう。

　この女性は，各種の芸術的自己表現にかなり卓越した才能あるいは潜在力をもち，人生と生活について充分に分かっている人である。また，人生に関して自分が機会を逸しつつあって，今までも（少なくとも人生が始まってまもない頃から）ずっと逸し続けてきたことに気づくだけの潜在力が自分にあることも充分に知っている。必然的に，彼女は彼女自身にとっても，彼女を有望だと感じる家族や親戚にとっても，失望の対象になってしまう。人々が彼女に希望を抱くと，彼女は，彼らが自分のなかの何かを期待している，あるいは自分のなかから何かを出すことを期待しているように感じ，このことが自分自身の本質的な不適格さを彼女に突きつけるのだった。これらすべてが患者において強烈な悲しみと憤懣の種になっていて，もし助けがなければ自殺の淵にあったことを示す証拠が数多くあり，彼女の場合，それは殺人を犯す可能性の一歩手前だったかもしれなかった。殺人を犯す可能性に近づくと，彼女は当の対象を守り始めるので，その時点で彼女は自殺の衝動に駆られ，自分自身の死をもたらすことによって困難な事態を終わらせたくなるのである。自殺は何の解決にもならず，ただ苦闘の停止をもたらすだけである。

　こういったケースには極度に複雑な病因があるものだが，この患者の早期幼児期については，いくらか妥当な言い方で簡潔に言えることがある。あるパターンが彼女の母親との早期の関係のなかで確立してしまったことは間違いなく，その関係はごく満足なものから脱錯覚や絶望へとあまりにも突然かつ早期に変わってしまい，対象と関係することへの希望の放棄をもたらした。

小さな女の子だった頃の父親との関係についても、同じようなパターンが言えるだろう。父親は、母親がうまくいかなかった点をある程度まで修正したものの、結局はこの子の一部になりつつあったパターンに嵌ってしまったために、彼もまた本質的には失敗した。とくに、彼は彼女を潜在的な女性と見なしたにとどまり、彼女が潜在的に男性である事実[原注3]を見逃していたのである。

　この患者において、このパターンの始まりを描くもっとも簡単なやり方は、年長のきょうだいが何人かいる末っ子の少女として彼女を見てみることである。この子たちは、かなりの程度、自分たちのことは自分たちでするようにさせられていて、その理由のひとつは、彼らが自分たちのゲームや自分たちのあいだの調整を、どんどん豊かに楽しみながら行うことができるように見えたからでもあった。しかしこの末っ子は、自分が子ども部屋に来る前からすっかり出来上がっていた世界へと入っていくことになった。彼女はとても頭が良かったので、どうにかそこに適応することはできた。しかし、彼女自身の視点から見ても、きょうだいたちから見ても、彼女はその集団のなかで決して関わりがいのある存在とはいえなかった。なぜなら、彼女が適応できたのは、基本的にただ追従することによってのみだったからである。彼女は自分に割り振られた役割を何でも演じようと必死になっているだけだったので、ゲームが彼女にとって満足のいくものにはなることはなく、他の子たちも、彼女が決して能動的に関与してこないという意味で何かが欠けていると感じていた。しかし年長の子どもたちは、妹が本質的にはその場にいないということに気づいていなかったようである。私たちがいま見出していることだが、患者の視点からみれば、他の子たちのゲームに加わって遊んでいたとき、**彼女はつねに空想することに没頭していた**のである。彼女は解離した心的活動に基づいて、この空想することのなかで本当に暮らしていた。すっかり解離されるようになったこの彼女の一部が彼女の全体になることは決してなく、長い期間にわたって彼女の防衛は、この空想する活動のなかで生きることであり、他の子たちのゲームで遊んでいる自分自身を、まるでこの子ど

原注3）男性的要素と女性的要素についての議論は、第5章を参照のこと。

も集団のなかの他の誰かを見るかのように眺めることだった。

　この解離が，独り立ちした全体としての個人になろうといくら試みても成功しないという著しいフラストレーションの連続によって強化されたことで，彼女はこのこと一つに熟練した専門家のようになった。つまり，子ども部屋の他の子たちと遊んでいるように見えながらも，解離した生活を持つことができる，ということである。この解離は決して完全なものではなく，この子と他のきょうだいとの関係について私が述べたこともおそらく完璧なかたちで当てはまるわけではなかったであろうが，これらの点について有用な描写ができるのに充分なだけの真実が，こういった種類の記述には含まれている。

　成長するにつれて彼女は，現実に起こることが何ひとつ彼女にとって十全な重要性を持たない生活をどうにか築き上げた。しだいに彼女は，自分自身で全体性をもつひとりの人間として存在しているとは感じない数多くの人々のひとりとなっていった。四六時中，自分で気づかないうちに，彼女が学校に行っているあいだも，あるいは後に仕事をしているときでも，解離した部分ではまた別の生活が進行していた。これを逆から見れば，彼女の生活は彼女の主要な部分から解離されていて，この主要な部分のほうは空想することの組織化された連続のなかで生きていた，ということである。

　この患者の人生をたどってみるならば，彼女が自分のパーソナリティのこの二つやその他の部分を一緒にまとめようと，さまざまに試みたことが分かるだろう。しかしその試みはいつも各部分のなかにある種の反発を生み，それは社会との衝突をもたらすのだった。いつでも彼女は，将来有望に見え，家族や親類や友人たちが彼女はきっと成功する，あるいは少なくとも楽しく暮らすようになるだろうと感じ続けるのに充分なだけの健康さをもっていた。しかし，このような期待を実現することは不可能だった。なぜなら（しだいに彼女と私が苦痛を伴って見出したように）彼女の存在の主要な部分が生じているのは彼女が何もしていないときだったからである。何もしないことは，おそらく，彼女と私が親指しゃぶりと呼ぶようになったいくつかの活動のかたちに偽装されていた。のちにこれは衝迫的な喫煙やさまざまな退屈で強迫的なゲームのかたちをとるようになっていた。これらをはじめとする不毛な

活動は何の喜びももたらさなかった。ただ隙間(ギャップ)を埋めるだけであり，この隙間こそ，彼女が何をしているときでも何もしていないという本質的な状態なのだった。彼女は分析時間中に，このような状態はほんの紙一重のところで，精神科病院のベッドに一生横たわり，失禁状態で，不活発で，寝たきりで，しかし頭のなかでは万能感が保たれ，解離状態のうちに素敵なことが実現されうるような，空想することの連続性をただ保っているだけの状態へと簡単に移行しえたのだと理解して，恐怖を覚えた[原注4]。

　この患者が，たとえば絵を描いたり本を読んだりするなど，何かを実行に移しはじめるとすぐ，それまで空想することのなかで保持してきた万能感を手放したことになるために，限界を見出して不満足に陥るのだった。これについて現実原則の観点から見ることもできるだろうが，むしろこういった患者の場合には，その人のパーソナリティ構造においてひとつの事実となっている解離について語ったほうが，より真実になるだろう。彼女が健康で，時おり全体としての人(パーソン)であるかのように振舞っている限りにおいて，彼女は現実原則に属する欲求不満に対応することが充分にできた。しかし，病的な状態のときには，現実と直面することがないため，このような能力は必要とされなかった。

　おそらくこの患者の状態は以下の二つの夢をとおして例示できるだろう。

二つの夢

1. 彼女はおおぜいの人たちと一緒に部屋にいて，自分がダメ男と婚約していることを知っていた。彼女は実際に好きでないタイプの男を描写した。彼女は隣にいた人のほうを向いてこう言った。「あの男は私の子どもの父親なんです。」このように，彼女は私の手助けを得ながら，分析のこの後期の段階になって，自分には子どもがいるということを自分自身に伝え，その子どもが10歳であると言えた。実際は彼女には子どもがいなかったが，彼女

原注4）これは，私の言う「万能感の体験」とはまったく違うものである。私は「万能感の体験」を，「自分」と「自分でないもの」の最初の体験における本質的な過程として描いた（Winnicott 1962，さらに本書47ページも参照のこと）。「万能感の体験」は本質的に依存に属しているが，この箇所での万能感はむしろ依存について希望がもてないことに属している。

はこの夢から，これまで長年のあいだ自分には子どもがいて，その子どもが成長し続けていることを理解できた。また，これは彼女がこのセッションの最初のほうで言ったことの説明にもなっていた。彼女はこう質問していたのだった。「教えてほしいんですけど，私の服装は，中年ということを考えれば，ちょっと子どもっぽすぎるでしょうか？」言いかえれば，彼女は中年の自分と同様に，この子どもにも見合うような服装をしなければならない，と認識するところまでかなり近づいていたのである。彼女は私に，その子どもは女の子だと言うことができた。

2. それに先行する夢が，その1週間前のセッションで語られていた。その夢のなかで彼女は，母親に強烈な恨みを感じていた（彼女は母親に対して潜在的には愛情深かった）。恨みの理由は，夢に出てきたところによれば，母親が娘の彼女から子どもたちを奪ってしまったからである。彼女は，こんな夢を見るのは変だと感じた。彼女は言った。「おかしなところは，ここではまるで私が子どもを欲しがっているみたいだということです。私の意識的な考えでは，子どもは生まれないように避妊が必要としか思っていないのですが。」さらに彼女は付け加えた。「まるで私が，人生はそう悪いもんじゃないと思っている人たちもいる，とひそかに感じてるみたいじゃないですか。」

当然，どのケースでもそうであるように，これらの夢をめぐって報告しうることは他にもたくさんあるが，いま吟味しているこの問題そのものに光を当てることには必ずしもならないので，ここでは省略したい。

あの男が自分の子どもの父親だという彼女の夢は，確信の感覚もなく，感情とのつながりもないまま語られた。そのセッションが1時間半続いた後に初めて，患者は感情に近づき始めた。彼女が帰る前，2時間の終わり頃に，彼女は母親に対する新しい性質を帯びた憎しみが押し寄せてくるのを体験した。それは憎しみというよりも殺意に近く，また，この憎しみはこれまでよりもはるかに，はっきりとした特定の何かに近いように彼女は感じた。いまや彼女は，自分の子どもの父親であるダメ男がこのようにダメ男として登場させられたのは，この子どもの父親が，実は自分の父親，つまり母親の夫で

あるということを，母親の目から隠すためだった，と考えることができた。これは彼女が，母親に殺されそうだという感情にとても近づいていることを意味していた。ここで私たちは，まさしく夢と人生を扱っていたのであって，空想することのなかで迷子になったりはしていなかった。

これら二つの夢を提示したのは，それまで空想することの固定性のなかに閉じ込められていた素材が，夢を見ることと生きること（これら二つの現象は多くの点で同じである）の両方へと開放されてきた様子を示すためである。このようにして，白昼夢を見ることと，夢を見ること（これは生きることでもある）との違いが，患者にとってだんだんと明確になってきて，しだいに患者は分析家に対してこの区別を明らかに示すことができるようになってきた。創造的に遊ぶことは，夢を見ることや生きることとは同盟関係にあるが，空想することには本質的に属して**いない**ことが見て取れるだろう。こうして，このような二群の現象についての理論のうちに，いくつかの重要な相違があらわれはじめる。もっとも，与えられた個々の例について，はっきりと断定したり診断を下したりするのが難しいことには変わりがない。

患者はこんな質問をした。「私があのピンク色の雲の上を歩いているとき，それは私の生活を豊かにする想像なのでしょうか，それとも，私が何もしていないときに起こってきて私が存在しないと感じさせる，空想すること，と先生が呼んでらっしゃるものでしょうか？」

私からみると，このセッションでの作業は重要な結果を生み出した。その作業が私に教えてくれたのは，空想することが，現実的・外的な世界での生活や行動を妨げるだけでなく，それ以上に夢や個人的・内的な心的現実（個々の人格の生きている核）を妨げるのだということである。

この患者の分析でこれに続いた二つのセッションを見てみることには価値があるかもしれない。

患者は最初にこう言った。「先生は，前回，空想することが夢を見ることをいかに邪魔しているかについて話してらっしゃいました。その晩，私は真夜中に目が覚めて，そのままで，とりつかれたように服の型紙に専念して，裁断したり，設計したりしていました。私はほとんど実際にやっているも同

然で，すっかり熱中していました。これは，夢を見ることだったのでしょうか，それとも，空想することだったのでしょうか。私は，ふと我に返って何が起こっていたのかに気づいたのですが，そのあいだも目は覚めていたのです。」

　これは難しい質問だと私は思った。なぜなら，空想することと夢を見ることを区別しようと試みたとしても，この場合はどう考えても境界線上にあるように思えたからである。精神-身体の両方が関わっていた。私は患者に言った。「私たちには分かりませんよね。」本当のことだったので，私はこれをごく単純に言った。

　私たちはこの主題をめぐって話し合った。空想することがいかに非-建設的で，患者にダメージを与え，具合を悪くさせるかについてである。間違いなく，こんなふうに興奮すれば実際の行動は抑止されてしまう。彼女は，よくトランプで独り遊びをしながら，ラジオで音楽ではなくトーク番組を聞くという話をした。この体験は，解離に入って遊んでいるように見えた。それはほとんど，まるで解離を使いこなしているかのようであり，したがって解離の統合や崩壊がありうるという感覚を彼女に与えるかのようだった。私がこれを指摘すると，彼女は，私が話しているときの実例を挙げた。彼女が言うには，私が話しているときに，彼女は自分のバッグのファスナーをいじって，どうして端っこがこうなってるのかしら，閉めにくいったらありゃしない，などと思っているのだった。彼女は，そこに座っている自分にとって，この解離した活動のほうが，私の話すことを聞いているよりも重要であると感じることができた。私たち二人は，この主題をつかまえて，空想することを夢見ることに関係づけようと試みた。突然，彼女は小さな洞察を得て，この空想することが意味しているのは，「それは**先生が**そう思うんでしょ」ということだと言った。つまり，彼女が夢についての私の解釈を取り上げて，それを馬鹿げたものにしようとしていた，ということである。明らかに，ひとつの夢があって，それが彼女の目覚めたときにこの空想することへと変化したのであり，彼女は，空想しているときには目が覚めていたということを私にはっきりと示したがった。彼女は，「夢でもなく，空想でもない，もう

一つの言葉が必要ですね」と言った。この瞬間に彼女は，自分がもう「仕事に行ってしまっていて，そこでの出来事にすっかり気を取られている」と報告し，ここでも再び，彼女は私と話しながら私のもとを離れてしまっていて，まるで自分の皮膚のなかにいないかのような，解離した感じを味わっているのだった。彼女は，詩の言葉を読んでいるのに言葉が意味を失っているときのことを思い出した。彼女は，こんなふうに空想することに没頭しているときは，身体がすごく緊張するけれど実際は何一つ起こっていないので，自分が冠動脈閉塞や高血圧や胃潰瘍（これには実際になったことがあった）になってしまいそうな感じがすると言った。彼女は，自分が実際に物事をするようになって，目覚めている瞬間のすべてを使い「『明日，明日』じゃなくて，『今』なんだ」と言えるようになる何かが見つかることを切望していた。彼女は精神‒身体的な絶頂感の欠如に気づいていたとも言えるだろう[原注5]。患者は続けて，これまで可能な限りしっかりと週末の予定を立てていたが，行動を麻痺させる「空想すること」と，行動を楽しみにする「現実に計画を立てること」とがいつも区別できないのだと言った。行動の麻痺のあとには周囲の状況への無視が起こることに，彼女は測り知れないほどの苦痛を感じていた。

　学校のコンサートで子どもたちが「空はまばゆく輝き」と歌っていた。それは学校時代の彼女が45年前に歌ったのとまったく同じだった。彼女は，この子どもたちのなかにも自分と同じように，ある種の空想することに永久に専念しているせいで，空が輝いていることも知らない子がいるのだろうか，と思いめぐらした。

　最後に私たちは，彼女が最初に報告したこの夢（ドレスを裁断している）の話に戻った。この夢は彼女が起きているときに体験され，夢を見ることに対する防衛であった。「でも，そんなことが彼女に分かるものだろうか？」空想することが悪霊のように彼女にとりついているのである。ここから彼女は，自分自身をもち，自分のものになり，統御できるようになることへの強

原注5）この種の体験がもつ，これとは別の側面について，自我オルガスムのための能力という観点から論じたことがある（Winnicott 1958b）。

いニードについて話した。突然，彼女は，この空想することは夢ではないという事実に，とてつもなく強烈に気づいた。このことから私は，彼女がそれまでこの事実に，充分には気づいていなかったことを見て取ることができた。それはこんなふうだった。彼女は目覚めて，その場で狂ったようにドレスを作っていた。まるで私に，「先生は私が夢を見ることができると思っているんですね。でも先生は間違ってますよ！」と言っているかのようだった。ここから，私は夢–等価物である，ドレスづくりの夢へと進むことができた。おそらくここで初めて私は，彼女のセラピーの文脈のなかで夢を見ることと空想することのあいだの違いを定式化できると感じた。

　この空想することは，ただ単にドレスを作ることだけに関わっていた。ドレスは何の象徴的価値も持っていない。犬は犬であるは犬である（A dog is a dog is a dog）。これとは対照的に，もし夢のなかであったならば，彼女の助けで私が示すことができたように，それと同じものが象徴的な意味を持っていたことだろう。私たちはこのことに注目した。

「無定形」の領域

　夢について見ていくときに考慮に入れたいキーワードは，**無定形**（formlessness）である。それは，型紙(パターン)に合わせられたり，裁断されたり，形を整えられたり，縫い合わされたりする以前の，素材のすがたである。別の言葉で言うと，もし夢のなかであれば，これは彼女自身の人格と自己確立についてのコメントになっているであろう。もし夢のなかであれば，ドレスそれ自体との関連はある程度までにすぎないであろう。さらに言うと，そうであれば，無定形から何かを作ることができると彼女に感じさせるような希望が，幼年期から彼女が持ち込むすべてに立ち向かっていく分析家に抱いていた信頼から，生まれてきているだろう。彼女の子ども時代の環境は，彼女が無定形でいることを許容できず，彼女が感じていたように，彼女を型にはめ，他の人たちが心に懐いたとおりの形になるように裁断することを強いたのだった[原注6]。

[原注6] このことは，追従性や，偽りの自己の組織化に見出すことができる（cf. Winnicott 1960a）。

このセッションの最後に，彼女が無定形から始めなければならないということを理解していた人が（彼女の視点からは）誰もいなかった，という考えにまつわる強烈な感情を，彼女が体験する瞬間があった。彼女はこの認識に到達すると，本当に強い怒りをあらわにした。何らかの治療的成果がこのセッションから得られたとしたら，それは主として彼女がこの強烈な怒りに到達したことによるのだろう。その怒りは，何かについての怒りであって，狂ったものではなく論理的な動機づけをもつ怒りである。

次に彼女が来たとき，これも2時間のセッションだったが，患者は前回からのあいだに実にたくさんのことをしたと報告した。当然ながら彼女は，進歩を暗示していると私が思うかもしれない事柄を報告せねばならないことに，かなり慎重になっている様子だった。彼女は，キーワードは同一性（identity）だと感じていた。この長いセッションの最初の部分は，ほとんど彼女の活動についての話に費やされた。そこには，ここ何カ月も，あるいは何年も放置してあったいろいろなものを片づけた話や，建設的な作業の話も含まれていた。確かに彼女はそれらを大いに楽しんでいた。しかし彼女は，話している間もずっと，同一性喪失への強い恐怖を示しつづけていた。まるで，実はそのような型に嵌められて，大人のふりをしていたにすぎない，あるいは，分析家の敷いた路線に沿って分析家のために進歩したふりをしていただけだ，と露呈しかねないとでもいうかのようだった。

その日は暑く，患者は疲れていて，椅子に深く身をもたせかけ，眠りに落ちた。彼女が着ていたのは，仕事のときにも，私のところに来るときにも着られるように彼女が作ったドレスだった。彼女は10分ほど眠った。目覚めると彼女は，自分が家で実際にやったこと，楽しみさえしながらやったことが，はたして本物だったのだろうか，という疑いについて話し続けた。眠りから生じてきた重要な点は，彼女が，夢を憶えていなかったゆえに眠りが失敗だったと感じていることだった。それはまるで，彼女が分析のための夢を得ることを目的として眠ったとでもいうかのようであった。私が，彼女は眠りたかったから眠ったのだろうと指摘すると，彼女は安堵した。私は，夢を

見ることは，眠っているときにたまたま起こることにすぎない，と言った。いまや彼女は，眠りが自分に良いことをたくさんしてくれたのだと感じていた。彼女は眠りたいと欲し，目が覚めた時には前よりもずっとリアルな感じがし，夢を憶えていないことはもう問題にならなくなった。彼女は，目の焦点が合っていないときは，何かがそこにあることは分かってもよく見えないものだけれど，自分のこころはまさにそんな感じだと言った。焦点が合わないのだという。私はこう言った。「でも，眠りに伴って夢を見ているときには，よほど，目覚めている生活に持ちこんで報告できるような夢にでも巡りあわないかぎり，何にも焦点を合わせていないわけだから，夢を見ていてもこころは焦点が合っていませんよね。」このとき私は，前回のセッションの「無定形」という言葉を思い浮かべていて，それを，夢を見ることとは対比的な意味での，全般的な夢活動にあてはめていた[原注7]。

　このセッションのなかで，このあとたくさんのことが起こった。なぜなら，患者はリアルに感じられるようになっていて，彼女の分析家である私と共同して自分の問題に取り組んでいたからである。彼女は，行動を麻痺させるような種類の空想することのなかで起こってくる途方もなく多くの事柄に関して，非常に良い例を示した。私はこれを，夢の理解のために彼女が与えてくれる鍵として用いた。**空想**は，ある人たちが来て彼女の部屋を乗っ取ってしまうことに関するものだった。ただそれだけのことである。一方，人々が来て彼女の部屋を乗っ取ってしまうという**夢**であれば，彼女が自分のパーソナリティのなかに新しい可能性を見出しつつあるということや，両親を含む他の人々との同一化を楽しむことと関連していたことだろう。これはパターンに嵌められてしまう感じとは正反対であって，同一性を失わずに同一化するやり方を彼女に与えてくれるものである。私は，詩に対する彼女の強い関心を知っていたので，自分の解釈を補強するために，それにふさわしい言い方を見つけた。私は，空想することはあくまである主題に関するものであって，そこで行き止まりになっている，と言った。**そこには何の詩的価値もない。**

原注7）これら二つのあいだのどちらが優勢かによって，そのときの脳波に違いがあるということも考えられるだろう。

しかし，それに対応する夢は，**詩的要素を含んでいる**，つまり，意味の層がいくつも折り重なっている。それは過去，現在，未来に関係のある，そして内側と外側に関係のある，意味の層の重なりであり，つねに根底的に彼女にかかわるものである。彼女の空想することのなかにないのは，夢のこの詩的要素であり，それゆえに空想することについて私が意味のある解釈をすることは不可能である。私は，潜在期の子どもたちがいくらでも提供できる空想することの素材を，解釈のために使おうと試みることさえない。

　患者は，ここまでに私たちがしてきた作業をより深い認識と理解をもって振り返って，なかでも空想することの限定的領域にはない，夢のもつ象徴性を感じていた。

　それから彼女はすこし脱線し，空想することの"いま-ここ"に固定された満足とは違って，未来の幸福の見通しを与えてくれるような未来の想像的な計画をめぐらせた。そのあいだずっと私は非常に注意深くしている必要があり，そしてそのことを彼女に指摘した。そうしないと，私が彼女のしたことや彼女に訪れた好機のことで喜んでいるように見えただろう。そうなると彼女は容易に，私に迎合して型に嵌められたような感じを抱いただろうし，そのあとには最大級の抗議が起こり，またしても空想することやトランプの独り遊びやその種の常套手段に戻っていってしまっただろう。

　彼女はふと思いついて，こう言った。「前回はどんなことについて話しましたっけ？」（この患者に特徴的なのは，ちょうどこの時のように，前回のセッションの影響が明らかなのに前回の内容を憶えていないという場合が多いことだった。）そのとき私には「無定形」という言葉がすぐに使えて，そこから彼女は前回のセッション全体に立ち戻り，裁断される前のドレスの素材という考えや，彼女が無定形から出発する必要があることに誰も気づかなかったという気持ちに触れた。彼女は再び，今日は疲れていると言い，私は，それはちゃんと何かがあるということであり，何もないのではないことを指摘した。ある程度，それはコントロールのもとにあるということでもある。「私は疲れていて，眠りたい。」彼女は車のなかでも同じ感じを抱いた。彼女は疲れていたが，運転していたので眠らなかった。しかしここでは，彼女は

眠ることができるのだった。突然、彼女は健康の可能性を目にして、息をのんだ。彼女はこういう言葉を使った。「私は自分で自分を取りしきれるかもしれません。自分をコントロールして、慎重に、想像力を使えるかもしれません。」

　この長時間のセッションでは、もう一つ、やるべきことがあった。彼女はトランプの独り遊び<ruby>（ベイシェンス）</ruby>をするという主題を持ち出した。彼女はそれを泥沼と呼んでいたが、この独り遊び<ruby>（ベイシェンス）</ruby>の理解について私に助力を求めた。私は、私たちが一緒にやってきたことを利用して、このように言った。独り遊び<ruby>（ベイシェンス）</ruby>は空想することの一つの形であり、行き止まりであって、決して私によって使われたりしない。もしそれと違って、彼女が私に夢を話しているなら――「独り遊び<ruby>（ベイシェンス）</ruby>をしている夢を見ました」というふうに――それだと私がそれを使えてしまうだろうし、実際、たとえば解釈して「あなたは神様や宿命と格闘していて、時々勝ったり、時々負けたりしながら、四つの王家の命運をコントロールしようとしているのですね」などと言えたりしてしまうだろう、と。彼女は、私の助力なしにこの後を続け、あとでこう言った。「私は自分の空っぽの部屋で何時間も独り遊び<ruby>（ベイシェンス）</ruby>をしていました。その部屋は本当に空っぽなんです。なぜかというと、私が独り遊び<ruby>（ベイシェンス）</ruby>をしているとき、私は存在していないからです。」ここで再び彼女は言った。「そうなると、私は自分に興味が持てるようになるんです。」

　最後になって、彼女は帰るのに気が進まなかった。少し前にあったような、彼女がいろんなことを話し合える唯一の人と別れるのが悲しいからというのではなくて、むしろ今回はもっぱら、家に帰ると彼女は以前ほど具合が悪くないことに――つまり、防衛の組織化において以前ほど硬く固定していないことに――気づくかもしれないからだった。いまや彼女は、未来に起こるすべてを予見することはできず、これから家に帰ってやりたいことをやるのか、それとも、トランプの独り遊び<ruby>（ベイシェンス）</ruby>に囚われてしまうことになるのか、予測がつかなくなっていた。明らかに彼女は、病気のパターンがもつ確実性を懐かしんでいて、選ぶ自由に伴う不確実性に対して大きな不安を覚えているのだった。

セッションが終わりを迎える頃になって，前回のセッションの作業は深い影響を及ぼしていたと言えるのだろうと私には思えた。その一方で，これに自信を持つとか，あるいは喜ぶことにすら大きな危険があることが，私には分かりすぎるほど分かっていた。分析家の中立性が必要とされるのは，治療全体のなかでも特にここであった。私たちは，この種の作業ではいつも再出発の繰り返しであって，期待するところが少なければ少ないほどよいということをよく知っている。

第3章　遊ぶこと──理論的記述

　この章では，私の仕事と私自身の今の発達段階によって否応なく形づくられ，私の仕事に一定の色づけを与えている，ある考えを探索してみたい。あらためて言うまでもなく，私の仕事というのは主として精神分析であるが心理療法をも含んでいて[訳注1]，この章の目的からすればこれら二つの用語の使用をはっきりと区別する必要はなさそうである。

　私の主張点を述べようとするときに思うのは，よくあることながら，その主張点が実に単純で，この主題を論じるのに多くの言葉は必要ないということである。**心理療法は，患者の遊ぶことの領域と，セラピストの遊ぶことの領域という，ふたつの遊ぶことの領域の重なり合いのなかで起こる。心理療法は，一緒に遊んでいるふたりの人々にかかわるものである。このことから必然的に，遊ぶことが不可能なところでセラピストが行う作業は，患者を遊べない状態から遊べる状態へともっていくことに向けられる。**

　文献のレビューをする意図はないが，象徴形成の主題で素晴らしい記述をしているミルナー（Milner 1952, 1957, 1969）の著作には敬意を表したい。ただ，ここで彼女の深く包括的な研究に入り込んでしまって，遊ぶことという主題に私自身の言葉を使って注意を喚起するのを止めてしまうつもりはない。ミルナー（Milner 1952）は，子どもたちの遊ぶことを，大人における集中することと結びつけている。

　　「……私をこんなふうに使用することが，単に防衛的な退行であるだけでなく，世界への創造的な関係の，不可欠な回帰的局面かもしれないこ

訳注1）ウィニコットが依拠する精神分析の用語法では，主に寝椅子を用いて週4回以上のセッションを行う場合を精神分析，それに満たない頻度で行うものを心理療法と呼ぶ。

とに私が気づきはじめたとき……」

ミルナーはここで「**主体と対象の前論理的な融合**」について述べていた。この融合のほかに，主観的対象と客観的に知覚される対象との融合や脱-融合があり，私はこの二種類の融合を区別しようと試みている[原注1]。私がしようとしていることは，ミルナーの著作の素材のうちにも内在していると私は思う。彼女は，このようにも言明している。

「私たち一人一人のなかにある生まれつきの詩人が，親しみのないもののなかに親しみのあるものを見出すことで私たちに外的世界を創り出した瞬間を，おそらくほとんどの人たちは忘れてしまうか，あるいは記憶のどこか秘密の場所に保護しておくことになる。なぜなら，そういった瞬間は，ほとんど神々の来訪にも近いものなので，日頃の思考と一緒にしておくことができないからである。」(Milner 1957)

遊びとマスターベーション

ひとつ，区別しておきたいことがある。精神分析的な文献や議論のなかで，遊ぶことという主題は，マスターベーションやその他の感覚的な体験とあまりにも緊密に結びつけられてきた。たしかに，マスターベーションに遭遇すると私たちはいつも「そこでの空想は何だろうか？」と考えるものだし，また，遊んでいるのを目にすれば「このタイプの遊びと結びついているのは，どんな身体的興奮だろうか？」と考えてみる傾向はある。しかし，遊ぶことそれ自体を，ひとつの主題として，本能の昇華の概念をさらに補足するようなものとして研究していく必要がある。

これら二つの現象（遊ぶこととマスターベーション的活動）を頭のなかで緊密に結びつけるあまり，私たちが何かを見落としてきた可能性は大いにあ

[原注1] これについてさらに考察したものとしては，私の二つの論文，「子どもの発達における自我の統合」(1962) および「交流することと交流しないこと：いくつかの対立現象の研究へ」(1963a) を参照されたい。

る。私がこれまで指摘してきたのは，子どもが遊んでいるとき，マスターベーション的な要素は本質的に欠けているという点である。言い換えれば，子どもが遊んでいるときに本能関与の身体的興奮が現れると，遊びはストップするか，あるいはいずれにせよ損なわれてしまう（Winnicott 1968a）。クリス（Kris 1951）とスピッツ（Spitz 1962）はともに，これと同じようなデータを含めて扱えるようにするため，自体愛（auto-erotism）の概念を拡張している（Khan 1964 も参照のこと）。

　私は遊ぶことについての新たな言明に到達しようと試みていて，精神分析の文献のなかに遊びという主題について有用な言明が欠けているように見えるのは興味深いことだと思う。どの学派であれ，児童分析は子どもの遊ぶことをめぐって築き上げられており，もし，遊ぶことについて優れた言明を見つけるためには分析家でない人たちが書いたものに当たらなければならないとしたら（たとえば Lowenfeld 1935），ちょっとおかしなことである。

　当然ながらメラニー・クラインの著作（Klein 1932）に目を向けることになるが，遊びに関してクラインが著作のなかで述べたことは，ほとんどが遊びの利用についてであった。セラピストは，子どものコミュニケーションを手探りしながら，ふつう子どもは機微を伝えられるような言語を使いこなせないけれども，探し求めれば遊びのなかにそういった無限の機微を見出すことができることを知っている。これは決してメラニー・クラインへの批判ではないし，そのほかに子どもたちの精神分析における子どもの遊びの利用について記述してきた人たちへの批判でもない。ただ単に，パーソナリティの全体的理論のなかでみれば，精神分析家が遊びの内容を利用することに忙殺されるあまりに，遊んでいる子どもに目を向けたり，遊ぶことそれ自体について書くことがなかったという可能性について言っているにすぎない。ここで私は明らかに，「遊び（play）」という名詞と，「遊ぶこと（playing）」という動名詞との，それぞれの意味のあいだに重要な区別をしている。

　遊んでいる子どもについて私が言っていることはすべて，実際，大人にも同じように当てはまるのであり，違いがあるとすれば，患者の素材がもっぱら言語的コミュニケーションの面で現れている場合には，そのあたりのこと

を記述するのがより難しくなるという点だけである。遊ぶことは，大人の分析にも，子どもと行う作業のときと同じくらい明白に見出されるものと心積もりをしておかねばならない，と私は示唆したい。遊ぶことは，たとえば言葉の選択や声の抑揚，そしてもちろんユーモアの感覚に現れる。

移行現象

　私が移行現象というテーマを追究して，早期における移行対象や移行的技巧の使用から人間の文化的体験の能力の最終的段階まで，移行現象をそのあらゆる精妙な発達に沿ってたどって以来，遊ぶことの意味は私にとって新たな色あいを帯びるようになった。

　ここで，私の移行現象の記述に対して，精神分析の世界や一般の精神医学の世界で示された寛容さに目を向けてもらうのは場違いではないだろう。子どものケアのさまざまな分野で移行現象の考えが流行し，私は，この領域で私が受けるにふさわしい以上の評価を与えられてきたように感じることが時々ある。私が移行現象と呼んだものはどこにでもある普遍的現象なのであって，単に，それらに注目してもらい，それらが理論の構築のなかで役に立つ可能性に注意を促しただけのことであった。私が見たところ，すでにウルフ（Wulff 1946）は，赤ちゃんや子どもが用いるフェティシズム的な諸対象について書いていたし，アンナ・フロイトの心理療法クリニックで，このような対象が幼い子どもたちに観察されていたことも知っている。アンナ・フロイトがお守り(タリスマン)について話したのを聞いたことがあるが，これも密接な関連のある現象である（A. Freud 1965 を参照）。A. A. ミルンが「くまのプーさん」[訳注2]を永遠の存在にしたことは言うまでもない。他にも多くの作家を挙げることができるが，なかでもシュルツ[訳注3]やアーサー・ミラー[原注2]は，私が特定的に言及して名前をつけたこれらの対象を作中で用いている。

　移行現象の概念がこのように幸福な運命をたどっているのに勇気を得て，

訳注2）英国のミルンの原作は，少年クリストファー・ロビンのお気に入りのテディベア「くまのプーさん」が活躍する物語。

遊ぶことについて私が言おうとしていることもまた，容易に受け入れられうるのではないかと私は思う。遊ぶことには，精神分析の文献のなかにまだ居場所を見出せていない何かがある。

　文化的体験とその位置づけについての章（第7章）で私は，**遊ぶことにはひとつの場所があり**，ひとつの時間がある，と主張して，遊ぶことについての私の考えを具体化している。それは言葉のどのような用法においても，**内側**ではない（精神分析において内側という言葉が実に多種多様な用いられ方をしてきたことは不運にも事実である）。かといって，それは**外側**でもない，つまり，個人が（いくらかの困難や苦痛さえも伴いながら）魔術的コントロールの外にある真に外的なものと認識することに決めた，私-でないもの（the not-me），離絶された世界の一部，でもない。外側にあるものをコントロールするには，人はただ考えたり望んだりするだけではなく，何かを**する必要があり，何かをするのには時間を要する**。遊ぶことは，すること（doing）である。

時間と空間における遊ぶこと

　遊ぶことにひとつの場所を与えるために，私は赤ちゃんと母親のあいだの**可能性空間**を仮定した。この可能性空間は，母親あるいは母親的人物との関係における赤ちゃんの生活体験によって実に大きく違ってくる。そして私は，この可能性空間を以下の二つと対比した。(a) 内的世界（心-身のあいだのパートナーシップに関連している）と，(b) 実際のあるいは外的な現実（それ自体の諸側面を持ち，客観的に研究することができ，どんなに観察する側の個人の状態によって変化するように見えても実際に恒常的に存在し続ける）である。

　いまや私は，伝えようとしていることを，あらためて言い直すことができ

訳注3）ビーグル犬「スヌーピー」で知られる漫画『ピーナッツ』の作者。この漫画にときどき登場する幼い男の子ライナスは，お気に入りの毛布を引きずって歩いているのが特徴である。
原注2）アーサー・ミラーの『ジェインの毛布』（Miller 1963；邦訳1971）：この物語は実際のところ，最後は感傷的な結末に終わってしまうので，幼児期の観察との直接的なつながりを放棄してしまっているように私には思える。

る．精神分析，心理療法，遊びの素材，遊ぶこと，という順序づけから離れて，その反対の向きにこれを設定し直したいと思う．言い換えれば，**遊びこそが普遍的なもの**であり，健康に属するものである．すなわち，遊ぶことは成長を促進し，ゆえに健康を促進する．遊ぶことは集団の関係性のなかへと導く．遊ぶことは心理療法でのコミュニケーションの一形式になりうる．そして最後に，精神分析は，自分自身や他の人たちとのコミュニケーションに役立つような，遊ぶことの高度に特殊化された一形式として発達してきた．

もともと自然にあるのが遊ぶことであり，20世紀の高度に洗練された現象が精神分析である．分析家にとって，フロイトに何を負っているかだけでなく，遊ぶことという自然で普遍的なものに何を負っているかを常に思い出すことも，また価値があるに違いない．

遊ぶことほど明白なものを，わざわざ例示して説明する必要はあまりないかもしれないが，それでも私は二つの例を挙げてみたい．

エドマンド，2歳半

母親が自分自身のことで相談に来て，そのときにエドマンドを連れてきた．私が母親と話しているあいだ，彼はその同じ面接室のなかにいた．彼が使いたくなったら使えるように，私たちのあいだにテーブルと小さな椅子を置いておいた．彼は生真面目な表情をしていたが，怖がったり抑うつ的になったりしている様子はなかった．彼は「おもちゃはどこ？」と言い，彼がその時間中に言ったのはこれだけだった．明らかに彼は，ここに来るとおもちゃがあると聞かされていたようだった．私は彼に，この部屋の向こう側の床の上，本棚の下あたりにいくつかあるよと言った．

まもなく彼はバケツにいっぱいのおもちゃを取ってきて，母親と私の相談面接が進行するあいだ，じっくりと慎重な様子で遊んでいた．母親は，2歳5カ月でエドマンドに吃音が始まった重要な時のことを，正確に私に語ることができた．それからというもの彼は「吃音を怖がって」話すのをやめてしまったと母親は言った．母親と私が，母親自身と彼に関する相談面接の状況を保っているあいだ，エドマンドは小さな列車の

部品をいくつかテーブルの上に置き，それらを並べて，ちゃんとつながるように接続しようと試みていた。彼は母親からほんの 2 フィート〔約 60 センチ〕のところにいた。まもなく彼は母親の膝の上にのって，ほんのしばらく赤ちゃんのようなひとときを過ごした。母親は自然で適切な応答をしていた。すると彼は自発的に母親の膝から下りて，またテーブルで遊び始めた。これらすべては，母親と私がじっくりと深い会話に専念していたあいだに起こった。

　それから 20 分くらいすると，エドマンドは目立って生き生きとし始め，新たなおもちゃを求めて部屋の向こう側に行った。彼はそのごちゃごちゃの中から，からまった紐を取ってきた。母親は（明らかに彼が紐を選んだことに反応して，しかしその象徴的な意味は意識することなく）こう言った。「エドマンドは，まったく言葉を話さなくなる時には，まとわりつくのがひどくなって，私の**実際**の乳房や，私の**実際**の膝の上に，触れないといられないんです。」吃音が始まる直前，彼はトイレットトレーニングに応じようとし始めたが，結局，失禁の状態に戻り，それとともに吃音が始まって，そのあとに話さなくなった。治療相談面接に来た前後の頃に，彼は再びトイレットトレーニングに協力し始めていた。母親はこれを，発達の逆戻りから回復しかけていることの表れと思っていた。

　エドマンドが遊んでいるのに気づいて，私は母親とのやりとりを続けることができた。

　いまやエドマンドは，口に泡を立てながらおもちゃで遊んでいた。彼は紐に夢中になりはじめた。母親は，エドマンドが，成長してカップで飲むようになるまで，赤ちゃんの頃は乳房以外の授乳手段を一切受けつけなかった，という話をした。「この子は，代用品では我慢できないんです」と母親は言った。つまり，彼は哺乳瓶から飲もうとせず，その後も代わりのものを拒絶するのが彼の性格の恒常的な特徴になっていたという。彼がよくなついていた母方の祖母のことさえ，実際の母親ではないがゆえに，彼は全面的に受け入れてはいなかった。彼は誕生以来ずっと，毎晩，眠りにつくために母親その人自身を必要としてきた。彼が生

まれたとき，母親の乳房に不調があって，生まれて数日から数週間，彼はしょっちゅう歯肉でかじりついていた。おそらくは，繊細な状態にあった母親が敏感に身を守ろうとすることへの彼なりの予防手段だったのだろう。生後 10 カ月で歯が生え，あるとき彼は嚙んだけれども血が出るほどではなかった。

「この子は，一番目の子ほど育てやすくはなかったんです。」

こういったことを話すのには時間がかかり，母親が私と話したいと思っていた他の事柄と混ざりあった形で話されていた。ここでエドマンドは，ごちゃごちゃにからんだ紐から出ている，一方の端っこに興味がある様子だった。時おり彼は，その紐の端っこを母親の腿のあたりへ，電気コードのように「差し込む」かのようなしぐさをしていた。彼は「代用品では我慢できない」にもかかわらず，紐を，母親との結合の象徴として用いていると言わざるを得なかった。紐がコミュニケーションを通じての結合と分離とを同時に象徴していることは明らかだった。

母親は，彼が以前，「ぼくの毛布」という移行対象をもっていたと言った。彼は，早期乳児期に使っていた元々の毛布にあったようなサテンの縁取りがついてさえいれば，どんな毛布でも使うことができるのだという。

この時点で，エドマンドはごく自然におもちゃから離れ，カウチに登って母親のほうへ動物のように這っていき，彼女の膝の上で丸くなった。彼は 3 分ほどそこにいた。母親はごく自然な反応をし，何ら大げさな感じはなかった。そうすると彼は，丸めていた体をまた伸ばして，おもちゃのところに戻って行った。今度は，彼は紐（これが気に入っている様子だった）をバケツの底に寝藁のように敷き，そこにおもちゃを入れたので，ちょうど揺りかごや赤ちゃんベッドのような，おもちゃのための柔らかな寝場所ができた。もう一度だけ母親にしがみつきに来て，またおもちゃのところに戻って行った後，もう彼はいつでも帰れる準備ができており，母親と私のほうも話が終わっていた。

彼はこの遊びのなかで，母親がそのとき話していた内容の多くを例示していた（ただし母親はそれ以外に彼女自身の話もしていた）。彼は自

分のなかにある，依存から離れ，またそこに戻る，という動きの一進一退の様子を伝えてきていたのである。しかし私は母親と作業をしていたのであり，これは心理療法ではなかった。エドマンドがやっていたことは，たんに，母親と私が話し合っているあいだ，彼の人生をいっぱいに占めている考えを提示しているだけのことだった。私は解釈をしなかったし，もし，その場に誰も見ている人やコミュニケーションを受け取る人がいなかったとしても，彼はこれと同じように遊んでいただろうと推論せざるをえない。その場に誰もいなければ，おそらく，それは自己の一部との，つまりは観察自我とのコミュニケーションだっただろう。私はたまたまそこにいて，起こっていることを映しだし，そのことによってコミュニケーションの性質を与えていたのである（Winnicott 1967b）。

ダイアナ，5歳

この二番目の事例でも，エドマンドの場合と同じく，二つの相談面接を並行して行わねばならなかった。悩み苦しんでいる母親との面接と，娘のダイアナとの遊びによる関係の二つである。ダイアナには弟がおり（この日は一緒でなく，家にいた），弟には知的障碍と先天性の心疾患があった。母親が来談したのは，この弟が母親自身と娘のダイアナに与える影響について話し合うためだった。

母親との面接は1時間つづいた。その間，子どもはずっと一緒にいたので，私の課題は三重のものだった。つまり，母親自身のニードゆえに母親に対して十全な注意を向けること，子どもと遊ぶこと，そして（この論文を書くために）ダイアナの遊びの性質を記録すること，の三つであった。

実は，最初から主導権を握ったのはむしろダイアナのほうだった。私が母親を迎え入れようと玄関のドアを開けると，えらく積極的な女の子が姿を現し，小さなテディベアを前に突き出してきた。私は，母親も彼女も見ないで，まっすぐそのテディベアに目を向け，「この子の名前は何ていうの？」と言った。彼女は，「テディよ」と言った。これでダイ

アナと私自身との強い関係性が素早く生じ，私は母親のニードを満たすという自分の主要な仕事をするために，このダイアナとの関係性を持続させていく必要があった。面接室でもダイアナは，当然ながら常に私から注意を向けられていると感じることを必要としたが，私は母親が必要とする注意も向けつつ，ダイアナとも遊ぶことができた。

　この事例を描写するうえで，エドマンドの事例のときと同じように，母親との相談面接の内容は省いて，私とダイアナとのあいだで起こったことを記そう。

　私たち三人は面接室に着くと，母親はカウチに座り，ダイアナは子ども用テーブルのそばの小さな椅子を自分のものにして，それぞれに落ち着いた。ダイアナは彼女の小さなテディベアを私の胸ポケットに詰めこんだ。彼女はそれがどこまで深く入るかやってみてから，私の上着の裏地を調べて，いろいろなポケットがあることや，それらが互いに中でつながってはいないことに興味を持った。これらのことは，私が母親と遅れのある2歳半の弟について真剣に話しているあいだに起こっていて，ダイアナはさらなる情報をこう付け加えてくれた。「あの子は心臓に穴があいてるの。」彼女は遊びながら，一方の耳で話を聞いていたとも言えるだろう。彼女は弟の身体的障害をこの心臓の穴ゆえに受容できているけれども，知的障害のほうには気づいていないように私には見えた。

　ダイアナと私が一緒にやった遊ぶことのなかで，私は，治療的技法を使わずに遊んでいて，いくらでも遊び心を発揮できる感じがしていた。子どもは，相手が遊び心をもち自由に発揮できるときに，いっそう容易に遊ぶことができる。私は唐突に，ポケットに入っているテディベアに耳を近づけてこう言った。「何か言ってるのが聞こえたよ！」彼女はこれにとても興味を示した。私は，「誰か遊び相手が欲しいんじゃないかな」と言って，羊毛製の子羊の話をし，部屋の向こうの棚の下の，おもちゃの山を探すと見つかるよ，と話した。おそらく私には，例の熊をポケットの外に出しておきたいという隠れた動機があったのだろう。ダイアナは子羊を取りに行ってきた。子羊のほうが熊よりもかなり大きかっ

たが，彼女はテディベアと子羊が友だちになるという私のアイデアを採用した。しばらくのあいだ，彼女はカウチの上の母親が座っているそばに，テディと子羊を一緒に置いた。私はもちろん母親との面接を続けていたが，ダイアナが彼女自身の一部分，つまり大人たちや大人的態度に同一化している部分で，私たちの話している内容に対して興味を持ち続けていたことは注目に値するだろう。

　遊びのなかで，ダイアナはこれら二匹を彼女の子どもたちということにした。彼女は二匹を衣服の下に入れて突き出し，彼女自身がそれらを妊娠しているようにした。しばらくのあいだ妊娠していた後，彼女は，これからそれらが生まれてくるけれども「双子にはならない」と予告した。子羊が最初に生まれてきて，その後にテディベアが生まれる，ということを彼女はとても明確にした。出産がすべて終わると，彼女は自分の二人の生まれたばかりの子どもを，床の上に工夫して作ったベッドに一緒に入れて，覆いをかけてやった。最初，彼女は，二人を一緒にしたら喧嘩するかもしれないからと言いながら，一人をベッドの一方の端に，もう一人を他方の端に入れた。「ベッドの真ん中で，布団の下で会っちゃって，喧嘩する」かもしれない，というのだった。その後，彼女は二人を一緒にベッドの上端で仲良く眠らせた。そこで彼女は，部屋の向こうのバケツや箱の中からたくさんのおもちゃをとってきた。彼女はベッドの上側の床の上におもちゃを並べ，それらで遊んだ。そこでの遊ぶことは整然としていて，いくつかの異なるテーマが展開し，それぞれが互いにきちんと分けられていた。私は再び，そこに自分自身の考えを持ちこんで，こう言った。「おお！　あなたは床の上の，この赤ちゃんたちの頭の上のところに，赤ちゃんが眠ってるときに見てる夢を広げてるんだね。」このアイデアは興味を引き，彼女はこれを受け入れて，赤ちゃんたちの代わりに，自分が彼らの夢を夢見ているかのように，さまざまなテーマを展開し続けていった。そのおかげで，母親と私が一緒に取り組んでいる作業のためにどうしても必要だった時間をとることができた。このあたりで，母親が泣き始めてとても動揺したので，ダイアナは顔を上

げ，今にも不安になりそうな様子を見せた。私は彼女にこう言った。「お母さんが泣いているのは，病気の弟のことを考えているからだよ。」これは直接的で事実に即していたのでダイアナを安心させ，彼女は「心臓に穴があるの」と言って，再び赤ちゃんの代わりに夢を見ることを続けた。

　このように，自分のことで相談面接に来たわけではなくて，特別な援助を必要としていなかったダイアナは，私と遊んだり一人で遊んだりしながら，同時に母親の状態に巻き込まれてもいた。私には，母親はダイアナを連れてくる必要があったのだと理解できた。母親自身が，病気の男の子のことで非常に深く悩んでいたために，私一人と直接向き合うにはあまりにも不安が強すぎたのである。その後，もう子どもに注意を分散させる必要がなくなった母親は，一人きりで来談した。

　後日，母親だけと会ったとき，ダイアナと一緒に面接した時間に起こったことを振り返ることができたのだが，そこで母親がひとつ重要な詳細を付け加えてくれた。それによれば，父親はダイアナの早熟さに目をつけていて，小さな大人みたいに振舞うときの彼女を最も気に入っているのだという。現れていた素材のなかには，時期尚早な自我発達へと引っ張られている様子や，母親との同一化，そして弟が実際に病気で障害を抱えている事実からくる母親の問題への参画などを見ることができる。

　起こったことを振り返ってみるならば，この日の面接は彼女のために設定されたわけではなかったものの，ダイアナは来る前から準備をしていたと言えると思う。母親の話から，まるでダイアナは心理療法家のところに来ると知っていたかのように，私との出会いのために準備を整えていたことが私には分かった。家を出る前，彼女は自分の最初のテディベアと，もう使わなくなった諸々の移行対象をそろえた。結局，後者のものは持って来なかったが，遊びの活動のなかで多少とも退行的な体験を構成できる準備を整えてやってきたのである。それと同時に，母親と私は，ダイアナが妊娠についてだけでなく，弟の世話の責任を引き受けることについても，母親に同一化する能力があるのを目の当たりにしていた。

ここでもエドマンドの場合と同じように，遊びは自己治療的な種類のものだった。どちらの事例でも，結果は，個々のストーリーのあいだに解釈を差し挟む心理療法的なセッションの場合に匹敵するものだった。心理療法家なら，ダイアナと能動的なかたちで遊ぶことはしなかったかもしれない。つまり，このときのように，テディが何か言っているよとか，ダイアナの子どもたちの夢が床の上で演じられているねとか言ったりはしなかったかもしれない。しかし，もしそのような規律を自らに課していたとしたら，ダイアナの遊び体験の創造的側面をいくらか減じることになっていたかもしれないのである。

　私がこれら二つの例を選んだ理由は，ただ単にこれらが，この章のもとになる論文を書いていた頃のある朝に，私のプラクティスで続けて会った二つの事例だったからでしかない。

遊びの理論

　発達過程に関連するさまざまな関係性の継起を記述して，遊ぶことがどこに属しているのかを見てみることができるだろう。

　A．赤ちゃんと対象は，お互いに融合している。赤ちゃんの対象に対する見方は主観的であり，母親は赤ちゃんが見出す準備のできているものを現実化する（making actual）ように方向づけられている。

　B．対象は，離絶され（repudiated），再-受容されて，客観的に知覚される。この複雑な過程は，そこに母親または母親的人物がいて，いつでも参画でき，託されるものを返すことができるということに大きく依存している。
　これはつまり，母親（または母親の一部）が，赤ちゃんの能力で見出せるものであることと，（それ以外のときは）見出されるのを待ちながら彼女自身であることとのあいだを「行ったり来たり」する状態にある，ということである。

もし母親があるていど長い時間，（いわば）妨害の余地なくこの役割を演じることができたならば，赤ちゃんは魔術的コントロールの**体験**をいくらかもつことができる。これはつまり，精神-内的な諸過程の記述において「万能感」と呼ばれるものの体験である（Winnicott 1962 を参照のこと）。

　母親がこの難しいことをうまくできるときに（全くできなければ違うけれども）育ってくる確信（confidence）の状態のなかで，赤ちゃんは，精神-内的過程での万能感と，現実の事物に対する自分のコントロールとの「結婚」にもとづく体験を享受しはじめる。母親への確信は，赤ちゃんがあるていど実際に万能感を**体験**することにより魔術の観念が生じるこの場所に，中間的な遊び場（playground）を作り出す。これらすべては，エリクソンがアイデンティティの形成について述べたこと（Erikson 1956）と密接に関わっている。私がこれを遊び場と呼ぶのは，遊びがここから始まるからである。遊び場は，母親と赤ちゃんのあいだの，あるいは一緒になった母子のあいだの可能性空間である。

　遊びは著しくエキサイティングである。**その主な理由は，本能が関与しているからではない。**ここをよく理解してほしい。遊ぶことに関して肝心なのは，つねに，パーソナルな心的現実と，現実の対象のコントロールの体験との相互作用（インタープレイ）の不確かさ（precariousness）である。それは魔術そのものがもつ不確かさであり，この魔術は親密さのなかで，頼りになると感じられつつある関係のなかで生じる魔術である。関係が頼りになるものであるためには，その関係は母親の愛，あるいは彼女の愛-憎しみ，あるいは彼女の対象関係性によって動機づけられている必要があり，反動形成によるものであってはならない。患者が遊べないとき，セラピストは行動の断片を解釈する前に，この遊べないという主要症状に対応しなければならない。

　C．次の段階は，誰かがいるところでひとりでいることである。いまや子どもは，愛してくれていてそれゆえ頼りになる人が，応答的であり，忘れ去ったあとで思い出したときにも応答的であり続ける，という前提のもとに遊んでいる。この人は遊ぶことのなかで起こることを映し返してくれる，と感

じられている[原注3]。

D．子どもは，次の段階に向けて準備ができつつある。それは，ふたつの遊びの領域の重なりあいを許容し，楽しむという段階である。最初，赤ちゃんと遊ぶのはたしかに母親であるが，彼女は赤ちゃんの遊びの活動に合わせようとかなりの注意を払っている。しかし，遅かれ早かれ，彼女は自分自身の遊ぶことを導入する。そこで彼女が気づくのは，赤ちゃんは自分のものでない考えが導入されるのを好んだり嫌ったりする能力によってそれぞれに異なっているということである。

このようにして，関係のなかで一緒に遊ぶことへの道が固められる。

私自身の思考や理解の発達をあとづけるいろいろな論文を振り返ってみると，赤ちゃんと母親のあいだで発展していく信頼の関係のなかでの遊びに対して，私がいま抱いている関心というのは，つねに私の相談面接の技法のひとつの特徴だったことが分かる。次に示す私の最初の本からの実例が，そのことを示しているようである（Winnicott 1931）。さらにその10年後，私は「設定状況における乳幼児の観察」（Winnicott 1941）のなかでこのテーマを吟味することになった。

例証事例

ある女の子は生後6カ月のときに中等度の感染性胃腸炎で初めて受診した。彼女は第一子で，母乳哺育だった。生後6カ月まで便秘傾向があったが，それ以降はなくなった。

生後7カ月のとき，彼女は寝つかず，泣いてばかりいるようになったため，再び受診した。彼女は授乳後に吐いてしまい，母乳による授乳を受けつけないのだった。補助食を与えねばならなくなり，数週間のうちに完全に離乳した。

原注3）私はこういった体験のもっと洗練された側面を，「ひとりでいる能力」（1958b）という論文のなかで論じた。

生後 9 カ月のときに，ひきつけを起こし，その後もときどき起こすようになった。たいてい午前 5 時頃に，目覚めて 15 分ほどしてから起こるのだった。ひきつけは身体の両側にわたり，5 分ほど続いた。

　生後 11 カ月のとき，ひきつけが頻繁に起こるようになった。母親は，子どもの注意を他へと散らせば個々のひきつけを防げることに気づいた。母親はこれを 1 日に 4 回もしなければならなくなった。子どもは神経過敏な状態で，ごく小さな音にも跳び上がるほどだった。あるときは眠っている最中にひきつけを起こした。何回かは舌を噛んでしまったり，また他のときには尿失禁が起こったりした。

　満 1 歳になった頃，1 日に 4 回から 5 回のひきつけがあった。周囲は，彼女がときおり食事の後に座り込み，体を折り曲げて，意識をなくすことに気づいた。彼女はオレンジジュースを与えられ，その後に意識をなくしたり，床の上に座らせてもらうと，ひきつけを起こしたりした。ある朝，彼女は目が覚めてそのままひきつけを起こし，それから眠りこんだ。まもなく再び目を覚ますと，またひきつけを起こした。このときから，ひきつけの後には眠気が起こるようになったが，このような重篤な段階でも，ひきつけが起こりそうになったときに母親が注意を他に散らしてやれば，ひきつけを止められることがよくあった。この頃に，私はこうメモしていた。

　　私の膝の上にあげると，彼女はずっと泣き続けるが，敵意を示す様子はない。泣きながら，私のネクタイを無造作に引っぱり回す。母親に返しても，この子はそのことに何の関心も示さずに泣き続け，帰り支度をするあいだもますます痛々しく泣き続けて，建物から出ていくまで泣き通しだった。

　今度は私もひきつけを目撃した。強直期と間代期があり，そのあとに眠りがきた。彼女は 1 日に 4, 5 回ひきつけを起こしており，1 日中泣いていたが，夜は眠れていた。

入念に診察したが身体疾患の徴候はなかった。その日はブロム剤〔鎮静薬〕を日中の頓服として処方した。

　ある日の相談面接で，私は彼女を膝の上に乗せて観察していた。彼女はひそかに私のこぶしに嚙みつこうとした。3日後，私はまた膝の上に彼女を乗せ，どうするのか待ってみた。彼女は私のこぶしを三度も強く嚙んだので，皮膚が破けそうになるほどだった。それから彼女は舌圧子[訳注4]を床の上へ間断なく放り投げて遊び，それが15分も続いた。その間もずっと，彼女はあたかも本当に不幸であるかのように泣いていた。2日後，私は再び彼女を30分ほど膝の上に乗せた。その前の2日間に4回のけいれんがあった。最初は，彼女はいつもどおり泣いていた。彼女はまた私のこぶしを非常に強く嚙み，今回はそのことに対して罪悪感を見せなかった。それから彼女は，舌圧子を嚙んでは投げるゲームをして遊んだ。**私の膝にいるあいだ，彼女は遊びを楽しむことができるようになったのである。**しばらくすると，彼女は自分のつま先を手の指でいじり始めたので，私は彼女の靴と靴下を脱がせてやった。その結果，彼女はしばらくのあいだ，ひとつの実験に熱中することになった。あたかも彼女は，舌圧子は口に入れることもできるし投げて失われたりすることもあるけれども，足の指は引き抜いてしまうことができない，ということを発見し，何度も何度も実際に試して，そこに大きな満足を感じているかのように見えた。

　その4日後に母親が来て，前回の相談面接のあと，この子はまるで「別の子」みたいに変わった，と言った。ひきつけがなくなっただけでなく，夜もよく眠るようになった——昼間も機嫌が良く，ブロム剤もまったく呑まずにすんだという。その11日後にも改善が維持されていて，薬も不要だった。この2週間に一度もひきつけが起こっておらず，母親から終了の申し出があった。

　1年後，この子のもとを訪れたところ，前の相談面接以降，この子に

訳注4）舌圧子（spatula）とは，医師の診察机などに常備され，患者の喉の奥をみるときに舌を圧し下げるために使われる，先がヘラ状の細長い棒のこと（Winnicott 1941を参照）。

はどんな症状も出ていないことを知った。すっかり健康で，幸せそうで，賢くて人なつっこく，遊びが好きで，よくある不安からも自由な子どもを，私は目にすることになった。

心理療法

　子どもの遊ぶことと，もうひとりの人の遊ぶことのあいだの，この重なり合いの領域には，豊富化するもの（enrichments）を導入する機会がある。教師は豊富化を目指している。それとは対照的に，セラピストは子ども自身の成長過程に特異的に関心を向け，明らかになった発達上の障壁を取り除くことに心をくだくのである。これらの障壁の理解に貢献してきたのが精神分析理論である。また同時に，子どもの遊ぶことを治療的に用いる唯一の方法が精神分析だと考えるとしたら，それは偏狭すぎる見方であろう。

　遊ぶことはそれ自体がひとつのセラピーである，ということをつねに念頭に置いておくのが良いだろう。子どもたちが遊べるようにアレンジすることは，それ自体が，直接的で普遍的な適用性のある心理療法であり，それは遊ぶことへの肯定的な社会的態度の確立を含んでいる。この態度は，遊ぶことがいつでも恐ろしいものになりうるという認識を含んでいなければならない。ゲームとその組織化は，遊ぶことの恐ろしい側面を未然に防ごうとする試みの一部と見なされなければならない。子どもたちが遊ぶときは，責任のある人たちを利用可能でなければならないが，それは責任ある人が子どもたちの遊びに入ってくる必要があるという意味ではない。組織化する役割の人が管理的な位置で関与しなければならないとき，そこに含意されるのは，その子どもあるいは子どもたちが，ここで私が言っているような創造的な意味で遊ぶ能力をもっていない，ということである。

　ここで私が言っていることの本質的部分はこうである。遊ぶことは体験，つねに創造的な体験であり，生活の基本形式である空間-時間の連続体のなかでの体験である。

　遊びの不確かさは，それがいつも主観的なものと客観的に知覚されるもの

とのあいだの理論的な境界線上にある，という事実に存する。

　ここでの私の意図は，次の点を思い起こしてもらうことである。心理療法家は素材，つまり遊ぶことの内容に取り組むけれども，子どもたちの遊ぶことはすべてを備えている。もちろん，設定されたあるいは専門的なセッションのなかのほうが，自宅の床の上での際限のない体験の場合よりも，いっそう明確な布置が現れてくるであろう（Winnicott 1941 を参照）。しかし，私たちの仕事を理解するうえで知っておくと役に立つのは，私たちがすることの基本が，患者の遊ぶことであり，それは空間と時間をとる創造的体験であって患者にとって強烈にリアルだということである。

　また，このような見方は，深く入っていく種類の心理療法が，解釈作業なしでもなされることがあるのはどういうわけなのかを私たちが理解するうえでも助けになる。その好例はニューヨークのアクスライン（Axline 1947）の著作である。心理療法についての彼女の著作は私たちにとって非常に重要である。私がアクスラインの著作を特別な意味で評価しているのは，私が「治療相談面接」と呼ぶものを報告するさいに強調している点と，つながるところがあるからである。それはつまり，重要な瞬間は**子どもが自分で自分に驚く**（the child surprises himself or herself）ときである，という点である。重要なのは私が賢い解釈をする瞬間ではないのだ（Winnicott 1971）。

　素材が熟するのから外れた解釈は，教化であり，追従を引き起こす（Winnicott 1960a）。その必然的結果として，患者と分析家がともに遊ぶことの重なり合いの領域の外でなされた解釈から，抵抗が生じる。患者に遊ぶ能力がないときの解釈は，役に立たないだけでなく，混乱の原因になる。相互的に遊ぶことが成立しているときには，広く受け入れられているような精神分析的原則に沿った解釈が，治療的作業を前進させることができる。心理療法がなされるためには，**この遊ぶことは自発的なものでなければならず，追従的あるいは盲従的なものであってはならない。**

　要　約

(a) 遊ぶことという考えに到達するためには，幼い子どもの遊ぶことを特徴

づける**没頭**（preoccupation）を考えてみると助けになる。内容は重要ではない。重要なのは，年長の子どもや大人での**集中**に似た，引きこもりに近い状態である。遊んでいる子どもは，容易に離れられない領域におり，そこはまた容易に侵入を許しえない領域でもある。

(b) この遊ぶことの領域は，内なる心的現実ではない。それは個人の外側にあり，しかし外的世界ではない。

(c) この遊びの領域に，子どもは外的現実から対象や現象を集めてきて，それらを内的あるいはパーソナルな現実に由来する何らかの標本(サンプル)に奉仕するように使う。子どもは，幻覚に陥ることなく，夢となりうるものの標本(サンプル)を生み出し，外的現実の断片からなる選ばれた設定のもとで，この標本(サンプル)とともに生きる。

(d) 遊ぶことのなかで，子どもは外的現象を夢に奉仕するように操作し，選ばれた外的現象に夢の意味と感情を充当する。

(e) 移行現象から遊ぶことへの直接の発達があり，そして，遊ぶことから共有された遊ぶことへ，そしてまた，そこから文化的体験への直接の発達がある。

(f) 遊ぶことは，信頼（trust）を含意し，赤ちゃん（最初は赤ちゃんだったもの）と母親的人物とのあいだの可能性空間に属している。そこで赤ちゃんはほとんど絶対的なまでの依存の状態にあり，母親的人物の適応機能は赤ちゃんからは当然のものと受け取られている。

(g) 遊ぶことは身体を含んでいる。なぜなら，
　（ⅰ）対象を操作するから。
　（ⅱ）いくつかのタイプの強烈な関心は，身体的興奮のいくつかの側面

と結びついているから。

(h) 性感帯での身体的興奮は，遊ぶことをつねに脅かし，それゆえ，ひとりの 人(パーソン) として存在しているという子どもの感覚を脅かす。本能は，自我にとってと同様に遊びにとっても主要な脅威である。誘惑においては，何らかの外界の作用が子どもの本能を食いものにし，自律的な単一体として存在しているという子どもの感覚の絶滅を促進させ，遊ぶことを不可能にしてしまう（Khan 1964 を参照）。

(i) **遊ぶことは本質的に満足をもたらす**。遊ぶことが高い不安につながる場合でさえ，そのことに変わりはない。耐えられない度合いの不安というものもあり，これは遊ぶことを破壊する。

(j) 遊ぶことのなかの楽しい要素は，本能的喚起が過剰でないという含意を伴う。ある度合いを越えた本能的喚起は，必然的に以下のものをもたらすことになる。
   （ⅰ）絶頂感
   （ⅱ）失敗した絶頂感と，精神的混乱の感覚と，時間だけが癒すことのできる身体的不快感
   （ⅲ）代替的な絶頂感（親や社会の側に反応や怒りを引き起こすことのなかに含まれているものなど）
   そこでは遊ぶことがそれ自身の飽和点に達してしまうと言える。これはすなわち体験をコンテインする能力〔の限界〕のことである。

(k) 遊ぶことは本来的に，エキサイティングであり，不確かなものである。この特徴は，本能的喚起から来るの**ではなく**，子どものこころにおける主観的なもの（幻覚に近いもの）と客観的に知覚されたもの（実際のまたは共有された現実）との相互作用がもつ不確かさから来るのである。

第4章　遊ぶこと──創造的活動と自己の探求

　これから，遊ぶことのひとつの重要な特徴を論じたいと思う。その特徴とは，遊ぶことにおいて，おそらく遊ぶことにおいてのみ，子どもも大人も自由に創造的になれるという点である。この考えは，移行現象の概念の発展として私のこころに浮かんだものであり，移行対象の理論の難しい部分を考慮に入れている。それはすなわち，ある逆説(パラドックス)がそこには含まれており，その逆説が受け容れられ，許容され，そして解決されないでいる必要がある，という部分である。

　ここで重要になる理論のさらなる詳細は，遊ぶことの位置づけに関連して記述される。これは第3, 7, 8章で私が発展させているテーマである。遊ぶことの位置づけという概念の重要な部分は以下のとおりである。内的な心的現実は心のなかに，あるいは腹のなかに，あるいは頭のなかに，いずれにせよ個人のパーソナリティの境界の内側に位置を占めており，また一方で，いわゆる外的現実はパーソナリティの境界の外側に位置しているが，それらに対して，遊ぶことや文化的体験には，母親と赤ん坊のあいだの可能性空間という概念を用いることで，ひとつの位置づけが与えられるようになる。さまざまに異なる個々人の発達のなかで，私たちが認識しなければならないのは，子どもや大人の体験からみると，母親と赤ん坊のあいだの可能性空間という第三の領域に大変な価値があるということである。私は第5章であらためてこの考えを述べているが，そこで私が注意を喚起するのは，個人の情緒的発達を記述するさいに個人に関してだけ記述したのでは十分でなく，いくつかの領域のなかでもおそらく主要なものである環境の振る舞いが，個人自身のパーソナルな発達の一部なのであり，ゆえにその記述に含まれなければならない，という事実である。精神分析家としての私は，以上のような考

えが分析家として私が行っていることに影響を与えており，この考えに従ったとしても，私たちが学生に教える精神分析の重要な特徴から離れることにはならないと思っている。その特徴とは，私たちがフロイトの仕事に由来すると考える精神分析の教育に共通因子を与えている精神分析の特徴のことである。

　私は，とりたてて心理療法と精神分析を比較したり，それらの間に明確な境界線をひいてこのふたつの過程の定義を試みたりするつもりはない。私にとって意味あると思える一般原則は次のようなものである。**心理療法は，ふたつの遊びの領域の重なり合い，つまり患者とセラピストの遊びの領域の重なり合いのなかで起こる**。もしセラピストが遊べないとしたら，その人は心理療法に適していないのである。もし患者が遊べないならば，患者を遊べるようにする何かがまず必要であり，その後に心理療法が始められるのである。遊ぶことがなぜ不可欠なのか，その理由は，遊ぶことのなかでこそ患者がまさに創造的になっているからである。

自己の探求

　本章では，自己の探求について考え，その探求が成功するためにはいくつかの条件が必要であるという事実をあらためて述べたい。それらの条件は，創造性と通常呼ばれているものと関係がある。遊ぶことにおいて，そして遊ぶことにおいてのみ，子どもでも大人でも，個人は創造的になることができ，パーソナリティの全体を使うことができる。そして，個人は創造的になることのなかでのみ，自己を発見するのである。

　（これと密接に関連するのは，遊ぶことにおいてのみコミュニケーションが可能であるという事実である。ただし，精神病理や極端な未成熟さに属する直接的コミュニケーションは例外である。）

　しばしば臨床場面では，援助を求め，自己を探し求めて，自分の創造的体験からの産物のなかに自分自身を見出そうと試みている人たちと出会う体験をする。しかしこういった患者たちを援助するためには，私たちはむしろ創

造性それ自体について知らなければならない。この状況はまるで,早期段階の赤ん坊を見ながら,いきなり一足飛びに,排泄物やそれ同様の性質をもつ物質を手にしてそこから何かを作ろうとする子どもへと飛躍してしまうようなものである。たしかにこのような種類の創造性も本物でありよく理解されているが,それとは別に,人生の特徴や生活全体としての創造性の研究もまた必要なのである。私が言いたいのは,廃棄物を使ってできることに関して自己を探求したとしても,およそ際限がなく,本質的に失敗を運命づけられているということである。

　自己の探求のなかで,その人は芸術的に価値あるものを生み出してきたかもしれない。しかし,成功した芸術家で,世界的に評価されているが,探し求めている自己を見出すことに失敗している,という場合がある。作品がどんなに,美,技巧,感動という面で価値のあるものだとしても,肉体や心の産物から作り出されたものに,自己を本当に見出すことはできない。もし芸術家（どのような分野でも）が自己を探求しているとすれば,おそらく創造的に生きること全般の領域で,すでに何らかの失敗があるのだといえるだろう。できあがった創作物が,基底にある自己感の欠如を癒すことは決してない。

　この考えを発展させる前に,第二のテーマを述べておかなければならない。それは第一のテーマとも関連しているが別個に扱う必要がある。その第二のテーマとは,私たちが援助しようとしている人は,いつの日かセラピストから説明されたときに治癒したと感じるのだろうと期待しているかもしれない,ということである。その人はこう言うかもしれない。「先生の言われることがよく分かります。私が創造的に感じて,創造的に振舞っているとき,私は私自身ですし,もう探求は終わりですね。」実のところ,これは実際に起こることとは合致しないようである。この種の作業においては,正しい説明さえも効果的でないことを私たちは知っている。私たちが援助しようとしている人に必要なのは,特殊化された設定のもとでの新しい体験なのである。それは,無目的状態という体験であり,つまり,無統合のパーソナリティがアイドリングしているようなもの,と言えるかもしれない。私は事例記述（第

2章)のなかでこれを無定形(formlessness)と呼んだ。

　個人が作動しているその設定が頼りになるものであるか，頼りにならないものか，という点も考慮されなければならない。また，目的のある活動と，目的をもたずに存在していることとの区別をする必要にせまられる。これは，バリント(Balint 1968)による，良性と悪性の退行という定式化とも関連する(Khan 1969 参照)。

　私は，リラクセーションを可能にする本質的な諸要素について言おうとしているのである。自由連想に関して言うなら，それは，カウチに横になっている患者や，床の上で玩具にかこまれている子どもの患者が，神経学的あるいは生理学的な，おそらく気づきようのない関連のしかた以外では結びつかない，観念，思考，衝動，感覚の継起を伝えてくるのを許容されなければならない，という要素である。言い換えれば，目的のあるところ，不安のあるところ，あるいは防衛の必要にもとづいた信頼欠如のあるところに，分析家は自由連想素材を構成する多様な要素のあいだのつながり（あるいは複数のつながり）を認識し，指摘することができるのである。

　信頼と，治療的設定(それが精神分析的なものであれ，心理療法的なものであれ，ソーシャルワーク的なものであれ，あるいは建物の構造によるものであれ)の専門的信頼性の受容から生じるリラクセーションのなかに，関連のない思考の継起という発想の余地がある。この継起を，分析家は意味ある筋道の存在を前提とせずに，そのままに受け容れるのである(Milner 1957, 特に付録 pp. 148-163 参照)。

　こういった二つの関連した状態のあいだの対比は，おそらく次のような患者を考えれば分かりやすいだろう。つまりそれは，作業の後で休息することはできても，**創造的な進展が起こりうる休息の状態を達成できない**患者である。この理論にしたがえば，一貫性のあるテーマを示す自由連想というのは，すでに不安によって影響を受けているのであり，思い浮かぶいろいろな考えがまとまっているのは，ひとつの防衛組織である。おそらく読者には受け入れられると思うが，時にはセラピストに無意味に気づいてもらうことを必要としている患者たちがいるのである。その無意味は，ただ休息している個人

のこころの状態に由来しており，そこでは患者がその無意味を伝達する必要すらなく，つまり無意味を組織化する必要もない。組織化された無意味はすでに防衛であって，組織化された混沌が混沌の否認なのと同じである。このコミュニケーションを受けとれないセラピストは，無意味のなかに何らかの組織化を見出そうとする不毛な試みに懸命になる。その結果，患者は，無意味をセラピストに伝達することが望めないと感じて，その無意味の領域から離れてしまう。セラピストが無意味のあるところに意味を見出そうとしたために，休息の機会をのがしてしまったのである。環境側の供給の失敗のために，患者は休息することができず，この失敗が信頼の感覚を台なしにしてしまう。セラピストは自分でも気づかずに，専門的役割を放棄してしまっている。賢い分析家になろうとして，混沌の中に秩序を見ようと必死になるあまり，そうなってしまったのである。

　ここで述べたような事柄は，二つの種類の睡眠，REM 睡眠と non-REM 睡眠の違いにも反映されていると言えるかもしれない。

　私の言おうとしていることを発展させるとしたら，次のような順序が必要になるだろう。

(a) 体験にもとづいた信頼の状況でのリラクセーション
(b) 遊びに現われる創造的，身体的，精神的活動
(c) こういった体験の累積 (summation) による，自己感の基礎の形成

　累積あるいは効果は，(間接的な) コミュニケーションをとってきた信頼されているセラピスト (または友人) が，ある程度の映し返し (reflecting back) をその個人にしているかどうかにかかっている。このような高度に特殊化された諸条件のもとで個人は，不安に対する防衛としてではなく，私は在る（アイ・アム），私は生きている，私は自分自身である (Winnicott 1962) の表れとして，ひとつにまとまり，単一体として存在することができるようになる。この位置からは，すべてが創造的になるのである。

例証としての事例

　私はここで，週に1回私の治療を受けに来ている女性患者の記録からの素材を使いたいと思う。彼女は私のところへ来る前に，週5回を基本とした治療を6年間にわたって受けていたが，自分には1回のセッションに無限の長さが必要だと気づき，私がそのような長時間のセッションをとれるのは週に1回だけだったのである。まもなく私たちは1回のセッションを3時間と決めて開始し，後に2時間に減らした。

　もし，一つのセッションを正確に書き記すことができたら，私が長いあいだ解釈を差し控え，全く何も言わないことも多いのが分かると思う。この厳格な自制は実を結ぶことになった。また，私はこの症例でノートをとった。週1回だけの症例の場合はそうすることが役に立ったからである。そして，この症例の場合，ノートをとることが作業を損なわないことも分かった。また，しばしば私は，実際は差し控えた解釈をノートに書くことで自分のこころを楽にした。1～2時間後，患者が自分で解釈したときに，私が解釈を差し控えたことは報われるのだった。

　私がこれから述べることは，すべてのセラピストに対して，患者の遊ぶ能力，つまり分析作業において創造的になる能力を許容して欲しい，という嘆願に等しいものである。患者の創造性は，知りすぎているセラピストによって，あまりにも容易に盗み取られてしまうことがある。もちろん，もしセラピストが自分の知識を表に出さないことができ，あるいは自分の知っていることをひけらかすことを慎しめるのであれば，セラピストがいくら知っていても何ら問題はない。

　私は，この患者との作業がどんなふうなのか，その感じを伝えたいと思う。ただし，私がこの作業に取り組んでいるときに忍耐を要するのと同じくらい，読者にも忍耐力を発揮してもらうようにお願いしなければならない。

一回のセッションの実例

　最初に，いくつか生活上のこまごまとした事柄やごく実際的な性質の段取りの話があった——睡眠について，興奮すると眠れなくなること，寝つくための本，良いものと恐いもの。疲れているけれど興奮していて，ひどく落着かない。早い動悸，今もある。それから，食事についての困難，「**空腹を感じたときに食べられるようになりたい**」(このとりとめのないおしゃべりの内容のなかで，食事と本が，なにかしら等置されているようである)。

　「先生が電話をくださったとき，私はちょっとハイになりすぎました，お気づきになりましたよね。」(ひどく嬉しそうに)

　私は言った。「ええ，気づいたと思います。」

　やや偽りの改善だった時期についての描写。

　「でも，思ってた通りじゃない，ということが分かったんです。」

　「それに気づくまでは，すべてがうまくいくように思えて……」

　「憂うつと耐えられないくらいの気持ち，それも私ですし，とても元気なとき，それも私です。」

　　　(**30分経過**。患者は低い椅子に腰をおろしたり，床に座ったり，あるいは歩きまわったりしていた。)

　彼女は，自分がした散歩について，良かった点と悪かった点を，長時間かけてゆっくりと描写する。

　「私はまったく存在できてないように思えるんです——自分が本当に見ているというよりも——スクリーンというか——レンズを通して見ているような——想像力をもって見るということがないんです。それって，乳房を想像している赤ん坊という学説そのまんまでしょうか？　私が以前治療を受けていたとき，面接を終って家に帰る途中，私の頭上を飛行機が飛んでいったことがあります。次の日，私は分析家に，**自分が飛行機になって空高く飛んでいて，地面に墜落した**のを急に想像した，と話しました。セラピストはこう

言いました。『それは，あなたが何かに自分を投影したとき，あなたに起こることです。それは内的な衝突(クラッシュ)を引き起こすのです』。」原注1)

「思い出すのも難しい——そのとおりだったかどうかもわからない——実際，自分が何を言いたいのかもわからない。まるで，内側には混乱しかなくて，崩壊(クラッシュ)してるみたいです。」

(45分経過)

その時，彼女は窓辺にたたずみ，熱心に外を見つめ始めた。スズメがパンの皮を忙しくついばむのを見ていたのだが，突然こう言った。「パンの中身は，巣に——あるいはどこかに持って行ってる。」それから，「あ，いま，急に夢を思い出しました」と言った。

夢

「誰か女子生徒が，自分の描いた絵をずっと持って来ていました。その絵に何の進歩も見えないということを，いったいどうすればその娘に言えるものでしょう？ 私が考えていたのは，自分が一人になって，憂うつに向き合うことで，……スズメを見るのをやめた方がいいみたいです——考えることができません。」

(彼女は床に座り，椅子のクッションに頭をもたせかけていた。)

「分からない……でも，いくらかは進歩しているはずですよね。」(その例として自分の生活の詳細を挙げる。)「まるで，本当には"私"というものがいないかのようです。十代の初めに読んだ"空っぽで帰る"という怖い本。私は今，そういう感じなんです。」

原注1) 私には，前の分析家の解釈についてのこの報告が，本当に正確なのかどうかを確かめる手段がない。

(そろそろ1時間が経過していた)

彼女はさらに，詩を用いることについて話して——クリスティーナ・ロセッティの詩『去ってゆく』を暗唱した。
「私の人生は，つぼみのうちに病に侵されて終わる。」そして，私に向って，「あなたは私の神を奪い去った。」[訳注1]

(長い中断。)

「私は今思いつくことを，どんなことでも先生に吐き出してます。いままで自分が何をしゃべっていたのか分からないんです。分からないんです……分かんない……」

(長い中断。)

(再び窓の外を見ている。そして5分間，全くの静寂。)

「ただ雲みたいに漂ってるんです。」

(もう約1時間半が過ぎた。)

「床でフィンガーペインティングをやって，ものすごく怖くなったという話をしましたよね。私にはもうフィンガーペインティングはできません。私はひどいグチャグチャのなかで生きてるんです。私は何をしたらいいんでしょう？ 私が自分に読書を**させたり**，絵を描**かせたり**したところで，それが何になるんでしょう？(ため息をつく。)分からないんです……そう，どうも私は，フィンガーペインティングのときに手がグチャグチャするのが好き

訳注1) この短い一言も，旧約聖書からの引用と思われる（士師記18章24節）。ミカという男が，自分の作った偶像を取り上げられて抗議したときの言葉。

じゃないんです。」

　　（またクッションに頭をのせて。）

「私はこの部屋に入るのがすごく厭なんです。」

　　（沈黙。）

「分かんない。自分がつまらない人間だという感じがします。」
　私の彼女への対応のしかたが，彼女がつまらない人間だということを暗に示しているという，こまごまとした例。
「私の一生をだめにしたのは，たったの10分間の出来事だったということを，ずっと考えています。」（まだはっきりと特定されてはいないが，たびたび取り組んでいる原外傷への言及。）
「そういう影響が深く入っていくのには，ひとつの傷が何度も繰り返される必要があるんだと思います。」
　彼女は，いろいろな時期に関して，彼女自身の幼年時代への見方を詳しく話した——いかに彼女が，自分に期待されていると思うものに常に合わせることで，自分が少しでも意味のある人間なのだと感じようとしていたか，について。ジェラード・マンリー・ホプキンズの詩からの的確な引用。

　　（長い中断。）

「どうでもいい存在なんだ，という絶望的な感情なんです。私はどうでもいいんだ……神様はいないし，私はどうでもいい存在。ある女の子が休暇先から葉書を送ってくれた，と想像してみてください。」
　ここで私は，「まるでその子にとってあなたが重要な存在であるみたいに」と言った。
　彼女：「かもしれません。」

私は言った。「でも、あなたは彼女にとっても、誰にとっても、どうでもいい存在だと。」

彼女：「きっと、そういう人（**その人にとって私が重要であるような**）がいるかいないか、確かめてみないといけないんですよね。それは、**私にとっ**ても重要な人で、私が私の目で見、私の耳で聞いたものを受け止めてそれと接触をもてるような誰か。いや、諦めたほうがいいのかもしれません。分かりません……分かり……」（床に座り、椅子の上のクッションに顔をうずめて、すすり泣きながら。）

　　ここで、彼女に特徴的ないろいろな方法で自ら落ち着きを取り戻し、膝をついて起き上がった。

「そう、今日はまだ全然、先生とちゃんと接触をもっていなかったですね。」私は肯定のあいづちを打った。

　　私は、ここまでの素材が、非組織的または無定形な性質の（45ページ参照）、運動的・感覚的な遊ぶことの特性をおびていて、そのなかから絶望感の体験とすすり泣きが起こってきたのだ、という見方を述べたい。

彼女は続けた。「ふたりの他人どうしが、こことは違う部屋で、初めて出会ったみたいです。高い椅子にきちんと座って、儀礼的な会話をして。」

　　（実際に私は、この患者との面接で、高い椅子に座っている。）

「私はそういうの大嫌いです。気分が悪くなります。でも、それはただ私だけのことだから、どうでもいいんです。」

私の振る舞いが、単に彼女だけのことだからどうでもいい等々と示している、という例を、さらにいろいろと挙げる。

（中断，希望のなさと無価値感を示すようなため息をつく。）

到達（ほぼ2時間が経過したときだった）
　ここに至って，ある臨床的変化が起っていた。いまや，この回のセッションのなかでは初めて，**患者は私とともにその部屋にいる**ようだった。この回は，彼女の通常の時間がとれなかったのでそれを補うために私が用意した臨時のセッションだった。

彼女は，あたかも私と顔を合わせてから最初の言葉であるかのように，こう言った。「私にこのセッションが必要だということを，先生が分かっておられたのが嬉しいです。」
　ここで，素材は個別の憎しみに関するものになり，彼女は，私の面接室に常備している彩色フェルトペンを探し始めた。そして，一枚の紙と**黒**のフェルトペンをとり，自分の誕生日の記念カードを作った。彼女は自分の誕生日を「命日」と呼んだ。

　いまや彼女は，まさに私とともにその部屋に存在していた。ここで実際に出てきたものに関する一連の観察所見の詳細は省略するが，いかにも憎しみを思わせるものであった。

　（中断）

　それから彼女はこのセッションを振り返り始めた。

「問題は，私が先生に何を言ったか，思い出せないことなんです——それとも，ひとりごとを言ってたんでしょうか？」

解釈的介入
　ここで私は次のような解釈をした。「いろんなことが起こっては消えてい

きます。これはあなたが体験してきた無数の死です。でも，もし，誰かがその場にいるなら，起ったことをあなたに返せる誰かがいるなら，こうやって対処されたものは，どれもあなたの部分になって，死ぬことがないのです。」[原注2)]

　彼女はミルクに手を伸ばし，飲んでいいかと尋ねた[原注3)]。

　私は言った。「お飲みなさい。」

　彼女は言った。「先生に話しましたっけ……？」（ここで彼女は，彼女が現実に存在して実世界に生きていることをおのずと証拠立てるような，肯定的な感情と活動を報告した）。「私はその人たちと，ある種の接触がもてたと思います……でも，何かがここで……」（椅子の背にもたれて，またむせび泣く）。「先生はどこにいるんですか？　私はどうしてこんなにひとりぼっちなんですか？……なぜ私はもうどうでもいい存在なんでしょう？」

　重要な幼児期の記憶がここで出てきた。誕生日のプレゼントとその重要性，誕生日の肯定的，否定的体験に関する記憶である。

　　私はここで多くのことを省略する。なぜなら，それらを理解してもらうためには，ここでの提示には必要のない事実面での情報を新たに述べなければならなくなるからである。ここで省略したことはすべて，彼女自身がここにいる状態で中立的領域へと導くものだった——ただ，その動きがどんな結果をもたらすのかは，はっきりしなかった。

「今日のセッションを無駄にしたとは……無駄にした感じがします。」

　　（中断）

原注2)　つまり，自己感は無統合の状態を基礎として生じるが，その状態は定義上，本人には観察も記憶もされないのであって，信頼され，信頼に根拠を与え，依存を満たすような誰かによって観察されて鏡映されることがなければ，失われていくのである。
原注3)　この分析では，やかんとガスコンロ，コーヒー，紅茶，ある種類のビスケットが，いつも手の届くところに用意されている。

「まるで誰かに会いに来たのに，その人たちは来なかった，というような感じです。」

この時点で私は，彼女が次から次へと忘れてしまうということと，細かな事柄を映し返してもらいたい彼女のニードとをもとに，いくつかのことを結びつけていた。時間的な事情もあった。私は彼女の言ったことを映し返すのに，順番として，まず，彼女が生まれたことに関する内容から始めて（例の誕生日 - 命日のことがあったので），次に，彼女がどうでもいい存在であると実にさまざまなかたちで示している私の振舞いに関することを話すようにした。

彼女はそれに続けて言った。「そう，私はときどきこんな気持ちになるんです，私は生まれて……（途切れる）。それさえなかったら！　そんな気持ちがやってくるんです——憂うつの場合とは違うんです。」

私は言った。「もしあなたがそもそも存在していなければ，すべてが問題なかったのに，と。」

彼女：「でも，本当に恐ろしいのは，否定される存在なんです！　生まれてきてよかった，と思ったことは一度もありません。いつも，生まれてこなければよかった，と——でも，そんなこと誰に分かるでしょう。そのほうがよかったかもしれない——分かりません——重要なのは，ここなんです。誰かが生まれないとき，そこには何もないんでしょうか，それとも，肉体に飛びこむ時を待っている小さな魂があるんでしょうか？」

このとき，私の存在を受け容れ始めたことを示す，態度の変化があった。

「私は先生にしゃべらせないようにしてますね！」

私は言った。「あなたはいま私にしゃべって欲しいと思っているけれど，でも，私が何か良いことを言うかもしれないと怖れているのでしょう。」

彼女は言った。「私の頭に浮かんだのは，『**存在**したいという願いを私のなかに起こさせないでくれ』[原注4]という句でした。これはジェラード・マンリー・ホプキンズの詩の一行です。」

ここで，私たちは詩について話し合い，暗記している詩を彼女がいかに頻繁に利用しているか，彼女がいかに詩から詩へと生きてきたけれども（チェーン-スモーカーが次から次へと煙草を吸うように），詩の意味については，今この詩を理解し感じているみたいには理解しても感じてもいなかった，といったことを話した。（彼女の引用はいつでも的確でありながら，通常，その意味は自覚していない。）私はここで，「私は在る」ということとしての神，つまり，個人が「在る」ことに耐えられないときに役に立つ概念としての神に言及した。彼女は言った。「人は神様を分析家みたいに使います。つまり，遊んでいるあいだ，そこにいてくれる誰かとして。」

私は言った。「その誰かにとっては，あなたが重要な存在であるような，そんな誰かですね。」——そして彼女は，「そうなのかどうか，はっきり分からなかったので，そのことが言えなかったんです」と言った。

私は言った。「私がそのことを言って，台なしになったでしょうか？」（私は，とてもうまくいっていたセッションをメチャメチャにしてしまったのでは，と怖れた）。

しかし，彼女は言った。「いいえ！　先生がそれを言えば，また違ってくるんです。だって，もし先生にとって私が重要な存在なのであれば，……私は先生が喜ぶようなことをしたいし，……ああそう，これが宗教的なしつけを受けたことの地獄なんですね。いい子ちゃんなんか，くたばれ！」

彼女は自己観察として，こう言った。「それって，私が，健康になりたく**ない**と思ってる，ということですよね。」

　これは，もし私がこのセッションのなかで先に言ってしまっていたら，彼女から盗み取ることになっていたであろう，患者自身による解釈の例である。

原注4）ホプキンズの詩『屍肉の安寧』から引用すると，実際は以下のようになる。
　「いや，私は決して……（中略）
　……どんなに疲れ果てても"もう無理だ"と叫んだりはしない。私にはできる，
　何かができる，望むこと，夜明けを願うこと，存在しまいとは望まないことができる」

私は，彼女にとって「いい」子になることの現在版は，「健康に」なること，すなわち分析の終結などであることを指摘した。

ここに至ってやっと，私は夢について言うことができた——少女の絵が良くならないということ——**この否定は，いまや肯定である**。患者は健康でない，という言明は真実である。健康でない，ということは，いい子でないことを意味している。彼女が前より健康になったように見えたのは偽りであった。なぜなら，家庭の道徳律に適合するという意味でいい子になろうとするあまり，彼女の人生はずっと偽りのものだったからである。

彼女は言った。「そうです。私は自分の目や耳や手を，道具として使っています。私が100パーセント"存在して"いることは決してありません。もし，自分の手がさまようままにしておくならば，自分というものを見出すことができるのかもしれません——自分というものに触れられるのかもしれません……でも，私にはできないんです。きっと何時間もさまよい続ける必要があるのでしょう。自分にそうさせておくことができないんです。」

私たちは，**自分以外の誰か**によって映し返してもらうのでなければ，ただ**自分自身**に語っても映し返しにはならない，ということについて話し合った。

彼女は言った。「私は，**一人でいる自分**を先生に見せようとしていました（このセッションの最初の2時間）。一人のときに私がどんなふうに話し続けているかです。もちろん，言葉には全く出しません，ひとりごとを言い始めたりはしないようにしてますから。」（それでは狂気になってしまうだろう）。

彼女は続けて，自分の部屋に置いてある多数の鏡の用途について語り，そこには，多くの鏡によって，自己にとっての映し返してくれる誰かを探し求めているのだということが含まれていた。（彼女がセッションの前半で私に示そうとしていたのは，私がそこにいるにもかかわらず，誰も映し返してはくれないということであった。）そこで私はこう言った。「ほかならぬあなた自身が，探し求めていたのですね。」[原注5]

原注5）ときどき彼女はこのような句を引用する。「きみが悼んでいるのは，ほかならぬマーガレット〔きみ自身〕だ」（ホプキンズの詩「春と秋」から）

　　　　私はこの解釈には疑問をもっている。というのは，意図していなかったにしても，やや保証（reassurance）めいているからである。私が言いたかったのは，見出すことや見出されることよりも，探し求めることのなかに彼女は存在している，ということである。

　彼女は言った。「私は，探し求めるのはやめにして，ただ"在り"たいです。ああ，探しているということは，自己が在るという証拠ですよね。」
　ここでようやく私は，彼女が飛行機だったが墜落してしまった，という話に言及することができた。飛行機として，彼女は"在る"ことができ，そして自殺したのである。彼女はすぐに納得し，そして付け加えた。「でも私は，まったく"存る"ことがないよりも，むしろ，在って，墜落したほうがいいです。」

　　　このあとまもなくして，彼女は面接室を出ていくことができた。このセッションの作業が終ったからである。これが50分のセッションだったら何ら効果的な作業はできなかったことが分かると思う。私たちにはたっぷり3時間あって，無駄にし，そして使うことができたのである。

　もし，次のセッションも記述できたら，この日到達した地点（彼女は忘れてしまっていた）に再び達するのに2時間かかったことを伝えられるだろう。その時点で患者は，私の伝えようとしていることを概括するうえで価値のある表現をした。まず彼女が質問したのに対して，私は，その質問に答えれば私たちは長くて興味深い話し合いを続けることになるだろうけれど，私が興味をもつのは**質問**そのものだと言ってから，「あなたは，質問するということを思いついたのですね」と言った。
　この後に，彼女は私の言いたいことを表現するのにまさに必要な言葉を言ったのである。彼女はゆっくりと，深い感情をこめて言った。「ええ，分かります，探し求めていることからと同じように，質問からも，"私"というものが存在していると言えるんですね。」

いまや彼女は本質的な解釈をしたのだった。すなわち，質問は彼女の創造性としか言いようのないものから生じてきた，という解釈である。その創造性とは，統合の対極にあるリラクセーションのあとで，まとまってくること（a coming together）であった。

コメント

　探し求めることは，あたかも中立地帯のようなところで，とりとめなく無定形に機能すること，あるいは萌芽的な遊ぶことからのみ生じうる。私たちが創造的という言葉で表すものは，こういったパーソナリティの無統合状態でのみ出現しうるのである。これは，映し返されれば，いや，**映し返されたときだけ**，個人の組織化されたパーソナリティの一部になり，そして最終的にその累積を通して，個人が存在し，見出されるようになる。そして最終的に，その人自身が自己の存在を仮定することを可能にする。

　これは私たちに，治療の進め方についての目安を与えてくれる。それは，遊ぶことの本質(スタッフ)である無定形の体験と運動的・感覚的な創造的衝動のために，機会を与えるということである。そして遊ぶことを基礎に，人間の体験的存在の全体が築かれる。もはや私たちは，内向的でもなければ外向的でもない。私たちは，移行現象の領域で，主観性と客観的観察が刺激的に織り合わさるなかで，そして個人の内的現実と，外的な世界の共有された現実との中間にある領域で，生を体験するのである。

第5章　創造性とその諸起源

創造性の概念

　私は，創造性という用語を，成功したあるいは賞賛されている創作物のうちに見失ってしまうのではなく，外的現実に対する全体的態度のひとつの色合いを言いあらわす意味にとどめることを読者が受け容れてくれるだろうと期待している。

　人生は生きる価値があると個人に感じさせてくれるのは，他の何にもまして，創造的な統覚（creative apperception）である。これと対照的なのが，追従（compliance）という外的現実への関係性であって，そこでは世界とその細部がただ合わせるべきもの，または適応を要求してくるものとしか認識されない。追従は，個人にとっての不毛感を伴っていて，どうでもいい，人生は生きるに値しない，といった考えと結びついている。つらいことに，多くの個人は，多少とも創造的に生きることを経験してきているだけに，自分がほとんどの時間を非-創造的に生きていることを認識でき，あたかも他の誰かの創造性に，あるいは機械のそれに，すっかり取り込まれてしまったかのように感じたりする。

　世の中を生きていくこの2番目のやりかた〔追従〕は，精神医学的には病気として認識される[原注1]。いろいろな意味で，私たちの理論には，創造的に生きることが健全な状態であり，追従は人生にとっての病的な基礎である，

[原注1] 私はこの点について，「疾患分類：精神分析は精神医学的疾患分類に寄与するか？」（1959–64）という論文で詳しく論じており，興味のある読者はこのテーマをそこで追究できる。〔牛島定信訳『情緒発達の精神分析理論』（岩崎学術出版社）に収録〕

という信念が含まれている。私たちがここで，そして現時点で抱いているこのような見方に，私たちの社会の全般的態度や，私たちがたまたま生きているこの時代の哲学の雰囲気が影響していることは，ほぼ間違いない。別の場所や別の時代だったら，このような見方はしなかったかもしれない。

このような，創造的に生きるか，あるいは非創造的に生きるか，という二つの選択肢は非常に鋭く対比しうる。もし，すべての事例や状況にこの両極端のどちらか一方だけがあると期待できるのであったなら，私の理論は今よりもずっと単純なものになっていただろう。問題が分かりにくくなる理由は，私たちがある個人の外的現実について語るときに依拠する，客観性というものの度合いが変動的だからである。客観性というのは，あるていど相対的な言葉である。なぜなら，客観的に知覚されたものというのは，定義上，あるていど主観的に思い懐かれたものだからである[原注2)]。

これはまさに本書で検討している領域そのものであって，多くの個人にとって外的現実があるていどは主観的現象にとどまっていることを私たちはこころに留めなければならない。極端な場合には，個人はある特定の状況で，あるいは全般的なかたちで幻覚を経験する。この状態を言い表わすのにあらゆる種類の表現があって（「妙な」，「心ここにあらず」，「足が地面から浮いている」，「非現実的」），精神医学的にはこのような人たちのことをスキゾイドと呼んでいる。私たちは，こういった人たちがコミュニティのなかで価値ある人物であったり，幸せに暮らしていたりする場合もあることを知っているが，彼ら本人や，とくに一緒に暮らしている人にとって，ある種の不利があることもこころに留めている。彼らは，外界を主観的に見て妄想的になりやすい場合もあれば，ほとんどの領域でしっかりと地に足がついているのに他の領域では妄想体系を受け入れている場合もあり，あるいは，精神−身体の協同関係（パートナーシップ）が強固に構造化されていない場合があるために協応がよくないと言われている。時には弱視や難聴といった身体的障碍が上記のような状態と相互作用して，はたして幻覚状態なのか，それとも究極的に身体的要因にも

原注2) 科学における創造的要素を扱った著作は数多くあるが，そのなかでも『客観性の刃』（Gillespie 1960）を参照のこと。

とづく障碍なのか，明確に区別することができない混乱した状態像を生じていることもある．この状態の極端な場合では，いま述べたような人が精神科病院の患者となって，一時的または恒常的に入院し，統合失調症とラベリングされていることがある．

　私たちにとって重要なのは，健康とスキゾイド状態のあいだに，あるいは健康と完全な統合失調症のあいだにさえ，臨床的には**明確な線引きができない**ということである．私たちは統合失調症での遺伝的要因を認識しているし，個々の事例への身体的要因の関与をしっかり見ていきたいと思っているが，普段の生活の問題や，それぞれの環境における個人の発達の普遍的特性から，当の主体を完全に切り離して考えるような統合失調症理論に対しては，疑問をもって見ている．私たちは環境的供給に著しい重要性を認め，とくに個人の乳幼児生活の最初期での環境的供給の重要性を認識しており，このような理由から，人間にかかわる，そして依存が重要性をもつ範囲での人間の成長にかかわる促進的環境を特に研究しているのである（cf. Winnicott 1963b, 1965）．

　満足のいく生活を送っていて，卓越した価値のある仕事さえしながら，スキゾイドや統合失調症である人たちもいる．その人たちは現実感覚の弱さゆえに，精神医学的な意味では病気かもしれない．これとバランスをとるために言わなければならないのだが，他方には，客観的に知覚された世界にあまりにも頑として根差しているために，主観的世界や，事実への創造的アプローチと接触をもてない，上記とは反対の方向に病気である人たちもいるのである．

　これらの難しい問題に対しては，以下のことを思い出してみればいくらか取り組みやすくなる．幻覚というのは，目覚めている生活に入り込んできた夢現象であって，日中の出来事や現実に起こったことの記憶が障壁を越えて眠りや夢形成へと入り込んでくるという事実とくらべて[原注3]，幻覚することそれ自体のほうがもっと病的だとは言えない．実際，スキゾイド的な人たち

原注3）このことは，フロイトの夢形成の仮説に本来含まれていながらも，しばしば見逃されてきた事実である（cf. Freud 1900）．

に関する私たちの記述をみると、小さい子どもたちや赤ちゃんを記述するときに使う言葉を使っていることに気づくし、私たちは実際、スキゾイド的な患者や統合失調症患者を特徴づける現象が、そういったごく幼い年代に見出されるものと考えるのである。

本章で概略を描いた諸問題は、この本のなかで、それらの問題の起源の時点、つまり個人の成長と発達の早期段階において検討される。実際のところ、私は、赤ちゃんが「スキゾイド」であるまさにその時点に関心をもっている。この用語を赤ちゃんに関して使わないのは、赤ちゃんがまだ未成熟でパーソナリティの発達と環境の役割に関係する特別な状態にある、という理由からである。

スキゾイド的な人たちが自分自身に満足していないのは、夢と接触をもてないでいる外向的な人たちが自分自身に満足していないのと同様である。これらの二群の人たちが私たちのところへ心理療法にやってくる理由は、一方の場合、生活上の事実とまったく接触をもてないままに人生を過ごしたくないからであり、もう一方の場合、夢から疎外されていると感じているからである。彼らにはともに、何かがおかしいという感覚、自分のパーソナリティに解離がある感覚があり、単一体の状態（unit status; Winnicott 1960b）を達成するうえで助力を得たいと思っている。解離した諸要素が分隔化されて存在したり[原注4]、散らばったまま放置されていたりする代わりに、すべてのものをコンテインしているひとつの自己があるような、時間的-空間的な統合の状態を彼らは望んでいるのである。

創造性がどこに位置しているのかを、分析家が作業のなかで理解するときに用いる理論を見ていくためには、すでに述べたように、創造という観念を芸術作品から切り離す必要がある。創造されたものは、絵の場合もあれば、家であったり、庭、衣装、髪型、交響曲、彫刻であったりもするし、家庭で料理された食事はみなそうである。おそらく、こういったものはどれも創造

[原注4] 私はこのような状況にある特異的事例を、他のところで（Winnicott 1966）強迫神経症に関して論じた。

でありうると言ったほうが良いだろう。ここで私が述べようとしている創造性は，ごく普遍的なものである。それは，「生きていること」に属している。おそらく，それは人間の場合に限らず，ある種の動物におけるような「生きていること」に属しているが，準-平均的，平均的または高い知的能力を備えた人間の場合にくらべれば，低い知的能力[原注5]を伴った人の場合や，あるいは動物の場合にはきわだった重要性を比較的もちにくいのであろう。私たちが研究している創造性は，個人の外的世界へのアプローチに付随するものである。脳に程々の能力があり，個人が生きてコミュニティでの生活に参加する人となるのに十分なだけの知能があるとすれば，その個人が病気であったり，創造的過程を阻害する現在の環境要因に妨げられていたりしない限り，起こることはすべて創造的なのである。

　後者のような場合について，創造性というものが完全に破壊されうると考えるのは，おそらく間違っているだろう。しかし，家庭で極端な支配を受けていた人たちや，過酷な政治体制のゆえに生涯迫害されたり強制収容所で暮らしてきた人たちについて書かれたものを読むとき，真っ先に感じるのは，このような目に遭った人たちのなかで，創造的なままでいられる人はごくわずかしかない，ということである。こういった人は，いうまでもなく大変に苦しむことになる（Winnicott 1968b 参照）。一見，このような病理的コミュニティで暮らしている（生きてはいない）他の人たちは，あたかも，とっくに希望をなくしているゆえにもう苦しんではいないように見え，また，彼らを人間的にする特徴を失ってしまったためにもはや世界を創造的に見ることはないかのように思える。こういった状況は文明の否定的側面に関わるものである。これは，個人の成長において後の時期に作用する環境要因によって，個人の創造性が破壊されるのを目にしているということである（Bettelheim 1960 参照）。

　ここでやろうとしているのは，個人が人生への創造的な参入や外的現象への最初の創造的アプローチを喪失してしまうことについて，研究する手だて

原注5）一次的な知的障碍と，小児統合失調症や自閉症などで二次的に生じた臨床的障碍とは区別されなければならない。

を見出すことである。私の関心は病因論にある。極端な場合は，創造的に生きるための個人の能力の確立のなかに，**初めから**相対的な失敗がある。

すでに示したように，考えに入れておく必要があるのは，創造的に生きることへの個人の能力が完全には破壊されえない可能性であり，そして，盲従と偽りの自己の確立が最も極端な場合でさえも，どこかに隠れたかたちで，その人にとって創造的でありオリジナルであるゆえに満足のいく，秘密の生活が存在している可能性である。不満足の度合いは，それがどれくらい隠されているか，生きている体験を通しての豊富化がどれほど欠けているかによって，測られなければならない（Winnicott 1968b）。

重篤な事例では，すべてのリアルなもの，すべての大切なもの，すべてのパーソナルで本来的で創造的なものが隠されてしまっていて，存在の兆しも示さない。こういった極端な場合，個人は，自分が生きているか死んでいるか，本当のところ気にもしていない。このような状態が個人のなかで強力に組織化されて，本人自身でさえ何が起こったのか，何を喪失したのか，何が欠けているのか気づかないときには，自殺はさほど重要性をもたないのである（Winnicott 1960a）。

したがって，創造的衝動は，それ自体でひとつのものと見なせる何かであって，もちろん芸術家が芸術作品を生み出そうとするときに必要な何かであるとともに，**すべての人たちが**——赤ちゃんから，子ども，青年，成人，高齢の男女にいたるまで——健康なやりかたで物事を見るときや，意図的に物事をするとき，たとえば排泄物をいじるときや，音楽的な響きを楽しもうとして泣く行為を引き延ばすときなどにも存在している何かである。それは，呼吸すること自体を楽しんでいる知的に遅れのある子どもが刻々と生きているなかにも，あるいは，建築家が自分の建てたいものは何なのかを突然に知り，自分の創造的衝動が形をとって世界が目にするものになるために実際に使える材料について考えているときのインスピレーションのなかにも，同じように存在しているのである。

精神分析は，創造性という主題と取り組もうとしてきた分野において，その主要テーマを相当に見失ってしまっている。分析的な著者たちはおそらく

創造芸術において際だった人物を取りあげ，二次的，三次的な観察をしようと試みているのであって，一次的と呼べるようなものすべてを見落としてしまっている。レオナルド・ダ・ヴィンチを取りあげて，彼の作品と彼の乳幼児期に起こったいくつかの出来事との関係について，とても重要かつ興味深いコメントをすることはできる。彼の作品のテーマと，彼の同性愛的傾向とを織り合わせて，非常に多くのことができるだろう。しかし，これらにしても，他の偉大な男女についての研究の状況にしても，創造という観念の中核にあるテーマには触れないまま通り過ぎている。偉大な人物についてのこういった研究が，概して芸術家や創造的な人々を苛立たせがちなのは当然のことである。私たちには魅惑的なこういった研究が苛立たしい理由は，あたかもそれによってどこかに辿り着けるかのように見えたり，なぜこの男性が偉大であの女性が多くを達成したかを早々に説明できるかのように見えるにもかかわらず，そもそも探究の方向が間違っているからなのかもしれない。創造的衝動そのものという主要なテーマが回避されてしまっている。創造されたものが，芸術家の創造性と観察者のあいだに立ちはだかっているのである。

もちろん，誰かが創造的衝動を説明できるようになることなど決してないし，そうしたいと思う人がいるとも思えない。しかし，創造的に生きることと，生きることそれ自体とのあいだに，つながりを作ることはできるし，それも役に立つかたちで作ることができる。そして，創造的に生きることが失われてしまう場合があるのはどうしてなのか，人生がリアルで意味深いという個人の気持ちが消えてしまうことがあるのはなぜなのか，その理由を研究することができるのである。

ずっと前の時代，たとえば一千年前であれば，ごくわずかな人しか創造的に生きていなかったと考えることができる（Foucault 1966 参照）。これを説明するのに，ある時代以前は個人の発達において単一体の状態（unit status）を達成した男女はごく例外的にしか存在しなかった可能性がある，と言わねばならない。ある時代まで，人間世界のなかの圧倒的大多数は，個人であるという感覚をまったく見出したことがなかったか，あるいは乳児期ないし子ども時代の終わりにその感覚を早々に失ってしまっていたとも考え

られる。このテーマはフロイトの「モーセと一神教」（1939）のなかで少しだけ展開され，フロイトの著作のなかでも私が非常に重要な箇所だと思っている，ある脚注のなかでこう言及されている。「ブレステッドは彼〔アメンホテップ四世〕を『人類史における最初の個人』と呼んでいる。」コミュニティや自然に強く同一化し，日の出や日没，雷，地震などの説明不能な現象に同一化していた古い時代の人々に，私たちはなかなか同一化できないものである。人々が時間と空間に関して統合された単一体となり，創造的に生きて個人として存在することができるようになるまでには，一連の科学が必要だった。一神教という主題は，人間の精神機能におけるこの段階の到来を示しているのである。

　さらに創造性という主題に貢献したのは，メラニー・クライン（1957）である。この貢献は，クラインが個々の赤ちゃんの人生のごく早期に始まる攻撃的衝動と破壊的空想を認識したことに由来している。クラインは赤ちゃんの破壊性という考えを取り上げて，それに適切な強調を与えるとともに，健康のサインとしての性愛衝動と破壊衝動との融合という考えを，新たに重要なかたちで扱っている。クラインが述べているなかに，償いと修復という概念がある。しかし，私の意見では，クラインの重要な著作も，創造性それ自体という主題には到達しておらず，したがってこれもまた主要な論点をぼかしてしまうことにつながりかねない。しかし，罪悪感が占める中心的な位置についての彼女の業績が，私たちには絶対に必要である。その背後には，個人の成熟の一側面としてのアンビヴァレンス〔両価性〕というフロイトの基本概念がある。

　健康は（性愛的欲動と攻撃的欲動の）融合という面からも見ることができ，このため，攻撃性と破壊的空想の起源を吟味することがこれまで以上に求められる。これまで長い間，精神分析的メタサイコロジーのなかで，攻撃性は怒りを基本に説明されてきたように見える。

　フロイトとクラインはともに，この点では障害物を飛び越えて遺伝というところに逃げ込んでしまった，という考えを私は提起してきた。死の本能という概念は，原罪という原理の焼き直しとも言えるだろう。私は以下のよう

なテーマを発展させようと試みてきた。すなわち，そのようにしてフロイトとクラインがともに回避してしまったのは，依存の十全な意味合いであり，したがって環境要因の十全な意味合いである（Winnicott 1960b）。依存が本当に依存を意味しているのなら，個々の赤ちゃんの生育史を赤ちゃんだけに関して書くことはできない。それは，依存のニードに応じたり，応じそこねたりする環境的供給に関しても書かれなければならない（Winnicott 1945, 1948, 1952）。

人生の最初期の諸段階でのほどよい環境的供給により，どのようにして個人が，万能感を失うことの測り知れない衝撃に対処することが可能になるのか[原注6]，そのありようを記述するために精神分析家たちが移行現象の理論を使えるようになることが望まれる。私が「主観的対象」（Winnicott 1962）と呼んだものは，客観的に知覚される対象へと次第に関係づけられていくが，これが起こるのは，ほどよい環境的供給あるいは「平均的に期待できる環境」（Hartmann 1939）があるゆえに，赤ちゃんが，赤ちゃんに許されているある特別なかたちで狂気に入ることができるときだけである。この狂気は，人生のもっと後の時期に現れた場合にのみ本物の狂気になる。乳児期の段階では，これは私が逆説の受容について語ったさいに言及したのと同じ主題である。つまり，赤ちゃんが対象を創造するけれども，その対象がそこにすでに存在していなければ，そのように創造されることはなかった，と述べたときと同じ主題なのである。

個人が創造的に生きていて，人生は生きるに値すると感じている場合もあれば，創造的に生きられず，生きることの価値に疑問を抱いている場合もある。人間におけるこのような変数は，赤ちゃん個々の生きている体験の始まりや初期の諸段階での，環境的供給の質と量に直接関係している。

個人の心理や発達と防衛的組織化の力動的過程を記述し，個人という観点のなかに衝動と欲動を包含しようと，あらゆる努力が分析家たちによってなされてきたが，このような，創造性が存在するようになるか否か（あるいは

原注6）これは，交叉同一化のようなこころの機制に由来する安堵感よりも，もっと前の時期に属している。

また，失われてしまうか）という点では，理論家は環境を考慮に入れる必要があり，個人を孤立したものとして捉えた説明は，決して創造性の根源という中心的問題に触れることができない。

　ここで言及しておくことが重要であるように思えるのは，男性たちと女性たちは多くを共有しているにもかかわらず，似ていないところもある，ということから生じる特別な複雑さである。明らかに，創造性というのは共通項であって，男性たちと女性たちが共有するものの一つであり，創造的に生きることが失われたり，欠けていたりすると，どちらも苦しむことになる。ここで私は，この主題を別の角度から吟味する試みをしてみたい。

男性と女性において見出される分裂-排除された
男性的要素と女性的要素[原注7]

　男性と女性がどちらも「両性性への素因」をもっているという考えは，精神分析の内と外を問わず，とりたてて新しいものではない。

　両性性について，私がいくつかの分析から学んだことを，ここで使ってみよう。これらの分析は，あるところまで一歩ずつ進み，ひとつの細部へと焦点化した。ここでは，分析がこの種の素材にいたるまでの歩みをたどることはしない。ただ言えるのは，この種の素材が重要になって優先的な扱いを要するようになるまでに，通常とても多くの作業が行われなければならない，ということである。こういった多くの予備的作業をどうすれば回避できるのか，そのすべを見出すのは難しい。分析過程がゆっくりとしているのは，ひとつの防衛であり，私たちがすべての防衛を尊重するように，分析家はこの防衛を尊重しなければならない。患者のほうが分析家に教えているというのが常であるにしても，分析家は，パーソナリティの最も深い，または最も中心的な特徴に関わる事柄について，理論的に知ることができる必要がある。それができなければ，ついにようやく患者が深く埋もれた事柄を転移のなか

原注7）1966年2月2日に英国精神分析協会で読まれた論文を，『フォーラム』への掲載用に改訂したもの。

に持ち込み，変化をもたらす解釈（mutative interpretation）のための機会を提供してくれているときになっても，分析家は彼の理解と技法に新しく求められているものを認識できず，それに応じることに失敗してしまうだろう。分析家は，解釈することで，彼が患者のコミュニケーションをどれくらい受けとることができているか，また，どれくらい受けとることができていないか，を示すのである。

　私は，この章で提示したいと思っている考えの基礎として，創造性は男性と女性の共通項の一つである，と示唆したい。しかしながら，別の言葉で言えば，創造性は女性の特権であり，また別の言葉で言えば，創造性は男性的な特徴である。この後に続く部分で私が念頭に置いているのは，まずはこの三つの点のうちで最後のものである。

臨床データ

例証事例

　臨床例から始めてみよう。これは，ある中年期の男性の治療に関するものである。この人は結婚していて家族があり，専門的な仕事の一つで成功を収めている。分析は古典的な分析の線に沿って進んできた。この男性は長期にわたる分析を受けてきており，私は決して彼の最初の心理療法家ではない。彼と各々の心理療法家たちや分析家たちによって，とても多くの作業がなされ，彼のパーソナリティには多くの変化がもたらされてきた。しかし，まだ何かが残っていて，そのために分析をやめることができない，と彼は断言する。来た目的はまだ達せられていないのが彼には分かっている。ここで手を引くのは犠牲が大きすぎる。

　この分析の現在の段階においては，**私にとって**新しい何かに到達している。それは，私が彼のパーソナリティのなかの非-男性的要素を扱っているやりかたに関係がある。

　　　ある金曜日，患者はやって来て，いつものように多くのことを報告し

た。この金曜日に私の印象に残ったのは，患者が**ペニス羨望**について話している，ということであった。私は熟慮の上でこの用語を使っており，ここではその素材からみて，またその提示されかたからみて，この用語がふさわしかったという事実を受け入れてもらうように請うしかない。明らかに，このペニス羨望という言葉は，ふつう男性の記述には用いられないものである。

　この段階で起きていた変化は，私がこれを扱ったやりかたに表れている。このとき私は，彼にこう言った。「私は，女の子に耳を傾けています。あなたが男性なのは完全によく分かっていますが，私は，女の子に耳を傾けていて，女の子と話しています。私はこの女の子に，『君はペニス羨望について話しているんだね』と言います。」

　これは，同性愛とは何の関係もないことを強調しておきたい。

　（この私の解釈は，前半部分も後半部分も遊ぶことと関わっていると見ることができ，教化に近いような権威的解釈からは可能な限り遠いものである，という指摘を受けた。）

　この解釈が与えた深い影響からみて，私の言ったことは何らかのかたちで適切だったことが，私には明らかだった。そもそも，この金曜日から始まった作業が，ある悪循環に実際に割って入ることになった事実がなければ，この出来事をこの文脈で報告しようとは思わなかっただろう。このときまで，良い作業，良い解釈，良い直接的結果，そしてその後に必ずやってくる破壊と脱錯覚，というルーティンに私は慣れっこになっていた。最後にそうなるのは，次第に患者が，根底にある何かが変化していないと認識するからだった。そこには，この男性をずっと四半世紀にわたって自分自身の分析に取り組ませてきた，この未知の要因があったのである。私との作業は，他のセラピストたちの作業と同じ運命をたどるのだろうか？

　このときは，まず知的な受け入れと安堵感というかたちでの即時的影響がみられ，そのあとに，もっと離れた影響が現れた。少し間をおいて，患者はこう言った。「もし私が，この女の子について誰かに話したりし

たら，こいつは頭がおかしいと言われてしまうと思います。」

この話題をここまでで止めておくこともできただろうが，私は続けた。結果的にみれば，続けておいて良かったと思う。私を驚かせたのは，私自身が次に発した言葉であり，これが決め手になった。「**あなたが**これを誰かに話したわけではありませんよね。カウチの上にいるのは男性なのに，女の子が見えて女の子の話が聴こえているのは，**私**のほうですね。気が狂っている人は，私自身です。」

これ以上，詳しく言い直す必要はなかった。つぼにはまったからである。患者は，いま自分は狂った環境のなかで正気だと感じると言った。言い換えれば，彼はいまやジレンマから解放されたのである，すぐ続けて彼がこう言ったように。「私は自分では（自分が男だと分かっているので）『私は女の子です』と言えません。そんなふうに狂ってはいません。でも先生がそれを言ってくれて，私の両方の部分に話しかけてくれました。」

私のものであったこの狂気のおかげで，彼は**私の位置から**彼自身を女の子として見ることができた。彼は自分が男性であると知っており，それを疑ったこともない。

ここで何が起こっていたかは明確だろうか？　私のほうは，ようやく到達したと感じている理解に至るために，深いパーソナルな体験を生き抜く必要があった。

この複雑な状況には，この男性にとって特別なリアリティがある。なぜなら，彼の（もう亡くなっている）母親が，彼を男の赤ちゃんと見なすようになるまでは彼に女の赤ちゃんを見ていた，という結論に（証明こそできないが）彼と私は行き着いたからである。別の言葉で言えば，この男性は母親の抱いていた，自分の赤ちゃんはきっと女の子だろうし実際に女の子である，という考えに合わせなければならなかった。（彼は第二子であり，第一子は男の子だった。）私たちは，母親の彼に対する早期の扱い方において，あたかも彼を男の子として見ることができないかのように彼を抱いたり扱ったりしていた，といえる充分な証拠を分

析のなかから得ている。このパターンを基盤にして彼は防衛を整えていったわけだが、男の子がいるところに女の子を見たのは母親の「狂気」であって、私が「狂っているのは私です」と言ったことで、これが現在へと直接持ち込まれたのである。この金曜日、彼は深く動かされ、長期におよぶ分析のなかでこれが初めての重要な変化だと感じながら帰って行った（もっとも、すでに述べたように、良い作業が行われるという意味ではそれまでも持続的な進展がつねにあったのだが）[原注8]。

　この金曜の出来事に関連した、その後の詳細を記すことにしたい。週明けの月曜日に来たとき、彼は体調が悪いと言った。彼が感染症にかかっていることは私の目には明らかだったので、私は彼に、明日には奥さんもかかるかもしれませんねと言い、実際にそうなった。にもかかわらず、彼は、土曜日に始まったこの病気があたかも心身症的なものであるかのように、この病気のことを**解釈する**よう私に求めた。彼が私に伝えようとしたのは以下のことだった。金曜日の晩、彼は妻と満足のいく性的交渉をもったので、当然、翌日の土曜日には調子が良くなる**はず**だと思っていたら、その反対に病気になり、調子が悪くなったというのである。私は、身体的な不調のことは脇に置いておいて、彼が癒される体験になったはずと感じていた性的交渉のあとで調子が悪くなった、という不一致について話すことができた。（実際、彼がこんなふうに言うこともありえたはずなのである、「インフルエンザにかかってしまいましたが、私自身のなかでは、むしろ調子が良くなっています」と。）

　私の解釈は、金曜日に始まった線に沿って続いた。私は言った。「あなたは、男性的な行動を解き放った私の解釈があったことを、あなた自身が当然喜ぶはずであるかのように感じていらっしゃいます。**でも、私が話しかけていた女の子は、男の人が解き放たれることを望んでいなくて**、実際、彼に対して関心がないのでしょう。彼女が望んでいるのは、彼女自身が認められることと、あなたの身体に対する彼女自身の権利がしっかりと認められることです。彼女のペニス羨望はとくに男性として

原注8）子どもの発達における母親の鏡役割の考察については、第9章を参照のこと。

のあなたへの羨望を含んでいるのです。」私はさらに続けた。「調子が悪いのは、女性自己からの、つまりこの女の子からの抗議なのでしょう。なぜかと言うと、この女の子がずっと望んできたことは、この男性、つまりあなたが、女の子であり、これまでもずっと女の子だった（そして「調子が悪い」というのは前性器期的には妊娠のことである）、というふうにこの分析が実際に発見することなのでしょうから。この女の子が楽しみにしうる唯一の分析の終わりかたは、あなたは実は女の子だ、という発見で終わることだけなのでしょう。」このことから、この分析は決して終わることがない、という彼の確信について理解し始めることができるだろう[原注9]。

それに続く数週のあいだ、私の解釈と私の姿勢の妥当性を裏づける多くの素材が現れ、患者は、自分の分析がもう終結不能の運命には支配されなくなったのが分かる、と感じていた。

その後私は、彼の抵抗が、「狂っているのは私です」と私が言ったことの重要性の否認へと移ったのを見てとることができた。彼はそれを、たんに私らしい言い方として——忘れてしまってもいいような言葉遣いの問題として受け流そうとした。しかし、私が見出したことは、患者たちと分析家たちが等しく途方に暮れてしまう妄想性転移の好例の一つがここにあり、マネジメントの問題の核心がこの解釈にある、ということである。正直に言うと、私はこの解釈を伝えるのを思いとどまりかけていたのである。

このときに何が起こっていたのかをあらためて考えてみたとき、私は途方に暮れた。ここに新しい理論的概念はなかったし、新しい技法的原則もなかった。実際、私と患者は以前にもこのことを話し合ったことがあった。それでも、ここには何か新しいものがあった。私自身の態度に新しい何かがあり、

原注9) このことは理解されるものと期待しているが、私は決して、彼のごく現実的な身体疾患であるインフルエンザが、身体的なものと併存していた情緒的動向によって引き起こされたのだと示唆しているわけではない。

また，私の解釈的作業を活用する彼の能力にも新しい何かがあった。私は，何であれ，これが私自身のなかで意味を持ちうるままに身を任せることにした。その結果は，いま提示しているこの論文に見出されるだろう。

解　離

まず私が気づいたのは，それまで自分が，男性（または女性）とその反対の性をもつパーソナリティの側面とのあいだでの完全な解離を，十全に受け入れたことがなかったという点である。この男性患者の事例では，解離がほぼ完全なものであった。

ここで，そのとき私は，自分がなじみの武器の新しい使いかたを手中に収めていることに気づいた。そして，これが性別や年齢にかかわらず，他の患者と私がしている作業に，どんな違いをもたらすだろうか，あるいはもたらす可能性があるだろうかと思った。その結果，私はこのタイプの解離を研究することにし，他のすべてのタイプの分裂については，忘れないようにしながらも脇に置いておくことにした。

男性と女性における男性的要素と女性的要素[原注10]

この事例では，いまにも崩れようとしている解離があった。解離の防衛は，単一体あるいは全体自己のもつ性質としての両性性の受容へと道を譲ろうとしていた。私は**純粋な女性的要素**とでも呼びうるものを扱っていた。最初，私にとって驚きだったのは，ひとりの男性患者が提示した素材を見ることによって，これに到達できたことであった[原注11]。

この事例には，ほかにも臨床的に観察された点がある。私たちの共同作業の新たな地平に至ったときに彼が体験した安堵は，それまでの私の解釈が決して変化をもたらすものにならなかった理由と部分的には同根であり，その理由は今ならば説明可能である。それまでの私の解釈は，充分な根拠にもと

原注10）私はこの用語法〔男性的および女性的要素〕をとりあえず使い続けることにするが，ふさわしい記述用語をほかに知らないからである。「能動的」と「受動的」が正確な用語でないことは確かであり，私としては，とりあえず使用可能な用語を使いながら，議論を続けていかなければならない。

づいて，対象の使用，転移のなかの口唇性愛的満足，部分対象としての分析家または乳房やペニスをもつひとりの人としての分析家への関心における口唇サディズム的な考え，といった点についてなされたものだった。それらは受け入れられたが，「だから何なの？」であった。それがいまや新たな位置に到達して，患者は私との関係性の感覚をいだき，これは非常に生き生きとした感覚だった。それは同一性と関連していた。純粋に女性的な分裂-排除スプリット オフされた要素は，分析家としての私との一次的一体性を見出し，これが彼に，生き始めたという感覚をもたらした。私はここに心を動かされたのである。私がこの事例で見出したことを理論に適用しているのも，そのことの表れだと思う。

臨床部分への補遺

　男性患者における分裂-排除された少女の要素，というこの解離の一例を心に留めながら，自分の現在の臨床素材を見直してみることは有益である。この主題はすぐに巨大で複雑なものになりかねないので，特に言及するさいには少数の所見に絞り込まなければならない。

（a）気がついてみると，驚いたことに，自分が扱って分析しようとしていたのは分裂-排除された部分のほうであり，主要な機能している人物のほうは投影された形でしか現れない，ということがある。これはちょうど，

原注11）この男性と私がともにした作業に続けて，女性または女の子との作業についても同様に少しばかり付記するのが論理的であろう。たとえば，ある若い女性は，彼女が男の子になりたいと思っていた早期潜在期の古い素材を私に思い出させた。彼女は自分にペニスがあったらと願うことに多くの時間とエネルギーを費やしていた。しかしながら，彼女は，ある特殊な理解を必要としたのだった。それは，彼女が明らかに女の子であり，そのことを喜びながらも，同時に（10パーセントの解離した部分で）男の子であることを知っていて，それを以前からもずっと知っていた，という理解であった。これと結びついていたのは，去勢され破壊的な潜在能力を奪われているという確信であり，またそれと並んで，母親殺しであり，彼女のパーソナリティ構造の中心にあったマゾヒスティックな防衛的組織化の全体であった。
　こんなふうに臨床例を挙げることは，読者の注意を主要なテーマからそらしてしまう危険を伴うだろうし，もし私の考えが真実で普遍的なのであれば，読者の一人一人が，男女における男性的要素と女性的要素に関して，抑圧よりもむしろ解離が占めている位置を例示するような個々の事例をもっているはずである。

子どもを治療しているはずなのに，気づいてみると実は親のどちらかを代理的に治療しているだけだった，という場合に似ている。こういったテーマは実にさまざまな形をとって臨床場面に現れるだろう。

(b) 反対の性の要素が完全に分裂-排除されているために，たとえば男性の患者が，分裂-排除された部分とまったく何のつながりも作れない，というような場合がある。これは，その人のパーソナリティが他の面では正気で統合されているときには特によくあてはまる。機能しているパーソナリティがすでに複数の分裂した部分へと組織化されている場合であれば，「私は正気です」はさほど強調されず，したがって「私は女の子です」（男性の場合）または「私は男の子です」（女性の場合）という考えに対する抵抗はもっと小さくなる。

(c) 臨床的に，反対の性の解離が完全に近い場合がある。この解離は，ごく早い時期に外的要因との関連で組織化されてから，もっと後の時期の，大なり小なり交叉同一化を基盤に防衛として組織化された解離と混ざり合ったものである。あとで組織化されたこの防衛がすでに現実となっているために，それ以前の反応性の分裂を患者が分析のなかで蘇らせることは難しくなる場合がある。

　（ここにひとつの公理がある。すなわち，患者は，歪みや失敗などの環境要因に対する未熟な反応という考えを受け入れるよりも，むしろ，自分に万能的支配の手段を与えてくれる個人的で**内的な**要因をとことん利用するほうにつねに固執する，という公理である。環境による影響は，悪いものであっても，あるいは良いものであるときでさえ，私たちの作業のなかに外傷的な観念として現れ，それは患者の万能感の領域内で作動するものではないゆえに，耐えがたいのである。メランコリー的な患者が，**すべての悪は自分に責任がある**，と主張するのと比較されたい。）

(d) 分裂-排除された別の性のパーソナリティ部分は，ある年齢のままで止まっているか，あるいは，ゆっくりとしか成長しない傾向がある。これと比較すると，その人の内的な心的現実における真に想像的な人物像は，成熟し，互いに関係しあい，年をとり，死んでいく。たとえば，自分の

分裂-排除された女の子の自己を生かしておくために年少の女の子たちに依存している男性は，彼の特殊な目的のため，しだいに結婚可能な年齢の女の子たちを用いることができるようになっていくかもしれないが，もし彼が90歳まで生きたとしても，そのように用いられる女の子たちの年齢が30歳に届くことがあるとは考えにくい。とはいえ，男性患者の内側で，女の子（早期の形成における純粋な女の子の要素を隠している）が少女の特徴をもったり，乳房を誇りに思ったり，ペニス羨望を体験したり，妊娠したり，男性の外性器を備えていなかったり，さらには女性の性的器官を所有していて女性の性的体験を楽しむことさえある。

(e) ここで重要なのは，こういったすべてのことに対する，精神医学的な健康の観点からのアセスメントである。女の子たちに性的体験の手ほどきをする男性は，自分自身よりもむしろ女の子に同一化している人かもしれない。このことは彼に，全力を挙げて少女の性を目覚めさせ彼女を満足させる能力を与える。その代償として，彼自身はほとんど男性的満足を得られず，また，常に新しい女の子を探さなければならなくなり，これは対象恒常性とは相反することになる。

その対極には性的不能という疾患がある。これら両極の間に，さまざまに種類や程度の異なる依存性と混合しあった，相対的な性的能力の全範囲がある。何が正常であるかは，その社会集団のその時代での社会的期待によって異なる。極端に家父長的な社会において性的交渉は強姦となり，極端に家母長的な社会では，分裂-排除された女性的要素をもち多数の女性を満足させねばならない男性が，たとえそうすることで自分自身を絶滅させることになろうとも，大いに貴重とされる，と言えるのではないだろうか。

これらの両極端のあいだにあるのが，両性性であり，適量よりも少ない性的体験を期待する傾向である。このことは，社会的健康が軽度に抑うつ的であること——休暇のときを除けば——と符合する。

興味深いことに，この分裂-排除された女性的要素があることで，同性愛的な行動が実際に妨げられるのである。私の患者の場合，いつもこ

こぞという瞬間に同性愛の進展から身を引いていたが，その理由は（彼が理解するようになって私に話したところによれば），同性愛を実行に移してしまうと，（分裂-排除された女性的要素の自己からすれば）はっきり知ってしまうことを決して望んでいない，彼の男性性をかえって確証することになってしまうからであった。

（これに対して，両性性が事実である通常の人の場合，同性愛的な考えがこのようなかたちで葛藤しあうことはない。そのおもな理由は，（二次的なものである）肛門的要素がフェラチオを支配する統裁（supremacy）を獲得してはおらず，フェラチオ的一体性の空想のなかでは，その人の生物学的な性が何であるかは重要でないからである。）

(f) ギリシャ神話の発展史において，最初の同性愛者は，できるかぎり至高の女神に近くなろうと女性を模倣した男性たちであるらしい。これは家母長的な時代のことであり，そこからゼウスを頭とする家父長的な神々の体系が現れた。ゼウス（家父長制の象徴）は，男の子が男性によって性的に愛されるという考えの始まりとなり，これと並行して女性は低い地位に追いやられるようになっていった。もしこれが思想の発達史について真実であるならば，男性患者の事例における分裂-排除された女性的要素をめぐる私の臨床的観察と，対象と関係することの理論とをつなごうとするときに必要な，ひとつの結びつきを与えてくれる。（女性患者における分裂-排除された男性的要素もまた，私たちの作業のなかで同じように重要であるが，対象と関係することについて私が言おうとしていることを，解離の二つの可能な例のうちの一方だけについて述べても構わないであろう。）

予備的観察の要約

私たちの理論においては，性別や年齢を問わず，男性的要素と女性的要素の併存を考慮に入れることが必要である。これらの要素は，お互いからごく高度に分裂-排除されているかもしれない。この考えは私たちに，このタイ

プの解離の臨床的影響の研究と，純化して抽出された男性的要素と女性的要素それ自体の検討が必要であることを示している。

すでに私は，これら二つのうち一番目のもの，つまり臨床的影響についての観察を述べた。次に，純化抽出された男性的要素と女性的要素と私が呼んでいるもの（男性や女性の個人ではなく）を検討したい。

純粋な男性的要素と純粋な女性的要素

対象と関係することの種類の対比をめぐる推論

対象と関係することの文脈で，混じりけのない男性的要素と女性的要素とを比較し，対照してみよう。

私が「男性的」と呼んでいる要素は，能動的に関係することや受動的に関係されることと関連しており，いずれにせよ本能を背景としている。私たちが本能欲動について，赤ちゃんの乳房や授乳との関係で，さらにその後には主要な性感帯と副次的な欲動や満足を含むすべての体験との関係で語ることは，この考えの発展のうちにある。私が提言したいのは，これと対照的に，純粋な女性的要素のほうは，**赤ちゃんが乳房（または母親）になる**という意味で，**対象は主体であるという意味で**，乳房（または母親）と関係しているということである。ここに私は何の本能欲動も見出せない。

（動物行動学からくる「本能」という言葉の用法もまた忘れてはならないが，はたして刷り込みが，生まれたばかりの人間の乳児に影響を与えるものなのかどうか，私は大いに疑わしく思っている。いまここで私は，刷り込みというテーマ全体が，人間の乳児の早期における対象と関係することの研究には無関係なものであると考えている，と言おう。それが最も重要になるはずと思われてきた2歳での分離の心的外傷と，それは確実に無関係である。）

主観的対象（subjective object）という用語が，最初の対象，つまり，「**私-でない**」**現象として離絶される以前**の対象を記述するのに使われてきた。上に述べたような純粋な女性的要素の「乳房」への関係性（relatedness）にこそ，主観的対象という考えが実際に当てはまるところがあり，これを体験

することが対象的主体（objective subject）への道を拓くことになる——対象的主体とは，自己という観念であり，同一性をもっている感覚から生じる，リアルであるという感じである。

　赤ちゃんが成長するのに伴って自己の感覚や同一性の確立の感覚の心理が結局どれほど複雑なものになったとしても，このような「在ること（being）」の意味での関係することを基礎とするのでなければ，どんな自己の感覚も現れることはない。この在ることの感覚は，「〜と一体である」という考えよりも以前から存在している。なぜなら，それまでは同一性のほかに何もなかったからである。ふたりの分離した人たちが一体だ**と感じる**ことはありうるが，私が吟味しているこの場所では，赤ちゃんと対象は一体**である**。おそらく一次的同一化という用語は，いま私が述べているこのことを言い表すために使われてきており，この最初の体験が，それに続くあらゆる同一化の体験を始めるうえで決定的に重要であることを私は示そうと試みているのである。

　投影同一化と取り入れ同一化は，どちらも，両者が同じであったこの場所から枝分かれしてきたものである。

　人間の赤ちゃんの成長のなかで，自我が組織化され始めるにつれて，こういった純粋な女性的要素によって対象と関係することは，あらゆる体験のなかでおそらく最も単純な**在る**という体験を確立する。ここには世代間の真の連続性が見出される。在ることが，ある世代から次の世代へと，男性と女性のもつ女性的要素と男女の乳児のもつ女性的要素を通して受け継がれていくのである。それはこれまでにも言われてきたことのように思うが，つねに女性および女の子に関して言われてきており，そのことが話を混乱させている。実際は，男性と女性の両方のなかにある女性的要素ということなのである。

　これとは対照的に，男性的要素によって対象と関係することは，分離を前提としている。自我組織が利用可能になるとすぐに，赤ちゃんは対象が「私－でない」または分離した性質をもつことを許容し，欲求不満に関連する怒りも含めてイド満足を体験する。欲動の満足は，対象が赤ちゃんから分離するのを促進し，対象の対象化〔客観化〕へと導く。それ以後，男性的要素の側では，同一化は複雑なこころのメカニズムに基礎をおくことを必要とする

ようになるが，こころのメカニズムが現れて発達し，新しい赤ちゃんの資質の一部として確立されるまでには，時間が与えられなければならない。それに対して，女性的要素の側では，同一性はわずかなこころの構造しか必要としないので，この一次的同一性はごく早期からひとつの特性となり，ただ在るということの基礎が築かれうるのは（たとえば）生まれた日から，あるいはそれ以前から，あるいは誕生後しばらくしてから，あるいはこころが未熟さや誕生過程での脳損傷といったものによる機能のハンディキャップから解放されたときからである。

精神分析はおそらく，対象と関係することのなかでも，この男性的要素あるいは欲動的側面に特別な注意を向けてきており，私がここで強調しているような，在ることのできる能力の基礎にある主体-対象同一性には目を向けてこなかった。（男女両方のなかにある）女性的要素は「在る（is）」のに対して，男性的要素は「する（does）」のである。ここで，至高の女神とひとつになろうとしたギリシャ神話中の男性たちが思い起こされるかもしれない。また，これは女性たちに対する男性たちの深い羨望を説明する一つの方法でもあって，このなかで男性たちは女性的要素が当然女性のものと思っているわけだが，それはしばしば誤解である。

欲求不満は，満足の追求に付随するもののようである。一方，在ることに付随するのは別の何かであって，欲求不満ではなく，深い欠損（maiming）である。とくにこの点について，詳しく見ていきたい。

同一性：子どもと乳房

ここで私が言っているような，女性的要素が乳房に対してもつ関係を語るさいには，「ほどよい母親」と「ほどよくない母親」の概念を避けて通ることができない。

（このような観察は，移行現象や移行対象といった用語で論じられる類縁領域にもまして，この領域に非常によくあてはまる。移行対象は，対象が乳児によって創造されたわけではないことを乳児が最初は知らずにすむようなやりかたで，世界を提示する母親の能力を表している。この文脈では，母親

が乳児に対して，乳房は乳児なのだと感じる機会を与えるか否か，という適応がもつ意味に十全な重要性を認めてもよいだろう。ここでの乳房は，「すること（doing）」ではなく「在ること（being）」の象徴である。）

　この女性的要素のほどよい伝達者であるということは，あやすこと（handling）の実に微妙な細部にかかわる問題にほかならない。これらを検討するうえで，マーガレット・ミードやエリク・エリクソンの書いたものが役に立つだろう。彼らは，実にさまざまな類型の文化において，母親のケアがごく早い年齢期に個人の防衛のパターンを決定づけ，のちの昇華の青写真を示すありようを描き出すことができている。これらはとても微妙な事柄であり，私たちはそれらを**この**母親と**この**子どもに即して研究しているのである。

環境的要因の性質

　ここでまた，母親がそれとなく微妙なかたちで乳児をあやす方法によってパターンが定められていく，ごく早期の段階の考察へと話を戻そう。以下のようなごく特別な環境的要因の例に，詳しく言及しておかなければならない。すなわち，乳児の萌芽的なこころにおいて赤ちゃんと母親がまだ分けられていないときに，「在る」乳房を母親がもっていれば，赤ちゃんもまた「在る」ことができるが，母親がこのような貢献をすることができなければ，赤ちゃんは「在る」能力がないまま，あるいは「在る」能力の障害を抱えて発達しなければならない，という点である。

　（臨床的には，能動的な乳房との同一性で何とかやっていくしかない赤ちゃんの事例を扱うことが必要になる場合がある。それは男性的要素の乳房であるが，「する」乳房ではなくて「在る」乳房を必要としている最初の同一性にとっては不満足なものである。この赤ちゃんは，「～のようである」代わりに，「～のようにする」または「され」なければならなくなる。なお，ここでの私たちの観点からみれば「する」と「される」は同じことである。）

　私がここで述べている，このとても微妙なことができる母親であれば，子どものなかで「純粋に女性的な」要素が乳房に羨望を向けている子どもを生

み出すことはない。なぜなら，この子にとっては，乳房が自己であり自己が乳房だからである。羨望とは，「在る」ものとしての乳房が成立しない失敗により，じらされて苦しめられる（tantalizing）体験においてこそ，適用可能になりうる用語である。

男性的要素と女性的要素の対比

これらの考察から私は，男女両方の乳児にある純粋な男性的側面と女性的側面について，興味深い見解に到達した。この**純粋な女性的側面**において対象と関係することは，**欲動（または本能）とは無関係である**，と述べる立場にいたったのである。本能欲動に裏づけられて対象と関係することは，女性的要素の混入していない，パーソナリティの男性的要素に属する。この線に沿って論じることは私に多大な困難を引き起こすが，個人の情緒的発達の最初の諸段階について述べるさいには，混入のない男の子的要素を，混入のない女の子的要素から（男の子を女の子から分けるのではなくて）分けて考えることが必要であるかのように思えるのである。見出すこと，使うこと，口唇性愛，口唇サディズム，肛門期などに関する古典的な言明は，純粋な男性的要素の活動の考察から生まれている。取り入れや体内化に基づく同一化の研究は，すでに混合された男性的要素と女性的要素の体験の研究である。純粋な女性的要素の研究は，また別のところへと私たちを導く。

純粋な，純化された，混じりけのない女性的要素の研究は，私たちを「在ること」へと導く。これが自己の発見と存在している感覚にとっての唯一の基礎を形づくるのである（それはさらに続けて，内面を発達させる能力，コンテイナーとなること，投影と取り入れの機制を使って取り入れと投影に即して世界と関係する能力へとつながる）。

繰り返しになるかもしれないが，あえてもう一度言いたい。男女両方の赤ちゃんや患者のなかの女の子の要素が，乳房を見出すとき，見出されたのは自己である。もし，その女の赤ちゃんは乳房をどうするのか，と尋ねられたなら——その女の子の要素は，乳房で**あり**，乳房や母親の諸性質を共有しており，好まれるものである，と答えねばならない。やがて時間が経つにつれ

て，好まれる（desirable）は食べられる（edible）ことを意味するようになり，これは，乳児は好まれるがゆえに危険であるということ，あるいはもう少し洗練された言葉で言えば，興奮させるものであることを意味する。興奮させる，というのは，誰かの男性的要素に，何か**する**ようにさせやすいことを意味する。そのようにして男性のペニスが，興奮させる女性的要素となって，女の子のなかに男性的要素の活動を引き起こすこともある。しかし（はっきりさせておかなければならないが），どんな女の子も女性も実際はこんなふうではなく，健康な場合，女の子にも男の子にも，可変的な量の女の子の要素がある。また，遺伝要因という要素も加わるため，ある男の子のほうが，隣にいる純粋な女性的要素の潜勢力が少ない女の子よりも，女の子の要素を強くもっているということはいくらでもありうる。これに加えて，良い乳房の望ましさや，良い乳房が象徴する母親的機能のその部分の望ましさを〔次の世代に〕手渡す能力も母親によってさまざまに異なり，ある男の子たちや女の子たちが，生物学的に与えられたのとは反対の側に重みのあるような，一方の側に大きく寄った両性性をもって成長していくのを見ることができる。

　私はこんな問いを想起させられる。シェイクスピアがハムレットのパーソナリティと性格の描写のなかで提供しているコミュニケーションは，どういう性質のものなのだろうか？

　『ハムレット』は主として，ハムレットが陥った恐るべきジレンマをめぐるものであり，防衛機制として彼のなかに起こっていた解離ゆえに，彼には何の解決方法もなかった。俳優がこれをこころに留めつつハムレットを演じるのを聞けば，得るところがあるだろう。その俳優は，有名な独白の最初の行である「在るべきか，あるいは在らざるべきか（to be, or not to be）……」を，特別な言いかたで言うだろう。彼は，測り知れないものの底までたどりつこうとするかのように，「在るべきか，……あるいは……」と言い，そして，実際のところハムレットという登場人物には他の選択肢が分からないために，そこで間をおくだろう。その末に彼は，やや陳腐な選択肢を口にするだろう。「……在らざるべきか」と。そのとき彼はもう，どこにもたど

りつかない旅に出てしまっている。「非道な運命の石つぶてと矢弾を／こころのうちに忍ぶが高貴なるか／あるいは苦難の海に抗して武器をとり／争いて終えるぞ高貴なるか？」（第三幕，第一場）。ここでハムレットはサド-マゾヒスティックな選択肢に入り込んで，最初の出発点のテーマを置き去りにしてしまった。この劇の残りの部分は，問題の言明に長い時間をかけて取り組む営みとなっている。つまり，こういうことである。この段階でハムレットは，「在る」という考え以外の選択肢を探し求めているものとして描かれている。彼が探し求めていたのは，彼のパーソナリティのなかで起こった，男性的要素と女性的要素のあいだの解離を，言葉にできるやりかたであった。父の死のときまでは，それらの要素は彼のなかで，資質に恵まれた彼という人の諸側面として，調和のうちに同居していたのである。そう，必然的に私はまるで，舞台の登場人物ではなく，生きている人について書くかのように書いている。

　私の見るところでは，この難しい独白が難しい理由は，ハムレット自身が彼のジレンマを解く鍵をもっていなかったことにある——その鍵は，彼自身の変化してしまった状態にあるからである。シェイクスピアは鍵をもっていたが，ハムレットがシェイクスピアの劇を見に行くことはできなかった。

　このようにしてこの劇を見てみると，ハムレットのオフィーリアに対する態度の変化や冷酷さは，彼自身の女性的要素に対する，容赦ない拒絶の表れとして用いることができるように見える。ここでは彼の女性的要素が，いまや分裂-排除されて彼女に引き渡されている。彼の歓迎されざる男性的要素が，彼のパーソナリティの全体を支配しかけているのである。彼のオフィーリアに対する冷酷さは，彼が，分裂-排除された女性的要素を放棄することに対して，いかに気が進まないでいるかを表していると言えるだろう。

　このように，彼のジレンマの本質を彼に示すことができたものは，**劇**そのもの（もしハムレットがそれを読んだり，上演を見たりすることができたならば）である。劇中劇にはそれができなかった。私に言わせれば，劇中劇は彼が男性的要素に生命を吹き込むために上演したものであり，男性的要素は，それと深く織り合わさるようになっていた悲劇性によって最大限に焚きつけ

られることになった。

　シェイクスピア自身の同じようなジレンマが，諸々のソネットの内容の背後に問題を呈しているのを見出すことができるだろう。しかし，これはソネットの，つまりは詩というものの主要な特色を無視し，さらには侮辱することにもなる。実際，L. C. ナイツ教授がとくに主張しているように（Knights 1946），劇中の登場人物をあたかも歴史上の人物であるかのように扱って書くことで，劇の詩的本質はあまりにも容易に忘れられてしまうのである。

要　約

　1．私は，ある男性たちや女性たちにおける解離の重要性を，こういった男性的要素や女性的要素との関連で，また，これらを基礎として築かれた彼らのパーソナリティの諸部分との関連で新たに認識し直すことが，私の作業のなかにどんな示唆をもたらしうるかを検討した。

　2．私は人為的に分けられた男性的要素と女性的要素に目を向け，そこから見出されたこととして，現時点では，対象に関係している衝動（その受動態も含めて）を男性的要素と結びつけており，他方，対象と関係することにおける女性的要素の特質は同一性であって，これが子どもに在ることの基礎を与え，それがのちに自己の感覚のひとつの基礎となると見ている。しかし私は，女性的要素の最早期の機能に母親が応じたり応じそこねたりする，その特別な性質の母親的供給への絶対的依存にこそ，在ることの体験の基盤を求めることができると考えている。私は以前こう書いたことがある。「自我機能によって取り扱われず，目録化されず，体験されず，最終的に解釈されない現象を言い表すために『イド』という言葉を用いても意味がない」（Winnicott 1962）。

　いまや，私はこのように言いたい。「『在ること』の後に，『すること』と『されること』がある。しかし，まず最初に，『在ること』がある。」

盗むことという主題に関する付記

　盗むことは，男の子と女の子の両方がもつ男性的要素に属している。そこで，このような疑問が生じる。男の子と女の子の両方がもつ女性的要素の側において，これに相当するものは何なのだろうか？　考えられる答えとしては，この女性的要素との関連で，個人は母親の地位や座や装いを我がものにしてしまい，こうして母親から盗んだ望ましさや誘惑性を身に帯びるのだと言えるだろう。

第6章　対象の使用と
　　　　同一化を通して関係すること[原注1]

　この章で私は，対象の使用（use of an object）という考えを議論の俎上にのせることを提案したい。これと密接に関連した，対象と関係することという主題は充分に私たちの注目を集めてきたように思える。しかし，対象の使用という概念はこれまであまり吟味されてきておらず，そもそも特別に研究されたことがなかったのではないだろうか。

　この対象の使用についての研究は，私の臨床経験から生じたものであり，私の独特な発展の線上にある。もちろん，私の考えの発展の道筋を他の人たちが了解してくれていると期待することはできないにしても，ここまでにひとつの流れがあって，そのなかに順序があるとすれば，それは私の研究の進展なのだと言っておきたい。

　この章で私が言いたいことは，きわめて単純である。それは私の精神分析的体験から来ているけれども，20年前の私の精神分析的体験からはおそらく出てこなかったはずのものである。なぜなら，当時はまだ，これから描写しようと思っている転移の動きを可能にするような技法を私は持たなかったからである。たとえば，精神分析的な技法と設定への患者の信頼が増してくることから生じる転移の自然な進展を焦らずに待つことや，解釈してこの自然な過程を断ち切ったりしないということが，私にできるようになったのは近年のことである。お気づきのことと思うが，私は解釈それ自体ではなくて，解釈を行うことについて言っているのである。解釈を行うことへの私の個人的ニードによって，**ある分類カテゴリーに属する**患者における深い変化を，

原注1）1968年11月12日にニューヨーク精神分析協会で口頭発表され，International Journal of Psycho-Analysis, Vol. 50（1969）に掲載された論文に基づく。

どれほど妨げたり遅らせたりしてきたかを考えると，心つぶれる思いがする。私たちが待つことさえできれば，患者は創造的に理解にたどりついて測り知れない喜びを得るのである。いまの私はこの喜びを味わっているが，これは，以前に自分が賢かったのだという感覚を享受していたときよりも，ずっと大きな喜びである。思うに，私が解釈するのは，おもに私の理解の限界を患者に知らせるためである。答えをもっているのは患者であり，患者だけである，というのが原則である。私たちはただ，彼または彼女が，すでに知られていることを包摂したり，それに受容をもって気づいたりするのを，可能にできたりできなかったりするだけである。

　これとは対照的に，分析家がしなければならない解釈の作業があって，それが分析を自己分析から区別している。分析家によるこの解釈することは，効果的であるためには，**分析家を主観的現象の領域の外側に位置づける**患者の能力と関係づけられていなければならない。そこで関わってくるのが，分析家を使用する患者の能力であり，これが本論文の主題である。教えることにおいては，子どもに授乳する場合と同じく，対象を使用する能力は当然視されているが，私たちの作業においては，対象を使用する能力の発達と確立に関心を向け，患者に対象を使用する能力がない場合にはそのことを認識することが必要である。

　真に統合失調症的なこころの状態の理解について多くのことを教えてくれる，デリケートな現象を観察することができる貴重な機会となるのは，境界例タイプの事例の分析である。「境界例」という言葉によって私が言い表そうとしているのは，その患者の抱える障害の核心は精神病的なものであるが，中心にある精神病的不安が生々しいかたちで突出しそうになるときには，いつでも神経症的または心身症的障碍を呈することができる神経症的構造をもっている種類の事例である。このような事例では，患者のもつ神経症的であること（狂うことの対義語として）へのニードや，神経症として扱われることへのニードに，精神分析家が何年間も共謀してしまっていることがある。分析はうまく行き，誰もが喜ぶ。唯一の難点として，分析は決して終わらない。分析を終結することはできるし，患者は，終わりにして感謝を表現

第6章　対象の使用と同一化を通して関係すること　*121*

する目的のために，神経症的な偽りの自己を動員することさえある。しかし実際には，背景にある（精神病的な）状態に何の変化も起こっていないことを患者は知っており，分析家と患者は失敗をもたらそうとする共謀に成功したことになる。失敗であることを分析家と患者の両方が認めていれば，この失敗にも価値はありうる。患者は年をとり，事故や病気で死ぬ機会が増えた分，実際の自殺は避けられる**かもしれない**。それに，継続していたあいだ分析は楽しかった。もし精神分析がひとつの生活様式でありうるとしたら，こういった治療も期待された役割を果たしたと言えるのかもしれない。しかし，精神分析は生活様式ではない。私たちは皆，患者たちが私たちとの作業を終えて，私たちを忘れ去り，生きていること自体がひとつの意味あるセラピーであると見出すのを期待している。私たちはこれらの境界例について論文を書くが，そこにある狂気が発見されず，対処されないままになっているとき，私たちは内心で悩むことになる。私は以前，分類に関する論文（Winnicott 1959–64）のなかでこれをさらに広範に述べようと試みた。

　対象と関係することと対象の使用との違いについて，私自身の見かたを述べる前に，おそらくまだ少し回り道をする必要があろう。対象と関係することにおいて，主体は自己のなかにある種の変化が生じるのを許すが，それは私たちに備給（カセクシス）という用語を案出させた種類の変化である。対象が意味のあるものになったのである。そこには投影機制や同一化が働いているので，主体のなかの何かが対象に見出される度合いに応じて，主体は貧困化することになり，ただし感情においては豊かになる。こういった変化に伴い，オーガスムの機能的クライマックスに向かう興奮への身体的関与（いかにわずかなものであれ）がある程度生じる。（この文脈で私は，交叉同一化のなかで作用する，関係することの一側面への言及を意図的に省略したが，これについては179ページを参照のこと。それをここで省略せねばならない理由は，それが属する発達局面が，この論文で焦点を当てている発達局面の前ではなくて後に続くものだからである。この論文で述べようとしている局面とは，すなわち，自己-コンテインメントや主観的対象と関係することから離れて，対象の使用の領域に入っていく動きのことである。）

対象と関係することは，孤立したものとしての主体（the subject as an isolate; Winnicott 1958b, 1963a）という観点から記述できる主体の体験である。しかし，私が対象の使用について言うとき，対象と関係することは当然の前提としつつ，対象の性質や行動を含めて新しい強調点を付け加えることになる。たとえば対象は，使用されるためには必ず，投影の集まりではなく共有された現実の一部であるという意味において現実(リアル)でなければならない。私が思うに，関係することと使用とのあいだの非常に大きな違いを生んでいるのはこの点である。

　もしこれについて私の言っていることが正しければ，分析家たちにとって，関係することという主題について論じるほうが，使用について論じるよりもずっと容易であることになる。なぜなら，関係することは主体の側の現象として検討でき，精神分析家は，環境を投影機制の観点から考えることができる場合を除いて，環境的な要因をすべて排除できることをつねに好むものだからである。しかし，使用することについて検討するとなると，もう逃げ道はない。分析家は対象の性質を，投影としてではなく，そのもの自体として考慮に入れなければならないのである。

　いまのところは，ここまででよいだろう。すなわち，関係することは個人の主体という観点から記述できるが，使用のほうは，対象が独立して存在していることの受容，つまりそれまでもずっとそこにあったという属性の受容といった観点からでなければ記述できない，ということである。私が移行対象と呼んだものについての著作で注目を促そうとしてきた領域を見ていくとき，私たちに関わってくるのはまさにこれらの問題であることがお分かりいただけると思う。

　しかし，この変化は，成熟過程だけによって自動的に生じるものではない。私が関心をもっているのはこの点である。

　臨床的に言うと，こんなふうになるだろう。二人の赤ちゃんが，乳房で授乳されているところである。一人は自己自身から呑んでいる。なぜなら，（この赤ちゃんにとって）まだ乳房と赤ちゃんは分離した現象になっていないからである。もう一人は，自分ではない源泉から呑んでいる。あるいは，

赤ちゃんから無頓着な扱いをされても，報復せず赤ちゃんに影響を与えない対象から呑んでいるのである。母親たちは，分析家たちと同じように，ほどよかったり，ほどよくなかったりするし，赤ちゃんを関係することから使用へと進めてあげることができる場合もあれば，できない場合もある。

　ここでひとつ，思い出してほしいことがある。移行対象と移行現象の概念における本質的な特徴は，（私がこの主題を提示したやりかたに沿って言えば）逆説と，逆説の受容（パラドックス）である。その逆説とは，赤ちゃんが対象を創造するけれども，しかし対象はもともとそこにあって，創造されるのを，そして備給された対象になるのを待っていた，というものである。ゲームの規則のなかで私たちは誰も，自分が赤ちゃんに対して，「あなたがそれを創り出したの？　それとも見つけただけなの？」という問いへの答えを引き出そうと挑んだりしないことを知っている，と私は主張して，移行現象のこの側面に注意を促そうとした。

　もはや，すぐに私の命題の言明へと進む準備ができている。私はそこに到達するのを恐れているようである。あたかも，命題を言明してしまったら，それがとても単純であるだけに，もう今回のコミュニケーションの目的は終わってしまうのではないか，と恐れているかのように。

　対象を使用するためには，主体が，対象を使用する**能力**を発達させていなければならない。これは現実原則への変化の一部である。

　この能力は生得的なものとは言えず，それが個人のなかで発達するのを当然とみなすこともできない。対象を使用する能力の発達は，促進的環境に依存するものとしての成熟過程[原注2]の好例の一つである。

　順序としては，まず最初に，対象と関係することがあって，そして最後に，対象の使用があると言える。しかし，その二つのあいだに，人間の発達においておそらく最も難しいものがある。あるいは，修復のために来談するすべての早期の失敗のなかで最も厄介なものがある。関係することと使用とのあ

原注2）国際精神分析叢書の私の本（1965）の題名に「成熟過程と促進的環境」を選ぶことによって，私はエディンバラ・コングレスでのフィリス・グリーネイカー博士（Greenacre 1960）にどれほど大きな影響を受けたかを示した。あいにく，私はこの事実への謝辞をその本のなかに記していなかった。

いだにあるのは，主体が，主体の万能的コントロールの領域の外に対象を位置づけることである。つまり，主体が対象を，投影的存在ではなく外的現象として知覚することであり，対象がそれ自体として存在しているのだと実際に認識することである[原注3]。

　この変化（関係することから使用へ）は，主体が対象を破壊する，ということを意味する。ここから，アームチェアに腰かけた学者ならば，こう論じるかもしれない。"したがって，実際には対象の使用などというものはない。対象が外的なものであれば，対象は主体によって破壊されてしまうから"と。しかし，もしこの学者が椅子から下りて，彼の患者と一緒に床に座るならば，中間的な位置というものがあることに気づくだろう。言い換えれば，「主体が対象と関係する」のあとには（対象が外的になるにつれて）「主体が対象を破壊する」が来る。そのあとに，「**対象が**主体による破壊を**生き残る**」が来るだろう。ただし，生き残りが起こることもあれば，起こらないこともある。こうして，対象と関係することの理論に，新しい強調点が加わる。主体は対象に，「私はあなたを破壊した」と言い，対象はそこにいてコミュニケーションを受けとる。これから，主体はこう言う。「こんにちは，対象！」「私はあなたを破壊した。」「私はあなたを愛している。」「あなたは私の破壊を生き残ったから，私にとって価値があるんだ。」「私はあなたを愛しているあいだ，ずっとあなたを（無意識的）**空想**のなかで破壊している」と。ここに，その個人にとっての空想が始まる。いまや主体は，生き残った対象を**使用する**ことができる。銘記しておくことが重要なのは，ただ単に，対象が万能的コントロールの領域の外に位置づけられたから主体が対象を破壊する，というだけではないことである。これを逆に言って，対象の破壊が，対象を主体の万能的コントロールの外に位置づける，と言うことも同じくらいに重要である。そのようにして，対象はそれ自身の自律性と生命を発達させ，そして（もし生き残れば）それ自身のもつ特質に応じて，主体に貢献することになる。

原注3）この点の理解において，私はW・クリフォード・M・スコット（1940年前後の個人的コミュニケーション）に影響を受けている。

第6章　対象の使用と同一化を通して関係すること　*125*

　別の言いかたをすれば，対象が生き残ったことによって，主体はいまや対象たちの世界での人生を生き始めたと言えるだろう。それで主体は測り知れないほど多くを得ることになる。しかし，その代償として，対象と関係することについての無意識的空想のなかで破壊が続いていくことを受け入れなければならない。

　繰り返させてほしい。個人が情緒的成長の早期の諸段階においてこの位置に到達することが可能になるのは，そのときに，現実的(リアル)であるがゆえに破壊されつつあり，破壊される（破壊可能で消耗しうる）がゆえに現実的(リアル)になりつつある備給された対象が，実際に生き残ることによってのみである。

　この段階に到達すると，以後，投影機制は**何がそこにあるのかに気づく**という営為を手助けするようになり，もはや投影機制は**対象がそこにある理由**ではなくなる。私の意見では，これは個人の投影機制との関連だけから外的現実を考える傾向のある理論からの離脱にほかならない。

　私の言おうとしたことは，もうほとんど言い終わりかけている。しかし，すべて言い終わったわけではない。というのは，（主観的対象ではなく客観的に知覚される）対象に対する主体の関係において，最初の衝動が破壊的なものであるという事実を受け入れることは，私には当然と思えないからである。（本章の前のほうでは「無頓着な」という言葉を使ったが，その意図としては，明確すぎる方向性を示さないで，その時点で読者に何かを想像してもらいたかったからである。）

　この命題の中心仮説はこうである。主体は主観的対象（投影素材）を破壊しないが，他方，対象が客観的に知覚されて自律性をもち「共有された」現実に属している限りにおいて，破壊性が現れて中心的特徴になる。これは少なくとも私にとって，私の命題の難しい部分である。

　現実原則が個人のなかに怒りと反応的な破壊性を引き起こすものと一般的には理解されている。しかし，私の命題は，現実を作ることや対象を自己の外に位置づけることのなかで破壊性がひとつの役割を果たしている，というものである。これが起こるためには好適な条件が必要である。

　これはただ，現実原則を突きつめて検討しているだけのことである。私の

見るところ，投影機制によって主体の対象認識が可能になるという変化は，私たちにとってなじみ深いものである。これは決して，主体にとって対象が存在するのは主体の投影機制のはたらきによるのだ，と主張するのと同じではない。観察する人は，最初，これら両方の考えに同時にあてはまるように見える言葉を使うが，よくよく吟味してみれば，これら二つの考えは決して同じものではないことが分かる。これがまさに私たちの研究したい点である。

ここで詳しく検討している発達上の時点で，主体は，外在性そのものを発見するという意味で，対象を創造しようとしている。そして，この体験は，対象の生き残る能力にかかっているのだと言わなければならない。（「生き残る」とは，この文脈では「仕返しをしない」を意味するということが重要である。）これらのことが起こるのが分析のなかであれば，分析家や分析技法，分析設定は，患者の攻撃を生き残るか否か，という問題として現れることになる。この破壊的な活動は，分析家を万能的コントロールの領域の外部，つまり外界に位置づけようとする患者の試みである。最大限の破壊性（対象は保護されない）の体験がなければ，主体は決して分析家を外に位置づけることはなく，したがって，せいぜい分析家を自己の一部の投影として用いた一種の自己分析を体験するくらいのことしかできない。授乳の言葉で言うなら，患者は単に自己から乳を呑むことになってしまい，太るために乳房を用いることができない。患者は分析体験を楽しむことさえあるかもしれないが，根本的には変化しないだろう。

それに，もし分析家が主観的現象なのであれば，廃棄物の処分はどうなるのだろう？　排出ということに関しては，さらなる詳述が必要である[原注4]。

精神分析的な実践において，この領域で起こる肯定的変化は深く大きなものになりうる。それらは解釈作業に依存するのではなく，分析家が攻撃に生き残ることに依存しており，そこには，仕返しへの質的変化がないことという考えが含まれている。これらの攻撃は，分析家にとって持ちこたえるのが非常に困難なものである場合もあり[原注5]，なかでも，攻撃が妄想に関連して

原注4）移行現象の領域に取り組む人にとって，次の課題は，廃棄されたものの処分（disposal）という観点から問題を再検討することである。

表現されたり，あるいは，分析家が技法的に間違ったことを実際にするように仕向けてしまう対人操作(マニピュレーション)を通して表現されたりする場合には，特に困難となる。(私が言っているのは，生き続けているとともに仕返しの性質はもたないという意味で生き残ることや，信頼性こそが重要である瞬間に信頼性に欠けてしまうといったようなことである。)

　分析家は解釈したくなるが，これがプロセスを駄目にしてしまうことがあり，患者からみると一種の自己防衛のように見えることがある。つまり，分析家が患者の攻撃をかわしているように見えるのである。むしろ，その局面が終わるまで待ち，そのうえで，何が起こっていたのかを患者と話し合うほうがよい。これが本当は理にかなっている。なぜなら，分析家としては自分自身のニードを持っているが，この時点において言語的解釈は必須ではなく，それ自体の危険性をもたらすからである。必須で本質的なのは，分析家が生き残ることと，精神分析的技法が損なわれていないことである。この種の作業が進行中の過程にあるときに，もし万一，分析家が実際に死んでしまったとしたら，どんなに外傷的になるか想像してみてほしい。とはいえ，分析家の実際の死でさえ，分析家のなかで仕返しに向かう態度変化が発展することに比べれば，まだましなくらいである。これらは患者が冒さざるをえないリスクである。通常，分析家は転移のなかの動きのこういった諸局面を生き抜いて，その各局面のあとに，無意識的破壊という背景をもつことで強化された，愛という点で報われることになる。

　対象が生き残ることを本質的に含む発達局面という考えは，攻撃性の起源についての理論に大きく影響を与えるように私には思える。生後数日の赤ちゃんが乳房に羨望すると言っても意味がない。しかし，どこかの時点で赤ちゃんが乳房に外的な位置（投影の領域の外側）を許容し始め，それは乳房の破壊が顕著になったことを意味する，と言うのは理にかなっている。私が言っているのは，破壊したいという実際の衝動のことである。母親がすることのなかで重要な一部分は，赤ちゃんに，これから数多く出会うなかの最初の

原注5）患者が拳銃を持ち歩いていることを分析家が知っている場合，この作業をすることは不可能であるように私には思える。

バージョンとなる，生き残られる攻撃を通過させてやる最初の人物になることである。このあたりが子どもの発達のなかでちょうど良い時点である。なぜなら，子どもはまだ相対的に弱いので，子どもによる破壊から生き残ることはごく容易だからである。しかし，そうは言っても，これは油断ならない事柄である。赤ちゃんが噛んだり，痛いことをしたときに，母親はあまりにも簡単に，道徳的な反応をしがちなのである[原注6]。ただ，「乳房」を含めてこうした言いかたは業界用語（ジャーゴン）でしかない。実際には，発達と世話の全領域が含まれ，そこにおいて適応は依存と関係している。

　破壊という言葉を私は使っているけれども，このような実際の破壊は，対象の側の生き残ることの失敗によるものだということが分かるであろう。この失敗がなければ，破壊はあくまで潜在可能性にとどまる。「破壊」という言葉が必要な理由は，赤ちゃんが破壊したい衝動をもっているからではなく，対象が生き残らないかもしれないからである。生き残らないというのは，性質や態度において変わってしまう場合も含んでいる。

　この章での私の提示に含まれているようなものの見かたは，攻撃性の起源という主題全体に対する新しいアプローチを可能にする。たとえば，生得的な攻撃性に対しては，他のすべての生得的要素と同等に与えるべき以上のものを与える必要はない。疑いもなく，生得的な攻撃性は，他の遺伝的要素すべてが個人ごとに異なっているのと同じように，量的な意味で個人ごとに異なるに違いない。これと対比させて言えば，もともと多様な新生児がこの難しい局面を実際に切り抜けさせてもらえるか否かという体験の相違から生じる多様性は，非常に大きいものである。体験の領域でのこういった多様性は，実に測り知れないほどである。さらに言えば，この局面をよく乗り越えさせてもらった赤ちゃんのほうが，よく乗り越えさせてもらわなかった赤ちゃんよりも**臨床的**により攻撃的である傾向がみられ，後者では攻撃性が包摂できない何かになっていたり，〔本人自身が〕攻撃対象になりやすい傾向という形でしか攻撃性が保持できなくなっていたりする。

原注6）実際のところ，すでに歯が生えた状態で生まれてきた場合，赤ちゃんの発達は非常に複雑なものになり，乳房を歯ぐきで噛んでみるという試みが一切できなくなってしまう。

これは，攻撃性の起源についての理論の書き直しを含んでいる。なぜなら，分析家によってすでに書かれていることの大部分は，この章で論じられているようなことには言及せずに定式化されているからである。オーソドックスな理論においては，攻撃性は現実原則との遭遇に対する反応的なものであるという前提が常にあるわけだが，その一方で，ここにおいては，外在性という性質を創りだすのは破壊欲動なのである。これが私の議論の組み立ての中心にある。

　この攻撃と生き残りが，いろいろな関係性の階層のなかで正確にはどの場所にあるのか，ちょっとだけ見てみよう。絶滅（annihilation）は，もっと原始的でまったく違うものである。絶滅は「希望がない」ことを意味する。条件づけを生み出す反射行動を完成させるような結果が皆無なので，備給（カセクシス）が枯れ果ててしまう。また他方で，現実原則との遭遇に関連する怒りからくる攻撃というのは，もっと洗練された概念であって，私がここで仮定している破壊よりも後の時期のものである。私が言うところの対象の破壊には**怒りがない**。ただ，対象が生き残ったときには喜びがあると言えるだろう。このとき以降，あるいはこの局面から生じることとして，対象は**空想のなかで**いつも破壊され続けている。この「いつも破壊され続けている」という性質が，生き残っている対象の現実を現実として感じさせ，情調を強め，対象恒常性に寄与する。いまや，対象は使用されうるようになったのである。

　締めくくりとして，使用することや使用についての注釈を加えたい。私の言う「使用する」という言葉は，「〔搾取的〕利用」という意味ではない。分析家として，私たちは，使われるというのが，どんなふうであるかを知っている。それは，何年か後であるとしても治療の終わりが見える，ということを意味する。私たちの患者の多くは，この問題がすでに解決していて治療に通ってくる――彼らは，対象を使用することができ，私たちを使用することができ，分析を使用することができる。ちょうど彼らが両親やきょうだいや家庭を使用してきたのと同様である。しかしまた他方には，私たちが，私たちを使用する能力を彼らに与えることができることを必要としている，数多くの患者たちがいる。これが彼らにとっての分析の課題なのである。こうい

った患者のニードに応じるうえで，私たちは，彼らの破壊性を私たちが生き残るということについて，ここで私が言っていることを知っている必要があるだろう。分析家に対する無意識的破壊の舞台背景が設置され，私たちはそれを生き残る。そうでないと，ここにまた一つ，終われない分析ができてしまうことになる。

　要　約

　対象と関係することは主体の体験という観点から記述することができる。対象の使用について記述するには対象の性質を考慮に入れる必要がある。私が議論の俎上に載せている点は二つある。一つは，なぜ，私の意見では対象を使用する能力のほうが対象と関係する能力よりも洗練されたものであるのか，その理由であり，もう一つは，対象と関係することにおいては対象が主観的対象でもありうるが，対象の使用のほうは，対象が外的現実の一部であることを含意している，という点である。

　以下のような継起が観察できる。(1) 主体が対象と**関係する**。(2) 対象は主体によって，世界のなかに置かれるのではなく，見出される過程にある。(3) 主体は対象を**破壊する**。(4) 対象は破壊を生き残る。(5) 主体は対象を**使用する**ことができる。

　対象はいつも破壊され続けている。この破壊は，現実的な対象への愛のための無意識的背景となる。現実的な対象とは，主体の万能的コントロールの領域の外側にある対象である。

　この問題の研究は，破壊性のもつ肯定的価値の言明を含んでいる。破壊性に加えて，対象が破壊性を生き残ることが，主体のこころの投影的機制によって設定された諸対象の領域の外側に対象を位置づけるのである。このようにして，共有された現実の世界が創造され，主体はこの世界を使用することができ，そして，この世界は主体のなかへ私-でない実質をフィードバックできるのである。

第7章　文化的体験の位置づけ[原注1]

　　　果てしない諸世界の海辺に，子どもたちは遊ぶ
　　　　　　　　　　　　　　　　　　　タゴール

　本章では，英国精神分析協会が標準版フロイト全集（Standard Edition）の完成を記念して催した祝賀会（1966年10月8日，ロンドン）で私が短く述べたテーマを，さらに発展させたいと思う。ジェームズ・ストレイチー[訳注1]に称賛の意を表して，私はこのように言った。

「フロイトは，彼の心的局所論のなかに，文化的なものの体験のための場所を設けていませんでした。彼は内なる心的現実に新たな価値を与え，このことから実際的で真に外的な事柄にひとつの新たな価値がもたらされました。フロイトは"昇華"という言葉で，文化的体験が意味をもつ場所にいたる道筋を示しましたが，おそらく彼は，文化的体験が心のなかのどこにあるのかを私たちに言うには至らなかったのです。」

　私はこの考えをさらに拡張して，ちゃんと批判的検討もなされうるような，明確な言明をしたいと思う。私は自分自身の言葉を使うつもりである。
　私は冒頭のタゴールからの引用句にいつもこころを惹かれてきた。青年の頃は，それが何を意味しているのか見当もつかなかった。それでもこの句は

原注1）International Journal of Psycho-Analysis, Vol. 50, Part 3（1967）に発表された。
訳注1）James Strachey（1887-1967）は英国の精神分析家，標準版フロイト全集の英訳者。文芸一家に生まれ，編集者を経て，フロイトの教育分析を受けて分析家となる。「変化をもたらす解釈」に関する重要な論文（1934年）がある。ウィニコットは1923年から10年間（27歳～37歳頃）彼から個人分析を受けた。

私のなかでひとつの場所を占め、その印象は色あせることがなかった。

　私がフロイディアンになりたての頃、その句の意味を**知った**。海と浜辺は男と女の果てしない交わりを表わしていて、子どもがこの結合から現れて短い時を過ごし、今度は自らが成人や親となる。その後、私は無意識的象徴性を学ぶようになって、海は母であり、子どもは海辺へと生み落とされるのだと**知った**（人はいつも**知る**のである）。赤ちゃんたちが海から浮び上がってきて、鯨に呑まれたヨナのように陸へと吐き出される。こうして、子どもが生れた後には、海辺は母の身体となり、母親といまや生きる力をもつ赤ちゃんとはお互いを知り始めるのである。

　その後、私が理解し始めたのは、この句は親-乳児関係についての洗練された概念を用いているのであって、これとはまた別に、母親や観察者の観点とは違った洗練されていない乳児の観点があるかもしれないこと、そしてこの乳児の観点を検討してみるならば得るところがあるのではないかということであった。長いあいだ、私のこころは、わからないという状態にとどまり、この状態が移行現象の定式化へと結晶化していった。その間、私は漫然と、「心的表象」の概念をもてあそび、パーソナルな心的現実のなかに位置づけられて内側にあると感じられる対象や現象という観点から、その「心的表象」について記述しようとしてみたりした。また私は、投影と取り入れというこころの機制の作動の影響をたどった。しかし結局、私は、**遊びとは実際のところ、内的心的現実の問題でもなければ、外的現実の問題でもない**ということを了解した。

　こうして私は本章の主題、すなわち次のような疑問にたどり着いた。**もし遊びが内側にも外側にもないとしたら、一体どこにあるのか？**　その頃の私の考えは、「ひとりでいられる能力（The Capacity to be Alone）」(1958b)[訳注2]という論文のなかで私が表現している考えにかなり近づいていた。私はこの論文で、子どもは最初、誰かがいるところでしかひとりになれない、と述べた。しかし、この論文では、子どもとそこにいる誰かとのこういった関係性における共通の場という考えを発展させることはなかった。

訳注2)『情緒発達の精神分析理論』（牛島定信訳、岩崎学術出版社、1977年）所収。

第7章　文化的体験の位置づけ　*133*

　遊びはどこにあるのか，という問いに対する答えの見つけかたを，私の患者たちが（とくに転移または転移夢のなかで退行的・依存的になったときに）教えてくれた。自分の精神分析的作業のなかで学んできたものを，私はひとつの理論的言明に凝縮したいと思っている。

　乳児が最初の私-でない所有物，つまり移行対象を用いているのを目にするとき，私たちははじめての象徴の使用とはじめての遊びの体験の両方を目撃しているのだ，と私は主張してきた。移行現象に関する私の定式化の本質的な部分は，決して赤ちゃんに向かって，「その対象はあなたが創造したのか，それとも，ちょうどよくそこにあったのを見つけたのか」と問い詰めたりしないと同意することである。つまり，移行現象と移行対象の本質的特徴は，それらを観察するときの私たちの態度の性質にあるのである。

　その対象は，赤ちゃんと母親（または母親の一部分）との結合（ユニオン）の象徴である。この象徴は位置づけることが可能である。母親が，（赤ちゃんのこころのなかで）乳児と融合していたり，思い懐かれるよりもただ知覚される対象として体験されていたりする状態から，移行しつつあるときの時間的および空間的な場所にこの象徴は位置づけられうるのである。ある対象の使用は，赤ちゃんと母親といういま互いに分離した存在の，**分離状態の始まりの時間的・空間的な点における**結合を象徴している[原注2]。

　この考えを考察しようとすると，そこには最初から厄介に入り組んだ状況が存在している。つまり，赤ちゃんによる対象の使用が何らかのものになっていくとすれば（つまり，無脳症の赤ちゃんでも見られる活動より以上のものになるとすれば），乳児のこころ，あるいはパーソナルな心的現実のなかに，対象のイメージが整えられ始めているはずだと仮定する必要がある，という点である。しかし，内的世界で心的表象が意味あるものとして保たれ，あるいは内的世界でイマーゴが生き生きとした状態に保たれるのは，外的で分離した実際の母親の応答性や，子どもに対する彼女の世話の技術を通して

[原注2] 対象の使用という言葉を使って話を単純化することが必要だが，私の元々の論文の表題は「移行対象と移行現象」（1951）というものだった。

与えられる強化によるのである。

　以上のことを，時間的要因というものにそれ相応の重みを与えて定式化してみるなら，おそらく意味があるだろう。母親が存在しているという感覚は x 分持続するものとする。もし母親が x 分以上離れていると，イマーゴは消え，それとともに結合の象徴を使用する赤ちゃんの能力は途絶えてしまう。赤ちゃんは苦しむが，この苦しみは母親が $x + y$ 分後に戻ってくれば直ちに**修復される**。$x + y$ 分後なら，赤ちゃんは変化を起こさなかったのである。しかし，$x + y + z$ 分後となると，赤ちゃんは**心的外傷を受けてしまう**。$x + y + z$ 分後では，母親が戻ってきても赤ちゃんの変化した状態を修復できない。心的外傷は赤ちゃんがその生の連続性に亀裂を体験したことを含意するので，こんどは原始的防衛が，「想像を絶する不安（unthinkable anxiety）」の反復や初期の自我構造の解体による急性混乱状態の回帰に対する防衛のために，組織化され始める。

　大多数の赤ちゃんは，この $x + y + z$ という量の剥奪を決して体験しないのだと想定しなければならない。このことが意味するのは，大多数の子どもたちは，かつて狂っていた体験からの知識を一生涯もち続けることはない，ということである。ここでいう狂気とは，ただ単に，**存在のパーソナルな連続性**の時間に存在しうるものすべての**断裂**（break-up）を意味している。$x + y + z$ の剥奪から"回復"した後，赤ちゃんは，**パーソナルな始まりとの連続性**をもたらすことのできる根っこを永久に剥奪されたまま，再出発しなければならなくなる。以上のことは記憶システムと記憶の組織化の存在を含意している。

　これとは対照的に，$x + y + z$ の度合いの剥奪の影響を受けても，赤ちゃんは，自我構造を修復してくれる母親の限局された甘やかし（spoiling）によって，その影響からたえず**癒され**ている。この自我構造の修復が，結合の象徴を使用する赤ちゃんの能力を再確立する。そうなると，赤ちゃんはまた分離を許容するようになり，分離から利益を得るようにさえなるのである。**これが私の検討しようとしている場所であって**，単なる分離ではなく，結合の一形式であるような分離である[原注3]。

1940年代前半，私のなかでこれらの考えが発展しつつあった段階の重要な時点で，マリオン・ミルナーが，二枚のカーテンの端どうしの相互作用や，水差しの前に置かれた別の水差しの表面の相互作用がもちうる途方もない重要性を（会話のなかで）私に伝えてくれた（Milner 1969 参照）。

いま私が述べている現象には，絶頂感（climax）がないということを特記する必要がある。この点がこういった現象と，他方で恍惚的（orgiastic）要素が本質的役割を演じるような，満足が絶頂感と密接に結びついている，本能的背景をもつ現象とを峻別しているのである。

しかし，私がその存在を仮定している領域で現実性をもつこういった現象は，対象と関係することの**体験**に属している。誰でも，意義深い接触や親密な接触のなかで生じるような"電気が走る感覚"を思い浮べることができるだろう。それは，たとえばその二人が恋をしている場合などに特徴的である。遊びの領域のこれらの現象は限りなく変幻自在であって，他方でパーソナルな身体機能や環境的現実にかかわる諸現象が比較的型にはまっているのとは対照的である。

本能体験や欲求不満に対する反応の意味を的確に強調した精神分析家たちも，遊ぶことと呼ばれる，この絶頂感のない体験の著しい強度については，それほどの明確さや確信をもって述べることができなかった。精神神経症的な病気と，本能的生活から起る不安に関連した自我防衛を扱うことから出発しているため，私たちは自我防衛の状態という観点から健康を考える傾向がある。私たちは，これらの防衛が硬すぎない等々の場合に健康であると言う。しかし，病気の有無からは離れて人生がどんなふうであるかを記述し始められるところまで，私たちが到達することはほとんどない。

つまり，私たちはこれから，**人生そのものがいったい何なのか**，という疑

原注3）メレル・ミドルモア（Middlemore 1941）は，〔赤ちゃんと養育者という〕養育カップル（nursing couple）の複雑に入りくんだ技術に，限りない豊かさを見出した。そこでの記述は，私がここで述べようとしていることに近い。赤ちゃんと母親のあいだに存在しうる（存在しない場合もある）身体的関係性というこの領域には，観察のさいに（直接観察であれ精神分析であれ）ただ単に口唇エロティシズムの満足や欲求不満などといった観点だけから考えてしまうのでないかぎり，私たちが観察し楽しむことができる，実に豊かな素材が存在する。

Hoffer（1949, 1950）も参照のこと。

問に取り組まなければならないのである。精神病の患者は私たちに，否応なくこの種の基本的問題に目を向けさせる。いまや私たちは，赤ちゃんが存在しはじめるのも，生は現実的(リアル)で人生は生きる価値があると感じるようになるのも，本能満足によるのではないと分かっている。事実，本能充足は部分-機能として出発するのであって，全体体験や移行現象領域での体験をする能力が個人のなかによく確立されていないと，それらは**誘惑**（seductions）になってしまう。自己が本能を使用するためには，それに先行して自己が存在していなければならない。騎手は駆ける馬に翻弄されるのではなく，馬を御さなければならない。ビュフォンの格言「文は人なり」'Le style est l'homme même' を引くこともできるだろう。ある人物について語るならば，彼の文化的体験の総和**をも同時に**語ることになる。全体がひとつの単一体をなしているのである。

私は文化的体験という言葉を，移行現象や遊びという考えの延長として使ってきたが，「文化」という言葉を定義できるという確信があるわけではない。実際，強調点は「体験」のほうにある。また私は，文化という言葉を使うとき，受け継がれた伝統ということを考えている。私が考えているのは何か人間性の共有の貯水池のなかにあるようなもので，それは個人や人々の集団がそこに何かを提供したり，**私たちが見出すものを置く場所があるならば**，私たち皆がそこから引き出したりできるようなものである。

これは記録方法の種類に大きく依存することになる。たしかに初期の文明のうち非常に多くのものが失われている。しかし，口承の産物であった神話のなかに，6,000年にわたる人類の歴史をあらわす文化の貯水池（cultural pool）があると言えよう。神話を通じた歴史は，歴史家たちの客観的であろうとする努力にもかかわらず，現在まで存続している。歴史家たちは努力を続けねばならないが，完全に客観的になることは決してできないだろう。

おそらく私は，文化という言葉の意味について，私が何を知っていて何を知らないか，その両方を示すのに必要なことを充分に述べたと思う。ただ，話の本筋からは外れるが，私が興味をおぼえるのは，どのような文化的分野であれ，**伝統という基礎がなければ独創的にはなりえない**，ということであ

る。それとは逆に，文化的貢献をする人は誰でも，意図的な引用を除いて，人の言ったことをそのまま繰り返したりはしない。文化の領域での許しがたい罪は剽窃である。創意（inventiveness）の基礎としての伝統受容と独創性との相互作用は，分離と結合との相互作用のもう一つの例であり，それも実にエキサイティングな好例であるように私には思える。

　私はこの話題を，赤ちゃんのごく早期の体験という側面からもう少し追究しなければならない。この時期には，母親の赤ちゃんへの同一化に基づいた，赤ちゃんのニードへの極度に敏感な適応により，赤ちゃんのさまざまな能力が開始され，個体発生的に実現されつつある。（私がここで言っているのは，赤ちゃんが複雑な防衛の組織化に利用できるような心的機制を獲得するよりも以前の成長段階のことである。繰り返し言うが，人間の乳幼児がその成熟を深いものにするためには，早期の体験からかなりの道程を歩まなければならない。）

　この理論は，私たちが精神神経症の病因や精神神経症患者の治療に関して信じるようになった事柄に影響を与えることはないし，自我・イド・超自我に関するフロイトの構造論と衝突することもない。私の言っていることが影響を与えるのは，人生とはいったい何なのか，という疑問に対する私たちの見方である。あなた方は患者を治癒させつつも，その人をして生き続けようとさせるのが何なのかは分からないかもしれない。精神神経症的な病気のないことが健康なのだろう，と私たちがオープンに認めることは第一に重要ではあるが，それが人生だというわけではない。生きていることと生きていないことのあいだを常に漂っている精神病患者は，否応なしにこの問題へと私たちの目を向けさせる。それは**精神神経症患者だけでなく，すべての人間の**問題なのである。私が主張しているのは，スキゾイドや境界例の患者にとって生死にかかわるこれら同じ現象が，私たちの文化的体験に現れるのだということである。人類にパーソナルな存在を超越した連続性を与えるのは，これらの文化的体験である。私の考えでは，文化的体験は遊びと直接的に連続しており，いまだゲームのことなど聞いたこともない人々の遊びと直接に連続しているのである。

主要な命題

さて，私の主要な言明は以下の通りである。私はこう主張している。

1. 文化的体験が位置づけられる場所は，個人と環境（元々は対象）のあいだの**可能性空間**である。同じことが遊ぶことにも言える。最初は遊びのなかに表出されてくる創造的に生きることから，文化的体験が始まる。

2. すべての個人にとって，この空間の使用は，個人の存在の早期段階に起こる**生活体験**によって決定づけられる。

3. 赤ちゃんは初めから，私-の延長（me-extensions）と私-でないもの（not-me）とのあいだの，**主観的対象と客観的に知覚される対象とのあいだの可能性空間**で，最高度に強烈な体験をしている。この可能性空間は，私-しかいないことと，対象がいて万能的コントロールの及ばない現象があることとのあいだの相互作用の只中にある。

4. ここですべての赤ちゃんは，赤ちゃん自身の好ましい体験または好ましくない体験をする。依存が最大限になっている。可能性空間は，赤ちゃんの側の**確信の感情**（feeling of confidence）**との関連**でのみ生じてくる。この確信は，母親的人物または環境的諸要素の依存可能性と関連しており，依存可能性が取り入れられつつある証拠である。

5. 遊びを研究し，個人の文化的生活の研究へと進むためには，誰か一人の赤ちゃんと，愛ゆえに本質的には適応していく人間的な（したがって誤ることもある）母親的人物とのあいだの，可能性空間がたどる運命を研究しなければならない。

もしこの領域を自我組織の一部と見なすとしたなら，その領域は身体自我ではない自我の一部であって，身体**機能**のパターンに根ざすのではなく，身体**体験**に根ざしているということが分かるだろう。これらの体験は，恍惚的（オルギア）でない種類での対象と関係すること，あるいは自我-関係性（ego-relatedness）と呼べるものに属しており，**連続性**（continuity）が**隣接性**（contiguity）に

地位を譲りつつあると言える場所で起こるのである。

議論の続き

　以上のような言明から，この可能性空間のたどる運命の検討が必要となる。ただし，可能性空間は，発達しつつある個人の心的生活のなかで主要な領域として目立ってくることもあれば，そうならないこともある。

　もし母親が，十全に適応している位置から適応の段階的な失敗を開始することができるならば，何が起こるだろうか。これが話の核心である。この問題の研究が必要な理由は，依存的になるという意味で退行している患者を担当しているときの，私たちの分析家としての技術に影響を与えるからである。このマネジメント（ごく早期に始まり，そして何度も改めて出発する）の領域での平均的なよい体験のなかで，赤ちゃんは想像的遊びに関連した，強烈で苦しいほどの快楽を見出す。そこに既成のゲームはなく，すべてが創造的である。そして，遊ぶことは対象と関係することの一部であるが，そこで起こることはすべて赤ちゃんにとってパーソナルなことなのである。身体的なものはすべて想像的に精緻化され，いまだかつてなく初めてという性質を賦与される。これが"備給"という言葉にこめられた意味である，と言うこともできるだろうか？

　私は，フェアバーン（Fairbairn 1941）の"対象-希求的"（"満足-希求的"との対比で）という概念の域に，自分が足を踏み入れているのが分かる。

　私たちは観察者として次のようなことに気づいている。すなわち，遊びのなかに現われるものはすべて，以前に行われ，以前に感じられ，以前に嗅がれたものであること，そして，赤ちゃんと母親の結合の特殊な象徴（移行対象）が現れるところでは，それらの対象は採用されたものであって，創造されたものではないことである。しかし，**赤ちゃんにとって**，（もし母親が適正な条件を供給できれば）赤ちゃんの生活の細部はどれをとっても創造的に生きることの実例である。すべての対象は"見出された"対象なのである。機会を与えられれば，赤ちゃんは創造的に生き始め，創造的になるために現

実の対象を使用するようになる。その現実の対象の内に向けて，そしてそれをもちいて創造的になるのである。もし赤ちゃんがこういった機会を与えられなければ，赤ちゃんが遊べるような，あるいは文化的体験をもてるような領域はない。その結果，文化的に受け継いだものとの結びつきはなくなり，文化の貯水池(プール)に対する貢献もなくなるだろう。

　"被剝奪児"（deprived child）はよく知られているように落着きがなく，遊ぶことができず，文化的領域での体験をする能力に乏しい。このような観察所見は，頼りになる（reliable）として受け容れるようになった存在を喪失したさいの，剝奪の影響の研究につながる。早期乳幼児期のどの時期であれ，そこでの喪失の影響を研究していくと，私たちは中間領域に，あるいは主体と対象のあいだの可能性空間に注目せざるを得なくなる。依存可能性の失敗あるいは対象の喪失は，子どもにとって遊びの領域の喪失と意味深い象徴の喪失を意味する。好ましい状況では，可能性空間が赤ちゃん自身の創造的想像力の産物で満たされるようになる。しかし，好ましくない状況では，対象の創造的使用が欠けていたり，あるいは相対的に不確実であったりする。私は別の論文で（Winnicott 1960a），どのようにして迎合的な偽りの自己という防衛が出現し，対象の創造的使用の可能性をもつ真の自己を覆い隠すのかについて述べた。

　環境の信頼性（reliability）の失敗が時期尚早に起こった事例には，それとはまた別の危険もある。この可能性空間が，赤ちゃん以外の誰かから注入されたもので満たされてしまうかもしれない危険である。この空間にあっては，他の誰かから来たものは何であっても迫害的な素材のようであり，そして赤ちゃんにはそれを拒絶する手段がない。分析家はくれぐれも，確信の感情や，遊びが生じうる中間領域を創造したあとに，実際には分析家自身の創造的な想像力からきている解釈をその領域に注入したり，それによって膨満させてしまったりしないように気をつけなければいけない。

　ユング派の分析家フレッド・プラウト[訳注3]が書いた論文（Plaut 1966）から引用すれば，

「イメージを形成し，それらを新しいパターンへと組み換えて建設的に使う能力は――夢や空想とは違って――その個人の信頼する力によるのである。」

　この文脈における**信頼**（trust）という言葉は，分離と独立を享受し活用する以前の，依存が最大限になっている時期に，体験にもとづいて確信（confidence）を築いていくこと，という言葉で私が意図しているものへの理解を示している。
　精神分析理論にとって，この**第三の領域**，すなわち，遊びの派生物である文化的体験の領域に，敬意を払うときが来たように思う。精神病患者は私たちがその領域について知ることを強く求めているし，人間の健康というよりも人生のアセスメントにおいて，その領域は非常に重要なのである（他の二つの領域とは，内的あるいはパーソナルな心的現実と，個人がそのなかで生きている実世界である）。

　要　約

　私は，創造的に生きることや人間の文化的生活の全体にまで広がる，第三の領域，つまり遊びの領域の，理論と実践の両面での重要性に注意を促そうとしてきた。この第三の領域が，内的あるいはパーソナルな心的現実や，個人がそのなかで生活し客観的に知覚できる実世界と対比して示された。私は，この重要な**体験**の領域を，個人と環境のあいだの可能性空間のなかに位置づけた。それは，人間的な信頼性として示され顕在化される母親の愛が，実際に赤ちゃんに環境的要因への信頼感や確信感を与えるとき，最初に赤ちゃんと母親を結びつけるとともに分離させるものなのである。
　この可能性空間は（個人によって）著しく変動しやすい要因である，とい

訳注3）Fred Plaut（1913-2009）はドイツ生まれの医師でユング派分析家。ロンドンで同じユング派のマイケル・フォーダムらと並んで活躍し，晩年はドイツに移住した。『ユング心理学辞典』（創元社，原書1986年刊）の著者の一人である。

う事実に注意を促した。これに対して、他の二つの場所、すなわちパーソナルまたは心的な現実と実世界は、比較的一定していて、一方は生物学的に決定されたものであり、もう一方は共有財産である。

　赤ちゃんと母親、子どもと家族、個人と社会または世界のあいだの可能性空間は、信頼へとつながる体験に依拠している。個人が創造的に生きることを体験するのはここであるという意味において、この可能性空間は個人にとって神聖なものと見なすことができる。

　それとは対照的に、この領域が搾取的に利用されてしまうと、個人が自分では決して取り除けない迫害的要素にまみれて混乱した、病理的な状態につながる。

　おそらくこのことから、分析家にとって、この場所の存在を認識することがどれほど重要でありうるかが分かるだろう。この場所は、遊びが始まりうる唯一の場所であり、連続性−隣接性の瞬間にある場所であり、移行現象が生まれるところである。

　「文化的体験はどこに位置づけられるのか？」という私自身の問いに対して、私なりに答え始めることができていることを望むばかりである。

第8章　私たちの生きている場所[原注1]

　ここでは，場所（place）という言葉を抽象的な意味で使いながら，人生を体験しているときの大半の時間に私たちがいる場所について吟味してみたいと思う。

　ふだん使っている言葉から，私たちが場所という問題に自然な関心をもっていることが分かる。たとえば，私が混乱**のなか**にいるとしよう。その混乱から這い出すか，事態の整理に努めるかすることで，少なくとも一時的には，**自分がどこにいるか**わかるようになる。あるいは，私は**海にいる**〔at sea；途方に暮れている〕と感じているとして，何とか方角を確かめ，港に着こうとする（嵐来たれば港を選ばず，という諺もある）。そのあと，陸に上がったら，私は砂ではなくて岩**のうえ**に建てられた家を探す。そして，（イギリス人の私にとって）自分の城である私自身の家**のなかで**，天国**にいる**気分を味わう。

　ふだんの言葉づかいを何一つ変えることなく，外的（または共有された）現実の世界での自分の行動を語ることができるし，地面にうずくまって自分の臍をじっと眺めながら内的あるいは神秘的な体験をもつこともできる。

　おそらく，内的（inner）という単語を，心的現実を指すために用いるのはむしろ近代的な用法であろう。このような用法は，情緒的成長やパーソナリティ確立の進展にともなってパーソナルな豊かさが築き上げられていく（または貧しさが示される）内面というものの存在を主張していることにもなる。

　こうして，二つの場所があることになる。個人の内側と，外側である。しかし，それですべてなのだろうか？

原注1）これは前章のテーマの語り直しであり，他の異なる聴衆のために書かれた。

人間の生を考えるとき，行動の側面から，または条件反射や条件づけの側面から表層的に考えることを好む人たちがいる。ここから行動療法と呼ばれるものが出てくる。しかし，私たちの大部分は，好むと好まざるとにかかわらず無意識に動機づけられている個々人の，観察可能な外向的生活や行動だけに限局して考えることには飽き足らなく思っている。また，それとは対照的に，「内的な」生活を強調する人たちがいる。その人たちは，神秘的な体験に比べれば，経済の影響や飢餓さえ必ずしも重要ではないと考えている。この後者に属する人たちにとって，無限というのは自己の中心にあるものだが，一方，外的現実の側面から考える行動主義者にとって，無限といえば，月を越えて星々に至るとか，時の始まりと終わりとか，時には始まりも終わりもないとかいった話になる。

　私は，このような両極端のあいだに分け入ってみたいと思う。もし私たちが自分たちの生をよくよく見つめてみれば，私たちは大部分の時間を，行動でもなく，冥想でもなく，別のどこかで過ごしていることにおそらく気づくだろう。私は「どこで？」と問い，そしてひとつの答えを提示しようと試みる。

中間領域(intermediate zone)

　精神分析の論文や，フロイトの影響を受けた膨大な文献には，対象と関係するものとしての人間の生か，**あるいは個人の内的な生か，どちらか一方**について考える傾向が見られる。対象と関係している個人の生には，本能-満足へと駆りたてる緊張状態か，あるいは充足の安逸に浴している状態か，そのどちらかが仮定されるという前提になっている。さらに完璧を期した言い方をするためには，置き換えや，あらゆる昇華機制といった概念も用いられることになるだろう。興奮が満足に結びつかなかった場合，人は欲求不満が引き起こす不快にとらわれる。この不快には，身体的機能障害や，罪悪感，あるいはスケープゴートや迫害者を発見することによる安堵も含まれる。

　神秘的な体験について言えば，精神分析の文献によると，私たちがいま見

ている人間というのは，眠って夢を見ているか，あるいは目が覚めていれば夢作業にかなり近い過程を覚醒のうちに体験しているか，そのどちらかなのである。そこにはあらゆる気分があり，その気分の無意識的空想には，一方では理想化から，他方では良いものすべての破壊という恐怖まで，大いに幅がある。これらは，有頂天か絶望か，あるいは，身体的な健康か病気の感覚や自殺衝動か，といった両極端をもたらすものである。

いま述べたことは，膨大な文献を大いに単純化し，さらに言えば歪曲した，駆け足での概説である。しかし，私は包括的な言明をしようとしているわけではないので，精神分析の文献に書かれた言葉が私たちの知りたいことを語ってくれない，などと指摘するつもりはない。私たちの知りたいことは，次のようなことである。たとえば，私たちがベートーベンの交響曲を聴いたり，美術館に出向いたり，ベッドの中で『トロイラスとクレシダ』[訳注1]を読んだり，テニスをしたりしているとき，私たちは何をしているのだろうか？　子どもが母親の庇護のもとで，床に座って玩具で遊んでいるとき，子どもは何をしているのだろうか？　ティーンエイジャーのグループは，ポップコンサートに参加しながら，何をしているのだろうか？

「私たちは何をしているのだろうか？」だけではない。「私たちは（もしどこかにいるとすれば）どこにいるのだろうか？」という問いも提起される必要がある。私たちは内側と外側という概念を使ってきたが，第三の概念が必要である。私たちが実際のところ非常に多くの時間，自分たちのやることをやっているとき，つまり楽しく過ごしているとき，私たちはいったいどこにいるのだろうか？　昇華という概念は本当にあらゆるパターンを説明できるのだろうか？　「内的」と「外的」という用語では適切に言い表すことのできない，生きていることの場所が存在する可能性を検討することによって，私たちに何か得るところがあるだろうか？

ライオネル・トリリング（Trilling 1955）は彼のフロイト記念講演のなか

訳注1）W. シェイクスピア（1564-1616）の戯曲。古代ギリシャのトロイア戦争を舞台にした悲劇であるが，猥雑な喜劇が混在し，彼の戯曲中で「最も困惑させられる，意味のつかみにくい（ambiguous）」（米国の作家J. C. オーツによる評言）作品とされる。

でこう言っている。

> 「［フロイトが，"文化"という］言葉を使うとき，そこには敬意をこめた語調がある。しかし同時に，どうしても私たちには聞き取れてしまうのだが，彼が文化について語っているものには，まぎれもなく憤怒と抵抗の響きがある。フロイトの文化への関係は，両価的なものとして述べられなければならない。」

この講演のなかでトリリングは，使っている言葉こそ大きく違うものの，ここで私が言及しているのと同じような不十分さについて述べている。

私が目を向けているのは，成人が高度に洗練されたかたちで，生きることや美や人間の抽象的創作物を享受することに対してであるが，それと同時に，赤ちゃんが母親の口へと手を伸ばして歯に触れるとともに，母親の目をのぞきこみ，創造的に母親を見ている，そういった赤ちゃんの創造的なジェスチュアにも目を向けていることが分かるだろう。私からみれば，遊ぶことは自ずと文化的体験につながり，さらにはその基礎を形成するのである。

さて，もし私の論議が的を射ているとしたら，私たちには相互に対比される人間的状態が，二つではなく，三つあることになる。これら三種の人間的状態を見てみると，私が文化的体験（あるいは遊ぶこと）と呼んでいるものを他の二つと明瞭に区別する，ある固有の特徴があることが分かる。

まず，外的現実や，対象と関係することと対象の使用という意味での個人の外的現実との接触に目を向けると，外的現実そのものは固定的（fixed）であることが分かる。さらに，対象と関係することや対象の使用に対して支援を提供する本能的資質も，それ自体は個人にとって固定的である。もっとも，そういった資質は，時期や年齢によって，また，本能欲動を利用する個人の自由さの度合いによって変動する面もある。精神分析の文献のなかでかなり詳細に定式化されてきた法則に従って，この自由さの度合いは人によって違ってくるのである。

次に，内的な心的現実に目を向けてみよう。単一体としての自己（a unit

self）の確立は，内側と外側や境界膜が存在していることを意味するが，これを含めて成熟した統合があるていど達成されている限り，この内的な心的現実は個々人のパーソナルな所有物である。ここにもまた，遺伝，パーソナリティの組織化，取り入れられた環境的要因，投影されたパーソナルな要因といったものに由来する固定性がみられる。

これらとは対照的に，生きることの第三の方法の展開が利用できる領域（文化的体験や創造的に遊ぶことがあるところ）は，人によって極度に多様であるということを私は示唆したい。なぜなら，その第三の領域は，取り巻く環境のなかでの**個々の人間**（赤ちゃん，子ども，青年，成人）**の体験**の産物だからである。そこには特有の多様さがあって，それは内的でパーソナルな心的現実や，外的あるいは共有された現実の現象にみられる多様さとは質的に異なっている。この第三の領域の広がりは，実際の体験の総量に応じて，非常に小さい場合もあれば，著しく大きい場合もある。

いまここで私のこころをとらえているのは，この特別な種類の多様さであり，これからその意味を検討したいと思う。私はこの検討を，文化的体験（遊び）が"場所を得る〔take place；生起する〕"と言える，その位置に関して行いたいと思う。

可能性空間

ここで私は，以下の命題の，ひとつの考えとしての価値を議論の俎上に載せたい。すなわち，創造的に遊ぶことや文化的体験が生じる位置は，それが最も洗練された発展形をとる場合も含めて，赤ちゃんと母親のあいだの**可能性空間**にほかならない，という命題である。私が言っているのは，赤ちゃんが対象を"私-でないもの"として離絶する段階で，つまり対象との融合の終わりに，赤ちゃんと対象（母親または母親の一部）とのあいだに存在する（けれども存在しえない）仮説的な領域のことである。

赤ちゃんは母親と融合している状態から，母親を自己から分離する段階へと至り，母親は，赤ちゃんのニードに対する彼女の適応の度合いを減らして

いく（そうする理由は，母親自身が赤ちゃんへの高度の同一化から回復するからでもあり，また，赤ちゃんの新たなニード，つまり母親を分離した現象にしようとするニードを母親が認識するからでもある）[原注2]。

　これはまさしく，すべての精神医学的治療において遅かれ早かれ到達することになる危険領域と同様のものである。患者が，分析家の信頼性やニードへの適応，喜んで患者に没頭しようとする姿勢などによって，安全だと感じ，生きていける感じをもつと，今度はそれを振り払って自律性を達成することへのニードを感じ始める。赤ちゃんの母親に対する関係と同じように，治療者の側に患者から手を離せるこころの準備がなければ，患者は自律的にはなれないが，しかし同時に，患者と融合している状態から離れようとする治療者側のあらゆる動きに対して険しい疑惑の目が向けられてもいるので，いつ大惨事が起こってもおかしくないのである。

　ある少年の紐の使用について述べた実例（第1章）のなかで，二つの対象が紐によって**結びつけられ，かつ，分離されている**ことに私が言及したのをご記憶のことと思う。これは，私が受け容れるけれども解決しようとは思わない，ひとつの逆説（パラドックス）である。赤ちゃんが対象の世界を自己から分離することが達成されるうえでは，あいだに空間がないこと，つまり，**可能性**空間が私の記述しているようなかたちで充たされることが必要なのである。

　このように言えるだろう。人間において，分離はありえないのであって，ありうるのは分離の脅威だけである。そして，その脅威が外傷的となる度合いは，最初期の分かれていくことの体験がどのようなものであるかによって，最大限にもなれば最小限にもなるのだ，と。

　すると，こう尋ねる人があるかもしれない。それでは主体と対象，赤ちゃんと母親の分離が，実際に起こるように見えるのはどういうわけなのか？　その分離はそこに関与する全員にとって有益のようだし，ほとんどの場合うまくいくではないか？　分離が不可能であるにもかかわらず，こうなるというのか？　（この逆説は耐容されなければならない。）

原注2）私はこの命題について，論文「原初の母性的没頭」（1956）〔北山修監訳『小児医学から精神分析へ』岩崎学術出版社・所収〕のなかで詳しく論じた。

それに対する答えは、こうなるだろう。赤ちゃんの生の**体験**のなかで、実際には母親または母親的人物との関係のなかで、母親の信頼性に対する確信（confidence）が発展してくるのが普通である。あるいは（心理療法に関して言えば）、患者は治療者の思いやりが、依存してくる者を求めるニードから来るのではなく、「もし私があなたの身になったとすれば……」という気持ちから患者に同一化する治療者の能力に由来しているのを感じ始める。言い換えれば、母親または治療者の愛は、単に依存のニードに応えることだけを意味しているのではなく、この赤ちゃんまたはこの患者に、依存から自律へと動く機会を供給することをも意味するようになるのである。

愛がなくても赤ちゃんに**授乳する**ことはできるが、愛のない、またはパーソナルでない**マネジメント**では、自律性のある人間の子どもを新しく生みだすことには成功しえない。信頼と信頼性のあるところに可能性空間がある。そこは限りのない、分離の領域となることができ、そこを赤ちゃん、子ども、青年、成人が遊ぶことで創造的に充たすことができる。そして時とともに、この遊ぶことが文化的遺産の享受となっていくのである。

遊びと文化的体験が位置を占めるこの場所に固有の特徴は、**それが存在するかどうかは生活体験によるのであり**、遺伝的傾向によるのではない、という点である。ある赤ちゃんは、母親が赤ちゃんから分かれていくときに敏感なマネジメントを与えられて、遊びのための領域は広大なものとなる。一方、別の赤ちゃんは、この発達上の時期にごく乏しい体験しか持つことができず、内向または外向というかたちでしか発達の機会が得られなくなる。後者の場合、可能性空間には何の意味もない。なぜなら、母親側の信頼性に応じて形成される信頼感がなかったからであり、したがってリラックスした自己実現もなかったからである。

より恵まれた赤ちゃん（子ども、青年、成人）の体験においては、分かれていく時点で分離の問題が生じてこない。なぜなら赤ちゃんと母親のあいだの可能性空間に、リラックスした状態から自然に生じるような、創造的な遊ぶことが現れるからである。外的世界の現象と、個別の人間(パーソン)の現象とを同時にあらわす象徴の使用が発展するのは、まさにここにおいてである。

私がいま第三の領域として提唱しているもののために，他の二つの領域が重要性を失うわけではない。もし私たちが本当に人間というものを検討しているのであれば，ひとつの所見がまた別の所見と重ね写しにされる（superimposed）ようなかたちでの観察所見が求められるはずである。個々人は間違いなく，直接的であれ昇華という形であれ，本能充足に従事するようなやりかたで世界と関係している。また他方で，私たちは，眠りや，パーソナリティの核にある深い夢見（dreaming），黙想，リラックスして方向性もまとまりもない想念，といったものの最大級の重要性もよく知っている。それでもやはり，私たちは遊ぶことと文化的体験に特別なかたちで価値を置いているのである。これらは過去と現在と未来を結びつけ，**時間と空間を占め**，私たちの意図的注意の集中を要求して獲得する。ただし，意図的注意とは言っても，そこには努力による過度の意図性はない。

　母親は，パーソナリティや性格が徐々に進展しつつある赤ちゃんや子どものニードに適応し，この適応が母親の信頼性の手段となる。しばらくのあいだ赤ちゃんがこの信頼性を体験することによって，赤ちゃんや成長しつつある子どものなかに確信の感覚が生じてくる。赤ちゃんが母親の信頼性を確信し，それによって他の人々や事物の信頼性を確信することで，"私"から"私-でないもの"を分けることが可能になる。しかし同時に，可能性空間を，創造的に遊ぶことや，象徴の使用，そしていずれ文化的な生となっていくあらゆるもので充たすことによって，分離は回避されると言える。

　こういった確信が形成されなかったために，可能性空間がごく限られてしまい，遊ぶ能力が阻害されている，ということが多くの人に見られる。また同様に，本人自身は文化的知識のための場所（place）をもつようになっていたのだが，その子の人的世界を構成する人たちの側が，パーソナリティ発達上の好適な時期に文化的要素を導入することに相対的に失敗したために，遊びや文化的な生が貧困になっているという場合もまた数多く見られる。当然ながら，実際に子どもを育てる人たちの側に，文化的知識が相対的に欠けていたり，文化的遺産に触れる機会がそもそもなかったりすることから限界が生じることになる。

そこで，本章で述べているこの点に関して第一に必要なことは，信頼ゆえに子どもが創造的に遊べる可能性空間が存在するようになるために，すべての子どもの発達の早期段階において，赤ちゃん-母親，および赤ちゃん-親という関係が保護されることである。

　第二に必要なことは，どんな年代の子どもであっても，子どもの世話をする人は，個々の子どもがその年代相応の能力や情緒年齢や発達段階に応じて，文化的遺産のちょうどよい要素に触れられるようにしておくということである。

　このように，個人の内側でもなく，外側の共有された現実の世界でもない，人間生活の第三の領域を考えることが役に立つ。この中間の生活は，可能性空間に位置を占めていて，赤ちゃんと母親のあいだの空間と分離という考えやこの現象から発展するすべてを否定するものと見なすことができる。この可能性空間は個人ごとに大きく異なり，その基盤となるのは，"私"から"私-でないもの"を分離する臨界的な段階に，すなわち自律的自己の確立が最初の段階にあるときに，赤ちゃんの母親への信頼が充分に長い期間にわたって**体験される**ことである。

第9章　子どもの発達における
　　　　母親と家族の鏡-役割[原注1]

　個人の情緒的発達において，**鏡の前駆となるのは母親の顔である**。私はこのことの正常な側面と，その病理にも触れたいと思う。

　ジャック・ラカンの論文「鏡像段階」（Lacan 1949）が私に影響を与えたのは確かである。彼は各個人の自我発達における鏡の使用について述べている。しかしラカンは，これから私が述べたいと思っているような，母親の顔という観点から鏡について考えてはいない。

　私が述べるのは視力のある幼児に関してだけである。ここでの考えを，さらに広げて弱視と全盲の幼児を含めて適用するのは，主要なテーマの言明が終わった後にしなければならない。ごく基本的な言明は，以下のようになる。人間の乳幼児の情緒的発達の早期段階では，乳幼児がまだ実際には自分自身から分離させていない環境というものが，非常に重要な役割を果たしている。"私"から"私-でないもの"を分離させることは徐々に起こるのであって，そのペースは各々の子どもによって，また環境によって実にさまざまである。主要な変化が，母親を客観的に知覚された環境側の特質として分離していくなかで生じる。もし母親となる人間がそこに誰もいなければ，幼児の発達の課題は際限なく複雑で困難なものになる。

　環境側の機能を単純化して，簡潔に，次のようなものがあると言おう。

1. 抱えること（holding）
2. あやすこと（handling）

原注1）P. Lomas (ed), *The Predicament of the Family: A Psycho-analytical Symposium* (1967). London: Hogarth Press and the Institute of Psycho-Analysis に発表された。

3. 対象を提示すること（object-presenting）

乳幼児はこれらの環境的供給に対して反応するであろうが，結果として赤ちゃんのなかで起こるのは，最大限のパーソナルな成熟である。私は，この段階での成熟という言葉に，統合という言葉のさまざまな意味や，精神-身体が相互に関係すること，そして対象と関係することを含めたい。

赤ちゃんは抱えられ，満足のいくようにあやされ，そしてこれを当然の前提としながら，赤ちゃんの正常な万能感の体験を侵害しないやりかたで対象を提示される。その結果として，赤ちゃんは対象を使用できるようになり，あたかもその対象が主観的対象であって赤ちゃんの創り出したものであるかのように感じることができるようになる。

これらすべては最初期に起こることであり，これらすべてから，乳幼児や子どもの情緒的発達，知的発達といった限りなく複雑な事柄が生じてくるのである[原注2]。

さて，ある時点で，赤ちゃんは周囲に目を向ける。おそらく，お乳を呑んでいる赤ちゃんは，母親の乳房に目を向けてはいない。むしろ，母親の顔に目を向けている場合のほうが多いだろう（Gough, 1962）。赤ちゃんはそこに何を見ているのか？　その答えを得るために私たちが依拠しなければならないのは，ごく早期の現象にまで遡りながら，前言語的，非言語的なもの，詩によってしか言語化できないもののデリケートさを損なうことなく（可能だと感じたときには）言語化することのできる，精神分析の患者との体験である。

赤ちゃんは，母親の顔に目を向けているとき，そこに何を見ているのだろうか？　私が思うに，赤ちゃんがそこに見ているのは，普通，自分自身なのではないだろうか。言い換えれば，母親が赤ちゃんに目を向けているとき，**母親の様子がどんなふうに見えるかは，母親がそこに何を見ているかと関係がある**。こういったことすべてが，あまりにも安易に当然視されてしまって

[原注2]　これらの考えをさらに詳しく論じたものとしては，私の論文「親子関係の理論」（1960b）〔牛島定信訳『情緒発達の精神分析理論』岩崎学術出版社・所収〕を参照されたい。

いる。赤ちゃんの世話をしている母親たちが自然と上手にやっているこのことを，当たり前と考えないように私は求めたい。母親が自分自身の不機嫌を，さらには自分自身の防衛の硬さを映し返してしまった赤ちゃんの事例を挙げるなら，私の言いたいことは伝わるだろう。このような場合，はたして赤ちゃんは何を見ているだろうか？

　もちろん，母親が反応できなかった個々の場面について言えることは何もない。しかしながら，数多くの赤ちゃんが，長期間にわたって，彼らが与えているものを取り戻せない体験をし続けることになるのである。彼らは目を向けても，そこに自分自身を見ることはない。いくつかの結果がそこから生じてくる。第一に，赤ちゃん自身の創造的能力が減退し始め，どうにかして環境から自分自身の何かを取り戻せる他の方法がないものかと周囲に目を向ける。彼らは何らかの他の手段で成功するだろうし，盲目の幼児であれば，視覚以外の他の感覚を通して，映し返された自分自身をとらえる必要がある。実際，顔の表情が動かせない母親は，別の方法で反応することができるだろう。たいていの母親は，赤ちゃんが何かで困っていたり，攻撃的になったり，とくに病気になったりした時には反応できるものである。第二に，赤ちゃんは，自分が目を向けたときに見えるものはただ単に母親の顔である，という考えに落ち着いてしまう。そうなると，母親の顔は鏡ではなくなる。こうして，統覚がただの知覚に取って代わられることになる。自己の豊富化と，自分が見た事物の世界の意味の発見とが交互に起こるような双方向の過程である，世界との重要なやりとりの始まりになったかもしれないものが，単なる知覚に取って代わられてしまうのである。

　当然ながら，そこに至るまでに途中の段階もいくつかある。ある赤ちゃんたちは，希望を完全にはあきらめず，対象をよく研究して，そこにあるはずの何らかの意味を対象のなかに見ようと，あらゆる手だてをつくす。また，ある赤ちゃんたちは，この種の母親側の相対的失敗にじらされた結果，母親の機嫌を予見するために，さまざまに変化する母親の表情を，私たちがみな空模様を見るように，よく研究する。赤ちゃんはすぐに予報の技術を身につける。「いまのところ，お母さんの機嫌は気にせずに自発的に振舞っていて

も安全だけれど，いつお母さんの顔が硬ばってきて不機嫌になってもおかしくないから，そうなったら私自身の個人的なニードは引っ込めなけばいけない，さもないと私の中心的自己は侮辱されて苦しむことになるから」というふうに。

これよりも病理的な方向に一歩進んだところにあるのは，予見性（predictability）であり，これは不安定なものであって，赤ちゃんは出来事への許容能力の限界まで緊張を強いられる。このことは混沌の脅威を引き起こし，赤ちゃんは防衛として，引きこもりを組織化するか，あるいは知覚しようとするとき以外はまなざしを向けなくなるだろう。このように扱われてきた赤ちゃんは，鏡についても，鏡が提供してくれるものについても，分からないままに成長することになる。母親の顔が反応に乏しいものであれば，鏡は目を向けられるものではあっても，じっとのぞきこまれるものでなくなってしまう。

物事が正常に進んでいく場合に話を戻すと，平均的な女の子が鏡に映した自分の顔をよく吟味するとき，彼女は，そこに母親-像があること，母親が彼女を見ることができること，母親が彼女に**共鳴している**（en rapport）ことを確かめて安心しようとしている。二次的自己愛にある少女たちや少年たちが，美を見るために目を向けて恋をしようとするとき，そこにはすでに，母親の愛情や養育の持続性に対する疑念が忍び寄っていることは明らかである。だから，美に恋している男と，一人の少女を愛しその少女を美しいと感じ，その少女がどのように美しいかを分かっている男とは，まったく違うのである。

私はこの自分の考えを延々と主張するつもりはないが，その代りに，私の提示している考えを読者によく検討してもらうため，いくつかの実例を示したいと思う。

例示 I

最初に，私の知り合いの女性を引き合いに出そう。彼女は結婚して三人の男の子を立派に育てた人であり，また，創造的で有意義な仕事をす

る夫のよき協力者でもあった。その裏で，この女性はいつも抑うつに近い状態にあった。毎朝，絶望状態で目覚めるので，彼女の結婚生活は深刻に障害されていた。彼女はそれをどうすることもできなかった。彼女を麻痺させてしまう抑うつが消散するのは，毎日，ついに起きなければならない時間になり，洗面と着衣を終えて，"化粧をする（put on her face 自分の顔をつける）"ことができたときである。その時になると彼女は立ち直った感じがして，世界と直面でき，家事に励むことができた。この格別に知的で責任感の強い人は，その後，ある不幸な出来事に反応して慢性の抑うつ状態を発展させるようになり，それは結局，日常生活に支障を伴う慢性の身体的障害へと形を変えていった。

ここにあるのは，すべての人々の社会的経験や臨床経験に容易に見出される，繰り返し起こるパターンである。この事例に示されているのは正常なものの行き過ぎた形でしかない。鏡に気づいてもらって是認してもらうという課題が，行き過ぎた形をとっているのである。その女性は，自分自身の母親にならねばならなかった。もし彼女に娘がいたら確かに非常に大きな救いを見出せたにちがいないが，その場合には，おそらく今度は娘のほうが，母親のなかで母親自身がその母親からどう見られるか不確かでいるのを修正してあげるという，あまりにも重要すぎる役割を担わされるために，苦しむことになったであろう。

すでにフランシス・ベーコンのことを考えている読者もいるだろう。ここで私が言っているのは，「美しい顔は暗黙の賛意である」とか「美の最良の部分であり，絵に描くことのできないものである」と言ったあのベーコン[訳注1]でなく，著しく歪められた人間の顔をずっと描き続ける，苛立たしい，熟達した，挑戦的な現代の芸術家のベーコン[訳注2]のほうである。この章の論点からいえば，この今日のフランシス・ベーコンは，自分の母親の顔に自

訳注1）Francis Bacon（1561-1626）。英国の哲学者・法学者。経験論哲学の祖とされる。
訳注2）Francis Bacon（1909-1992）。アイルランド出身の画家。上記の人物と同姓同名。主にロンドンで活躍。激しくデフォルメされた人間像を多く描いた。

分自身を見ているけれども，彼または母親のなかにある，彼と私たちの双方を狂わせるようなある捩れをもって見ているのである。私はこの芸術家の私生活について何も知らないが，ここで彼のことを話題にする唯一の理由は，今日，顔と自己について議論するなら，どうしてもそこに彼が入ってきてしまうからである。私の目には，ベーコンの描く顔は実際の知覚からほど遠いように見える。顔を見つめていながら，彼は痛々しいほど必死に，見られようとしているように私には思える。そして，見られること（being seen）は，創造的に目を向けること（creative looking）の基礎にあるものなのである。

私は自分が，見られることに依拠する（個人の）歴史的過程を想定することによって，統覚を知覚と結びつけようとしているのが分かる。つまりこういうことである。

私が目を向けるとき，私は見られている．だから私は存在する。
私はもう，目を向ければ見ることができる。
いまや私は，創造的に目を向けて，私が統覚するものを知覚でも捉える。
実際，私は，そこになくて見えないものを見ないように気をつける（疲れていなければ）。

例示 II

ある患者がこう報告する。「昨日の晩，私はカフェに行ったんですが，そこにいるいろんな人たちを見ることに熱中してしまいました。」そして彼女は，そのうちの何人かを描写してみせる。この患者は目をひく容姿の人で，もし彼女が自分自身を使うことができたなら，どんな集団でも中心人物になれたことだろう。私は訊いた。「あなたに目を向けている人も誰かいましたか？」彼女は，自分が実際にいくらか熱い視線を浴びたということに考えを及ぼすことができたが，彼女は男友達と一緒に行っていたので，人々が目を向けているのは彼なのだと思ってしまうことができたのだった。

ここから患者と私は一緒に，彼女に自分が存在していると感じさせる

ような「見られること」の観点から，彼女の早期生育史と子ども時代について予備的に通観することができた。実のところ，患者はこの点では痛ましい体験をしてきていた。

　この主題は，そのときは他の種類の素材にまぎれてどこかに行ってしまったが，ある意味でこの患者の分析全体が，どの瞬間をとっても，彼女の実際のあるがままを「見られること」をめぐって展開している。そして時々，実際にこまやかに見られているということが彼女にとってこの治療での主要な事柄になる。この患者は，絵画や視覚芸術の目利きとして，きわだって鋭敏な感覚を持っている。美の欠如は彼女のパーソナリティを解体させるので，彼女は自分のなかで恐ろしさを感じる（解体の感覚や離人感をいだく）ことを通して，美の欠如を認識するのである。

例示Ⅲ

　私は，とても長いあいだ分析を続けてきた女性の研究症例をもっている。この患者は人生の後半になってリアルな感覚をもてるようになった。皮肉な見かたをする人は，それが何になるのか，と言うかもしれない。しかし，彼女はやってきただけの価値があったと感じているし，私自身も彼女を通して，早期乳幼児期の諸現象について実に多くのことを学んだ。

　この分析は，乳児的依存への重篤で深い退行を含んでいた。彼女の環境側の歴史は多くの点で深刻な問題を抱えたものであったが，ここで私が取りあげるのは，彼女の母親のうつ病が彼女に与えた影響である。このことは何度も繰り返し，取り組まれた。そして私は分析家として，この患者が一人の個人(パーソン)として出発するのを可能にするために，大幅にこの母親と置き換わらねばならなかった[原注3]。

　つい最近，彼女との作業も終わりに近くなって，この患者は自分の乳

[原注3] この事例の一側面について，私の論文「精神分析的設定内での退行のメタサイコロジカルで臨床的な側面」（1954）〔北山修監訳『小児医学から精神分析へ―ウィニコット臨床論文集』岩崎学術出版社・所収〕のなかで報告した。

母の写真を私に送ってきた。すでに私は彼女の母親の写真を持っていたし，母親の防衛が硬直的だったことも詳しく知っていた。母親は，(患者の話によれば）子どもたちとの接触を完全に失ってしまうのを避けるため，その抑うつ的な乳母を自分の代理に選んだことが明らかになった。もし生き生きとした乳母だったならば，抑うつ的な母親から自動的に子どもたちを"盗み取って"しまっていたことだろう。

　この患者には，多くの女性を特徴づける点がひとつ著しく欠けている。つまり，顔に対してまったく関心がないのである。確かに，彼女には鏡で自分を吟味してみる青年期の一時期がなかった。いま彼女が鏡をのぞくのは，自分が"年老いた魔女のように見える"（患者自身の言葉）のを自分自身に思い出させるためだけだという。

　その同じ週，この患者は，ある本の表紙に私の顔写真を見つけた。彼女はこの"昔の風景"の皺やあらゆる部分を見ることができるよう，この写真のもっと大きいサイズのものが欲しいと書いてきた。私はその写真を送り（彼女は遠くに住んでいて，いまは時々しか会っていない），同時に，私がこの章で述べようとしていることに基づいた解釈を与えた。

　この患者は，彼女に多くのことをしてくれた（そして私は実際にした）この男の写真を，ただ単純に手に入れようとしているのだと自分では思っていた。しかし，彼女が私から言ってもらう必要があったのは，私の皺の刻まれた顔が，彼女にとっては母親と乳母の顔の硬さに結びつく特徴をもっている，ということだった。

　私が，顔についてこのことを分かっていたことや，彼女は自分自身を映し返せる顔を探し求めているのだと解釈できたこと，そして同時に，写真のなかの私の顔が皺ゆえに母親の硬さをいくらか再現しているのを私が理解したことが，重要だったのは間違いないと私は感じている。

　現実には，この患者はとても良い顔をしており，そうしたい気持ちになれば格別に感じのよい人である。彼女は，ある限られた時間，他人の問題や悩みを心から思いやることができる。この特徴が，彼女は頼れる人なのだと他の人に思い込ませてしまったことがこれまで何度あったこ

とだろう。しかし実際には，彼女は自分が巻き込まれていると感じた瞬間，とくに他人の抑うつに巻き込まれたと感じるとすぐ，自動的に引きこもり，自分の魂を介抱するため，湯タンポをかかえて丸くなってベッドにもぐりこんでしまうのである。この点に関してばかりは，彼女は傷つきやすいのである。

例示Ⅳ

以上のすべてを書いたあとになって，ある患者が，私の書いていることに根ざすように見える素材を分析セッションに持ち込んできた。この女性は自分自身を個人として確立する段階に取り組んでいるところである。このセッションのなかで，彼女は「鏡よ，鏡」[訳注3] などに言及したあと，このように言った。「もし，子どもが鏡をのぞきこんだときに何も見えなかったら，すごく怖いんじゃないでしょうか。」

それ以外の素材は，彼女が赤ちゃんだった頃，母親に供給された環境についてのものだった。それは，赤ちゃんと肯定的に関係しようとは積極的に取り組まずに，他の誰かと話している母親の姿であった。ここには，赤ちゃんが母親にまなざしを向けても，他の誰かと話している母親が見える，ということが含意されていた。それから患者は，フランシス・ベーコンの絵に強い関心をもっていることについて話し，この芸術家に関する本を私に貸そうか，どうしようかと迷っていると言った。彼女はその本の内容の一部に触れた。フランシス・ベーコンは「こう言っています。私は自分の絵をガラスで覆うのが好きだ，なぜなら，そうすれば，絵をながめるときに人々が見るのは単なる絵だけではなく，実際に彼ら自身を見ることになるだろうから，と。」[原注4]

それに続けて，この患者はラカンの思想について知っているので，「鏡像段階」について語ったが，私が可能だと感じているような鏡と母親の顔との結びつけをすることは彼女にはできなかった。しかし，このような結びつきをこのセッションで患者に対して伝えることは，私の仕

訳注3）童話「白雪姫」に出てくる言葉（英語原文は"Mirror, mirror on the wall"）。

事ではなかった。なぜなら，いまこの患者は本質的に自分で物事を発見する段階にいるので，このような状況で時期尚早に解釈をすると，患者の創造性を無にすることになり，また，成熟過程に反対するという意味で外傷的になるからである。このテーマはこの患者の分析のなかで引き続き重要なものとなっているが，いまは他のさまざまな形をとって現われたりもしている。

こういった，瞬間的ながらも，赤ちゃんや子どもが母親の顔のうちに自己を見ること，そしてもっと後になって鏡のうちに自己を見ることは，精神分析と心理療法的課題に対するひとつの見かたを与えてくれる。心理療法とは，利口で上手い解釈をすることではない。おおよそ，心理療法とは，長い期間にわたって，患者が持ちこんでくるものを与え返していくことである。心理療法は，そこにあって見えるものを映し返してくれる顔からの複雑な派生物である。私は，自分の仕事をそんなふうに考え，もしこれがほどよくできたなら患者は自分自身の自己を見出して，存在しリアルに感じることができるようになるだろう，というふうに考えることを好む。リアルに感じることは，存在すること以上のものである。それは，自分自身として存在する手だてを，自分自身として対象と関係する手だてを，そしてリラックスのためにそのなかへと退避できる自己をもつ手だてを見出すことなのである。

しかし，あたかも私が，患者の持ちこむものを映し返すこの作業を容易なものと考えているかのような印象を，読者に与えたくないと思う。それは決

原注4)「フランシス・ベーコン：全作品目録と文献資料」(Alley, 1964) を参照のこと。この本の序文のなかで，ジョン・ローゼンスタインはこのように書いている。

「……ベーコンの絵を見ることは，鏡をのぞきこむことであり，そこに私たち自身の苦悶を見ることであり，孤独，失敗，屈辱，老い，死，迫りくる名づけようのない破局に対する，私たち自身の恐怖を見ることにほかならない。」

「自分の絵をガラスで覆うことを好むという彼の告白は，偶然性に対する彼の依存の感覚とも関係がある。彼がそうすることを好むのは，(ちょうど彼の描く雛菊や手すりが，彼の画題をその絵画上の環境から隔てているように) ガラスがいくらか絵を環境から隔てたり，保護したりするという事実に由来してもいるが，しかし，この場合にもっと重要なのは，偶然に起こるさまざまな反射の交錯が，彼の絵の価値を高めると彼が信じていることである。さらに，彼が次のように言っているのを私は聞いたことがある。とくに，自分の暗く青い絵は，鑑賞者たち自身の顔がガラスのなかに見えるようにする利点があるのだ，と。」

して容易ではなく，情緒的にひどく消耗することである。それでも，私たちはちゃんと報われる。患者はたとえ治癒しないときでさえ，ありのままの自分を見てくれることで私たちに感謝し，それは私たちに深い種類の満足を与えてくれるのである。

このような，赤ちゃんに赤ちゃん自身の自己を与え返す母親の役割について私が述べてきたことは，児童と家族に関しても重要でありつづける。当然ながら，子どもが成長して成熟過程が洗練されたものとなり，種々の同一化が増えるにつれて，子どもは母親の顔や父親の顔から，そしてそれ以外の養育者や兄弟といった関係にある人たちの顔から，自己を返してもらうことに次第に依存しなくなっていく（Winnicott 1960a）。にもかかわらず，家族がもとの形を保ちながら，ある程度の期間にわたって生きた活動体でありつづけている場合，各々の子どもは，個々の家族成員の態度や全体としての家族の態度のなかに，自分自身を見ることができることによって利益を得るのである。こういったすべてのなかに，家にある実際の鏡であるとか，親や他者が自分を見ているのを子どもが見る機会といったものも含めることができる。しかしながら，実際の鏡が重要性をもつのは，主として比喩的な意味においてであることを理解しておくべきであろう。

ここで述べてきたことは，家族がその個々の成員のパーソナリティの成長と豊富化のためになしうる貢献を言い表わす，ひとつのやりかたになりうるであろう。

第10章　本能欲動とは別に
　　　　　交叉同一化において相互に関係すること

　この章で，私は二つの対照的な言明を並置する。それらは，それぞれに独自のやりかたでコミュニケーションを説明している。相互的コミュニケーションには多くの種類があり，それらを分類する必要はあまりないように思える。なぜなら，分類には人工的な境界を作るという面があるからである。

　私が示したい最初の例証は，青年期早期の少女との治療相談面接の形をとっている。この相談面接は，結果として，3年を経て成功と見なせるようになった徹底的な分析へと道を拓くことになった。しかしながら，この事例を提示する意図は，治療の結果に関することよりも，むしろ，この種の事例記述はどれをとっても心理療法家が鏡として作用するやりかたの好例になる，という事実を示すことにある。

　この症例記述のあと，交叉同一化を通してのコミュニケーションの重要性を説明する理論的言明をしたいと思う。

治療についての全般的なコメント

　取り入れ同一化や投影同一化の能力がごく限られている患者は，心理療法家にとって深刻な困難を引き起こす。心理療法家が，いわゆる行動化や本能的背景をもつ転移現象にどうしても直面せざるを得なくなるのである。このような場合に，治療者がおもに望むのは，患者の交叉同一化の範囲を増大させることであり，それは解釈の作業よりも，むしろ分析セッションのなかでのある種の特異的な諸体験をとおしてもたらされる。この体験に到達するためには，治療者は時間的要因というものを考慮に入れなければならず，即時

的な種類の治療効果を期待することはできない。解釈は，どれほど正確で時宜を得ていたとしても，すべての答えを提供するものではないのである。

治療者の作業のこの側面において，解釈は，面接場面での現在の体験の言語化という性質の強いものになる。ここには，意識されかけているものの言語化という解釈の概念が正確に当てはまるとは言えない。

移行現象を扱っているこの本に，このような素材を含めるべき明確な理由はないことは認めなければならない。しかし，ここには，古典的精神分析理論で説明可能な個人の機制が確立する以前の，早期の諸機能に関する幅広い探究が含まれている。移行現象という用語は，そのような早期的なタイプの機能の集まりをすべて網羅して用いることができるはずであり，スキゾイド状態（schizoid states）の精神病理の探究において著しい重要性をもつ心的機能の多種多様な集まりが存在する，という事実に注意を喚起することにもなるであろう。さらに言えば，個々の人間のパーソナリティの始まりを充分に説明するために研究しなければならないのは，これらの心的機能の集まりであって，芸術，哲学，宗教を含む人間生活の文化的側面がこれらの現象と広く関わっていることは疑いようもなく真実なのである。

ある青年期患者との面接

治療相談面接[原注1]

この相談面接の当時，サラは16歳だった。彼女には14歳の弟と9歳の妹がいて，家族成員は誰も欠けていなかった。

両親は田舎にある彼らの家から，遠路はるばるサラを連れてやってきた。私はまず三人一緒に3分間ほど会って再会の挨拶をした。そのさい私は，彼らの訪問の目的には触れなかった。そのあと両親は待合室へ行った。私は父親に玄関の鍵を渡して，サラと会っている時間がどれくらいになるかは分か

原注1）臨床例示では，直接関係のないような多くのことも必然的に述べなければならない。徹底的に削除して短くすると，そのせいで真実さが失われてしまうことがある。

らないと伝えた。

　私が最初に2歳のサラに会った時から蓄積された相当な量の詳細については，ここではあえて省略することにする。

　16歳のサラはくせのないとび色の髪を肩まで伸ばし，身体的には健康そうで，齢の割には体格もよかった。彼女は黒いビニールのコートを着ていて，いかにも田舎風の洗練されていない外見だった。彼女は聡明でユーモアのセンスがあるが，根はとても真面目である。彼女は，私たちの接触がゲームで始まるのをとても喜んだ。

　「どんなゲーム？」

　私は彼女に，ルールのないゲームであるスクィグル（squiggle）について話した[原注2]。

（1）私が画き損じたスクィグル。
（2）私が二度目に画いてみたスクィグル。

　サラは学校が好きだと言った。彼女に私のところへ行くように求めたのは両親であったが，学校側も同じ意見だった。彼女は言った。「私は2歳のとき，先生のところへ来たと思います。弟が生れてくるのを私が嫌がったから。でも思い出せない。ほんの少しだけ憶えている気はするんですけど。」

　彼女は（2）のスクィグルを見て，「これをどんなふうにしてもいいんですか？」と言った。

　私は「べつにルールはないんだ」と言った。そこで彼女は，私のスクィグルを一枚の葉っぱにした。私はそれが気に入ったと言って，その優雅な曲線を指摘した。

（3）彼女のスクィグル。彼女は「できるだけ難しくしてみます」と言っ

原注2）ここでは，実際にかかれた描画を提示する必要があるとは私には思えない。文中では各描画を番号（（1），（2）など）で表すことにする。コミュニケーションのための技法であるこのスクィグルの豊富な例は，『子どもの治療相談面接』（Winnicott 1971：橋本・大矢監訳　岩崎学術出版社 2011年）を参照されたい。

て画いた。それはわざと一本の線を加えたスクィグルだった。私はこの線を棒として使って，残りの部分を厳格な教え方をする女教師にした。彼女は言った。「ううん，これは私の先生じゃないです。私の先生は全然そんなふうじゃないから。これは最初の学校で嫌いだった先生かな。」

(4) 私のスクィグル。これを彼女は人間にした。長い髪は男の子の髪のつもりだったけど，顔は男にも女にも見える，と彼女は言った。

(5) 彼女のスクィグル。私はこれを踊り子にしようとした。もとのスクィグルのほうが，私が描き加えた後のものよりも，むしろ良かった。

(6) 私のスクィグル。彼女はすぐに，テニスのラケットに鼻をのせている男に変えた。私は「このゲームをするのは嫌だったりしない？」と尋ねた。彼女は「ううん，そんなこと全然ないです」と言った。

(7) 彼女のスクィグル。それは彼女自身も指摘したように，意識的あるいは意図的に画かれた線だった。私はそれを一種の鳥にした。彼女は，自分だったら何にするかを説明した。(逆さまに見て) 高いシルクハットを被り，大きくて重いカラー〔襟〕を着けた男だという。

(8) 私のスクィグル。それを彼女は古いグラグラする譜面台にした。彼女は音楽が好きで歌うが，楽器は何もできない。

(9) ここで彼女はスクィグル技法に関して，とても難儀する様子を見せた。彼女はこの線を画いて「何だか，ちぢこまってるし，自由でのびのびしてないですね」と言った。

　　これが主要なコミュニケーションになるに違いなかった。当然，ここで必要とされていたのは，私がそれをコミュニケーションとして理解し，それが伝えている考えを，彼女がいつでも発展させられるようにすることであった。

　　（読者は，これ以降の面接の詳細をすべて把握する必要はないが，私は面接の全体を提示することにする。なぜなら，素材が手元にあり，また，残りの部分を省略してしまうと，専門的接触の文脈で生じてくる青年の自己表白について報告できる貴重な機会を逸することになると思え

るからである。)

　私は言った。「それは，あなたのことでもあるんだね。」
　彼女は言った。「ええ，私ちょっと臆病ですよね。」
　私は言った。「当然だよ。あなたは私のことを知らないし，どうして連れて来られたかも，ここで何をしようとしているのかも知らないんだし，それに……」
　彼女はこれに言葉を継いで，自分からすすんで言った。「それに，スクィグルも自発的なものではない，と言えますよね。私，自分にあまり自信がないから，いつでも良い印象を与えよう，与えようとしているんです。ずっと昔から，そんなふうにしてきました。それ以外のことをした憶えがないんです。」
　私は言った。「それは悲しいことだよね。」これは，彼女の言ったことを私が聞いていたということと，彼女が私に語ったことに込められた意味に私が心動かされたことを示すためだった。

　　　サラはいまや私とコミュニケーションをもつようになり，もうちぢこまるのはやめて，自分のことを自分自身と私に対して開示したい気持ちに駆られていた。

　彼女は続けて言った。「馬鹿みたいで，そういうことしか頭にないんです。私はいつでも，人から好かれるように，大事にされるように，馬鹿にされないように必死なんです。それって自己中心的です。そんなことやめようと思えば，やめられるはずです。もちろん，ほかの人たちを面白がらせようとして，その人たちが笑ってくれる，というのならいいんです。でも，私は一日中，自分がどう思われているのかばかり気にして暮らしてます。今でも相変わらず，大成功しようと必死なんです。」
　私は言った。「でも，今，ここではそんなふうにしていないね。」
　彼女は言った。「ええ，まったく問題にならないからです。たぶん，ここ

で先生が，何が問題なのかを見つけてくれて，私がそういうことを一切やらなくて済むようにしてくれているんだと思います。悪いところがあれば，見つけてくれなくてはいけません。そういうのは一つの時期で，成長していくんだと思います。私には止められなくて，どうしてなのかは分からないんですが。」

　私はきいた。「夢に見る自分って，どんなふうかな。」

　「ああ，私が心に描く自分は，隠やかで，落着いていて，気さくで，とっても成功していて，魅力的で，やせていて，手足が長くて，髪が長いんです。うまく絵に描けないけど（スクィグル（10）を試みながら），ハンドバッグを提げて，さっそうと歩いて。自意識過剰でも内気でもないんです。」

　「夢のなかでは，あなたは男かな，女かな？」

　「私はふつう女の子です。自分が男の子になっている夢は見ません。なりたいとは思いません。自分が男の子だったらと考えることはありますが，願望というわけではありません。もちろん，男の人は自信もあるし，影響力もあるし，出世しますけど。」

　私たちは（6）に描かれている男を見た。彼女はこう言った。「この人は暑そうで，晴れた日なんです。彼は疲れて休んでいて，ラケットの弦を鼻に押しつけてます。あるいは，この人は憂うつなんです。」

　私は父親について尋ねた。

　「お父さんは，わが身は顧みず，仕事のことだけ考えている人です。もちろん，お父さんのことは大好きですし，とってもすごい人だと思ってます。弟は，人とのあいだにちょっと壁を作るほうです。彼は人柄が良くて，愛想もいいし，優しい子です。自分の考えていることは表に出さないで，いつも気楽そうにして話します。感じが良くて，とても面白くて，頭がいいんです。もし悩みごとがあっても，自分の胸だけに収めてしまうんです。私はその正反対。人の部屋に走っていって，『ああ，私，すごくつらいのよ』とか言ったりして。」

　「お母さんにも，そういうふうにできるのかな？」

　「はい，でも，そうする相手は学校だったら友達です。女の子よりも，男

の子のほうです。私のとても仲のいい友達は，同学年だけど年上の女の子です。彼女はいつも，こう言いそうな感じです。『私も1年前には，ちょうどそんなふうに思ったわ』と。でも，男の子たちは何も言わないし，私のことを馬鹿みたいだとも言いません。親切だし，男の子たちのほうがよく分かってくれます。男の子たちは自分が男性的だってことを**証明する**必要がないでしょう。私の大の親友はデイヴィッドです。彼は，ちょっとふさぎ込みがちな人です。私より年下です。私には友達ならすごくたくさんいますけど，本当に誠実だと思って当てにできる親友は二，三人しかいません。」

　私はここで，眠っているときに実際に見る夢について尋ねた。

「だいたいは恐い夢です。一つの夢を何度も見ました。」

　私はそれを詳しく説明してくれるように頼んだ。

（11）繰り返し見る夢。「その状況はとても真に迫っていて，自宅みたいです。高い生け垣，背後にバラ園，狭い小道。私は男に追いかけられています。私は逃げます。どれも恐ろしいほど鮮明なんです。ぬかるんでいます。角を曲がるとき，糖蜜の中を走っているような感じがします。私はその夢のなかではあまり素敵じゃありません。」

　あとで，彼女はつけ加えた。「その男は大きくて黒いんです（黒人ではありません）。不吉なんです。私はパニックになります。いえ，それは性的な夢じゃありません。何なのか分かりません。」

（12）「もう一つの夢は私が幼い頃，たぶん6歳頃にみた夢です。これは私の家です。いまは側面から描いてますが，夢ではこうじゃありません[原注3]。ここの左側に生け垣があって，家の方へ折れ込んでいます。その後ろに一本の木があります。私が家に駆け込んで，二階に上がると，食器棚に魔女がいます。まるで童話みたいなんです。その魔女はホウキと鷲鳥をもっています。彼女は私とすれちがうと，**振り返って見るんです**。夢のなかが緊迫していま

原注3）「側面から」というのは，もしかすると，母親の新しい妊娠に早期に気づいたときの視点をあらわしているのかもしれない。

す。すべてがざわついています。沈黙です。何か音がすると思うかもしれませんが，まったく物音がしないんです。白い大きな鷲鳥が食器棚に入っているんですが，この小さな食器棚には大きすぎて，実際には入るわけがないんです。」

「（家の方に折れ込んでいる）生け垣へ通じる道は，下り坂になっていて，私はそこを駆け降りるのが大好きでした。というのは，その坂はとても急なので，駆け降りていくと止まらなくなるからです。魔女が一段ずつ降りるごとに，降りた階段は消えてしまいました。だから私は降りることもできず，魔女から逃げることもできませんでした。」

私はこの夢について，彼女がこころに描いている，母親との関係の一部として話した。

彼女は言った。「そうかもしれません。でも，もしかすると説明できるかもしれません。その頃，私はいつも母に嘘をついていたんです（いまも嘘をつきますが，そういう自分をその場で止めようと必死に努力しているんです）。」

　　　　彼女がここで言及しているのは，解離の感覚である。また，騙されていたという気持ちも，ここには表現されていたのかもしれない。

私は彼女に，物を盗むことがあるかどうか尋ねた。「いいえ，そういうことはなかったです。」

彼女は続けて，その頃についた嘘の例をあげてみせた。どれもみな，こまかい家事に関するものであった。「部屋はきちんと片づけたの？　床は磨いたの？」等々。「私はいつも嘘をついてました。どんなに母親が，嘘を白状するチャンスを私にくれようとしても同じでした。学校でもよく嘘をついていました，とくに勉強のことです。私はあまりしっかり勉強するほうじゃありません。そう，前の学期は良かったですけど，今学期はひどかったです。私は成長が早すぎるんだと思います。うん，早すぎるんじゃなくて，ただ成長してるんだと思います。そう，私の場合，理性的で論理的な成長のほうが，

情緒的な成長よりも，ずっと早いんです。情緒的には追いつけていないんです。」

　私は月経について尋ねた。彼女は言った。「ええ，**ずっと昔からあります。**」

　ここでサラは，聞いたときにすぐ重要だと感じられるあることを言った。このとき彼女は，自分のいる位置を言いあらわすのに最も近づいていたのかもしれない。彼女は言った。「うまく説明できないんですが，私は，まるで教会の尖塔のてっぺんに座っているか立っているかみたいな感じがします。周りには私が落ちるのを防ぐものはどこにも何もなくて，私にはどうにもできないんです。私はただもう，どうにかバランスを取ってるだけみたいです。」

　ここで私は，彼女が憶えていないのは分かっていたけれども，彼女が1歳9カ月のとき，それまでごく自然に上手く彼女を抱っこしていた母親が，妊娠3カ月になったために突然彼女を抱っこできなくなってしまい，そのときに彼女が変わった，ということを彼女に思い出させた（彼女が6〜7歳の頃にも母親は妊娠した）。彼女はこれをすべて理解したようだったけれども，こう言った。「それよりも，もっと大きいんです。私を追いかけてくるものですが，それは女の子を追いかける男ではなくて，**私を追いかけくる何か**なんです。問題は，**私の後ろにいる**人たちなんです。」

　　この時点で，面接の性質が変容し，サラは顕在的な病気の人になり妄想型の精神障害を示していた。そうなることで，サラは，この専門的状況のなかに彼女が感じとった幾つかの性質に対して依存するようになり，また私に対する高度の信頼も示していた。彼女は，彼女の状態をちゃんと病気として，あるいは苦悩のシグナルとして扱ってくれるだろうと私を信頼することができ，そして，彼女の病気に対する私自身の怖れを示すようなやりかたでは行動しないだろうと信じることができたのである。

　いまや彼女は，自分の言おうとすることに夢中になっていて，こう続けた。

「人は笑うでしょうし，私が自分をきっちり捕まえて論理的に対処していないと，こんなふうに後ろから笑われることでとても**傷つくんです**。」

私は彼女に，最悪の出来事を話してみるように促した。

「私が11歳くらいの頃，前の学校に行き始めたとき，私はその小学校が好きでした（学校にあった花の咲く低木のこと，そのほかにも学校で好きだったものや，女性校長のことなどについて話した）。でも，次に進んだ中学校は，妙に気取っていて，不親切で，偽善的でした。」彼女は強い感情をこめてこう言った。「私は，自分には**何の価値もない**と感じていました。そのうえ，私はもう身体で怖くなっていました。刺されるのではないか，撃たれるのではないか，絞め殺されるのではないかと思っていました。特に，刺されると思っていました。まるで，自分が知らないうちに，背中に何かをピンで留められてしまうときみたいに。」

ここで，彼女は声の調子を変えて言った。「こんなふうに話していて，いいんですか？（Are we getting anywhere?）」

> 彼女が話を続けるためには，何らかの励ましが必要であるように見えた。もちろん，私には，何が起こるのか，あるいは起こらないのか，見当もつかなかった。

「最悪だったのは，（まあ，今はそんなにひどくありませんが）私がとても個人的なことを誰かに打ち明けたときに，その人たちを**絶対的に**信用して，その人たちは私のことをイヤになったりしない，同情も理解もしてくれなくなったりしないものと思って彼らに**頼った**ときでした。でも，やっぱり，みんな変ってしまって，誰もいなくなったんです。」彼女はこう付け加えた。「一番イヤなのは，泣きたいのに誰も見つからないときです。」そのあと，彼女は傷つきやすい位置から撤退してこう言った。「まあ，今は大丈夫です。何とかできます。でも，憂うつなときが一番イヤです。私は面白くない人になってしまうんです。私が陰気で内向きになるので，あの女友達とデイヴィッド以外は，みんな私から離れていってしまいます。」

この時点で，私からの助けが何か必要だった。

私は言った。「その憂うつは，あることを意味しているのでしょう。無意識的なことを。(私はこの少女に，この無意識という言葉を使うことができた。)あなたが頼りにしているのに，変ってしまい，理解してくれなくなり，頼らせてくれなくなり，おそらくは意地悪になってしまった相手を，あなたは憎んでいるのでしょう。頼りにしていたのに変ってしまった人に対して憎しみを感じる代わりに，自分が憂うつになるのでしょう。」

これは助けになったようであった。

彼女は続けて言った。「私は，私のことを傷つけてくる人が嫌いです。」——それから彼女は，学校にいるある女性を激しく非難し始めた。彼女は，道理は脇に置いておいて，たとえ妄想に基づいたものであったとしても自分の感情をそのまま表現していた。

私の知らなかった，学校での狂ったような発作を，彼女はよみがえらせたり再演したりすることによって説明していたのだと言える。やっと私は，なぜ彼女が家に送り返され，私のところへ来るように勧められたのかを理解した。彼女の話は次のように続いた。

「学校のこの女に，私は本当に耐えられないんです。言葉では言い表せないくらい嫌いです。彼女には嫌なところがたくさん揃ってて，すぐに私はそれを感じるんです。その嫌なところが全部，私自身にもあるからです。彼女は自分のことしか考えません。彼女は自己中心的で，うぬぼれていて，それは私自身でもあります。それに，彼女は冷たくて，きつくて，意地悪です。その女は，寮母なんです。洗濯や，ビスケットやコーヒーなんかの世話をする人です。彼女は仕事もしないで，ただ座って若い男の職員たちを喜ばせよ

うとしながら，シェリー酒（アルコールは学校では禁止されている）を飲んだり黒いロシア煙草を喫ってばかりいるんです。彼女が図々しくそんなことをして過ごしている部屋は，本当は**私たちの居間なんです**。」

「それで，私はナイフを手に取りました。それをドアに向かって何度も投げつけました。ちょっと考えれば，どんな大きな音がするかは分かったはずなんですけど。当然，あの女が入ってきました。『何てこと！ あんた気でも狂ったの？』私は努めて上品に振舞おうとしましたが，彼女は，私がおかしくなったに違いないと言って，部屋から私を引きずり出しました。そこで，当然，私は嘘を考え出しました。女友達とデイヴィッド，いまは先生，この三人以外には，それが嘘だとは絶対に分かりません。彼女は『私はそんなの信じないわよ』と言ったけれど，結局，私は彼女に信じこませました。」（サラは，ドアの把手を修理しようとしたのだ，と嘘をついたのだが，それを本当に信じる人がいたとは私には思えない。）

サラの話はまだ終わりではなく，彼女は依然としてひどく興奮していた。「そのとき，私はある帽子を（彼女はそれを描いてみせた）被っていました。彼女が近づいてきて言いました。『そのおかしな帽子を脱ぎなさい！』私が，『いやです。どうして脱がなきゃいけないんですか』と言うと，彼女が言いました。『私がそうしなさいと言ったからよ。すぐ脱ぎなさい。』それで私は金切り声をあげてもうただ叫び続けました。」

> この時点で私が思い出したのは，彼女が1歳9カ月の頃に正常な子どもから病気の子どもへと変化したとき——母親が妊娠3カ月で，当時サラは明らかにその事実によって動揺していた——，彼女が金切り声をあげてもうただ叫び続けていたということだった。私は当時のサラを患者として診察しており，その14年前に書きとめた覚書には当時話された生活歴も記されていたので，私は自分の考えの根拠に確信をもつことができた。

サラはその女について話し続けた。「そう，内面では，**彼女は誰よりも自**

信がないんです。彼女は,『もっと泣き叫んだらいいじゃない。』と大声で言いました。まるで挑発してるみたいでした。それで私がそうしてやると,彼女は言いました。『大声出して叫べばいいじゃないの。』それで私はもっと大声で叫んでやりました。それですべて終わりでした。彼女は年寄りなんですよね。」

　私は言った。「40歳くらい？」

　彼女は,「はい」と言って,こう続けた。「私は,あの女が**私たちの**部屋でやっているいろんなことや,どうして彼女の（本当は私たちの）部屋に入るのに私たちがいちいちドアをノックしなきゃいけないのか,どうして彼女が『あなたはコーヒーとビスケットを取りにくるときしか,私のところに来ないわね』（これは事実だという）なんて文句を言うのか,と言ってやりました。」

　　この素材は,退行的機制と,独立につながる前進的機制という二者択一をめぐるアンビヴァレンスを明らかにしている。
　　この続きの重要な部分については,私がメモをとれなかったために,ここに記載することができない。

　私たちは,起こったことのすべてについて,非常に真剣に話し合った。私は,彼女が自分の憎しみを十分に表現できたことは彼女（サラ）にとって救いであったが,問題はこれで全部ではない,と指摘した。実は,彼女が憎んでいるのは,彼女を挑発するその女ではなく,理解してくれて頼りになる良い人なのである。憎しみを引き出すのは,挑発に直面したときのその女の反応である。これは,特別に良かったのに,良くないふうに変ってしまう母親であって,突然の脱錯覚である。とくにこれは,母親が妊娠6カ月のとき,母親が変化したために彼女が変化した,その時点に起こったことなのである。
　サラは,自分の実際の母親は,およそ母親というものに望みうるすべてを備えているのだ,と私に分からせようとしつづけた。
　私は彼女に,それは私にも分かっているのだけれど,その元々の突然の脱‐錯覚が,彼女のなかに,とても良い人が現れるとその人は変ってしまい,

自分はその人を憎むようになるのだ，という確信を植えつけたのだろう，と言った。ただ（私は続けて言った），サラがその憎しみまで至ることはなく，良い人を破壊することもない，ということが私には分かっている。私はこれを自分にもあてはめて，こう言った。「ここに私がいて，あなたは私をこうやって特別なかたちで使うことができている。でも，あなたのパターンは，いずれ私が変ってしまって，おそらくはあなたを裏切ることになるに違いない，と予想するというパターンなのだと思う。」

最初，私は，サラがそのような予想のパターンについて，あまりピンと来ていないように思ったが，彼女がそれに続けてある少年との体験を語ったので，ちゃんと理解していることが分かった。その少年は素晴らしかった。彼女はいくらでも彼に頼ることができた。彼は決して彼女を失望させなかったし，彼女を愛していて，今でもそうである。しかし，彼女の絶望している自己は，その関係を駄目にしようとした。彼女は彼を嫌いになろうとしたが，彼は彼女に好意をもち続けた。これが2カ月間続いたあと，彼は言った。「僕たちはもう会わない方がいいだろう，とにかくしばらくのあいだは。ちょっとひどすぎる状況だから。」サラはショックを受け，驚いた。こうして彼は去っていき，その関係は壊れた。彼女は，相手の側からの，彼のほうの変化によって関係が壊れるに違いないという自分の妄想のせいで，自分がその関係を壊す原因を作ってしまった，ということをはっきりと自覚していた。

私は次のように指摘した。これは，彼女がそうなるのを恐れているけれども，そうなるものと予想してしまう，ひとつの反復になっているのかもしれない，それがあまりにも彼女の一部として組み込まれたようなっているからなのだろう，そして，その基礎にはこういう事実があるのだろう，つまり，母親と父親が愛しあって，彼女がまだ1歳半のときに母親が妊娠し，1歳9カ月になった彼女が母親の変化にどうにも対処できずに，とても良いものはいつも変ってしまうものだ，それゆえに自分はその良いものを憎み，破壊することになるのだ，という確信を自分のなかで発展させるしかなかった，という事実が基礎にあるのだろう，と。

サラはこれらすべての意味がわかったように見え，いまや落ち着いてきた。

そして，母親が，これは一つの時期で，あなたは日々をどうにか暮らしていき，**哲学**をもつようにならなければいけない，と言っていたことについて語った。

　彼女はそのあと，あの素晴らしいデイヴィッドについて語った。彼は皮肉屋だ。「でも皮肉は，私には合いません。」彼女は言った。「私は皮肉を理解できないんです。私は人の言うことをそのまま信用します。そして，ただ憂うつになるだけです。デイヴィッドが実存主義について話してくれたことがありますが，私は言葉にならないくらい混乱しました。母は，人というものは完全な哲学を見つけたと思っては，それを捨て，また新しく出発し直すものだ，ということを説明してくれました。私は出発したいんです。私は廃人みたいになりたくありません。私は，今みたいに自己中心的ではなくなって，もっと人に何かを与えることができるような，理解力のある人になりたいんです。」

　　　彼女にとっての理想の自分は，彼女が自分自身を吟味したときに見出
　　　したものと，実に遠くかけ離れていた。

　私は言った。「うん。ただ，あることに私は気づいているけれど，あなたは気づいていない，ということを知ってほしいと思う。それは何かというと，あなたが怒りを感じるのは良い女の人に対してであって，悪い女の人に対してではない，ということ。良い女の人が変わってしまい，悪い人になってしまうんだ。」

　彼女は，「それは母のことですね？　でも，母はいまは絶対に正しいんです」と言った。

　私は言った。「そう，頼りになる良いお母さんをあなたが破壊するのは，あなたの思い出せない夢のパターンのなかで起こることなんだ。これからのあなたの課題は，誰かとの関係がちょっとだけ悪くなってしまい，ちょっと腹を立てたり，ちょっと幻滅したりしたときに，どうにか誰もが生き残って関係が続くような，そういう人間関係を生き抜いていくことなんだろうね。」

　私たちの面接はもう終ったように見えたが，サラは立ち去りかねていて，

それからこう言った。「でも，どうしたら，こんなふうに泣き出してしまうのをやめられるんでしょう？」彼女は私に，本当は私と話しながらずっと泣いていたのだが，実際に涙をこぼさないようにこらえていたのだ，と言った。「そうしないと話ができなかったんです。」

サラは，私と共にした体験をもう乗り越えていた。彼女はほっとした様子だった。二人とも疲れてはいたけれども。

最後に，彼女はこう尋ねた。「ところで，私はどうしたらいいんでしょう？　今夜，私が列車で学校に戻ったら，いったいどうなるんでしょう。もし私が勉強しなかったら，追い出されるでしょうし，デイヴィッドや友達とは絶対別れたくないし，でも……。」

そこで私は言った。「そうだね，こういうことをみんな整理していくことは，歴史とかいろんな教科を勉強するよりも大事だよ。だから，学期末まで家にいたらどうかな？　お母さんはそうさせてくれそうかな？」

彼女は，それはとてもいい考えで，もちろん彼女もそれを考えていたのだと言った。学校は彼女がやらねばならない勉強を送ってくれるだろうし，彼女は家庭の静かな環境で，私たちが話し合ったことすべてについてじっくりと思い巡らすことができるだろう。

そこで私はサラも同席のうえで，母親とそれについて打ち合わせをした。

最後に，サラは私に言った。「私は先生を疲れさせたに違いないと思います。」

私には，サラがいくつかの重要な感情に到達していて，家での今後2カ月間を有効に使うことができるだろうという感じがした。そして，休暇中に彼女が再び私のところに来るだろうと予想した。

治療結果

この治療相談面接をきっかけに，サラは精神分析的治療を求めるようにな

った。そして彼女は，元の寄宿学校には戻ることなく，精神分析を開始し，3〜4年にわたる治療のあいだ非常に協力的であった。彼女の治療は自然なかたちで終結し，成功と呼ぶに値するものであった。

21歳の時点で，彼女は大学で立派にやっており，かつて彼女に良い関係を壊させていた妄想的思考の侵入もなく，元気に生活を送っていた。

追 記

このセッションでの，私自身の振る舞いについてコメントしたい。言語化したものの多くは，結果的にみれば不必要だった。しかし**その時点では**，これがサラに援助をする唯一の機会になるかもしれなかったことを思い起こさねばならない。もし彼女が精神分析的治療をその後に受けることが分かっていたならば，以下のことを除いて，はるかに少しのことしか私は言わなかっただろう。その場合に本当に彼女に知らせる必要があったのは，私が彼女の話を聞いていたということ，私は彼女が何を感じているかに気づいていたということ，そして，私の反応を通して彼女の不安を私がコンテインできるのを示していたということである。もっと私は，鏡としての人（human mirror）になっていたであろう。

交叉同一化の観点からみた相互に関係すること[原注4]

これから私は，投影と取り入れの心的機制を使う能力またはその欠如という観点から，相互的コミュニケーションを論じることにしたい。

対象と関係することの漸進的な発達は，個人の情緒的発達における一つの達成である。一方の極では，対象と関係することは本能を背景としており，対象と関係することという概念は，ここでは置き換えと象徴性の使用によって拡大した範囲の全体を包含している。その反対側の極にあるのは，個人の人生の始まりに存在すると想定できる，対象がまだ主体から分離（separate

---

原注4）この節は 'La interrelación en terminos de identificaciones cruzadas' として *Revista de Psicoanalisis*, Tomo 25, No. 3/4 (1968). Buenos Aires に発表された。

out）されていない状態である。これは，分離された状態からそこへの逆戻りがあるときには融合（merging）という言葉が適用される状態である。しかし，人生の始まりには，私-でないものを私から分離するよりも前の段階があることを，少なくとも理論上は想定することができる（Milner 1969 参照）。この領域には，共生という用語がこれまで活用されてきたが（Mahler 1969），私にとっては，この用語はあまりに強く生物学に根ざしすぎていて受け容れることができない。観察者から見れば，一次的な融合状態であっても対象と関係することが存在しているように見えるかもしれないが，人生の始まりにおいて対象は"主観的対象"であることを思い起こさねばならない。私はこの主観的対象という用語を，実際に観察されるものと赤ん坊が体験するものとの不一致を許容するために用いてきたのである（Winnicott 1962）。

　個人は，その情緒的発達の途上において，個人が単一体になったと言える段階に到達する。私が用いてきた言葉を使えば，それは「私は在る（I am）」の段階（Winnicott 1958b）であり，（何と呼ぶにせよ）その段階が重要な意味をもっている理由は，個人が，**する**ということ以前に，**在る**ということに到達する必要があるからである。「私は在る」は，「私はする」よりも先行しなければならない。そうでないと，「私はする」は個人にとって全く意味をもたなくなる。これらの発達段階はごく早期に脆弱な形で到来するが，母親の自我から強化を受けるゆえに，早期の諸段階では赤ちゃんのニードへの母親の適応という事実にもとづいた強さをもっていると想定される。私は他のところで，このようなニードへの適応は，たんに本能を満足させるという問題にとどまらず，まず何よりも，抱えることとあやすことという観点から考慮されねばならないことを示そうと試みた。

　健康な発達において，発達しつつある子どもは次第に自律的になっていき，高度に適応的な自我支持からは独立して自分で責任をとることができるようになる。もちろん，環境側が大きな失敗をすれば，独立した状態で統合を維持する個人の新しい能力が失われてしまう場合もあるという意味で，まだそこには傷つきやすさがある。

　「私は在る」の側面から私が言及しているこの段階は，メラニー・クライ

ン（1934）の抑うつポジションの概念ととても密接に結びついている。この段階にあって，子どもは次のように言うことができる。「ここに私は在る。私の内側にあるものが私で，私の外側にあるものは私でない。」ここで内側と外側というのは，精神と身体の両方に関して同時に言っている。なぜなら，私はそこに精神-身体の満足な協同関係（partnership）があると想定しているからであり，もちろんそれは健康な発達の一要素である。また，こころ（mind）という問題もあるが，これはまた別個に考えるべきであり，とくにそれが精神-身体から分裂-排除された現象になる場合に考察する必要があろう（Winnicott 1949）。

　個々の少年や少女が，もはや内的心的現実のパーソナルな組織化を達成したからには，この内的現実は，外的な共有された現実のサンプルと常に照合されている。いまや，対象と関係することの新たな能力が発達したのであり，それは，私的心的現実からのサンプルと外的現実とのあいだの相互のやりとり（interchange）に基づく新たな能力である。この能力は，子どもの象徴の使用や創造的に遊ぶことに反映されるほか，以前私が示そうと試みたように，子どもが周囲の社会的環境から手に入る範囲で文化的要素を次第に使用できるようになることにも反映されるのである（第7章参照）。

　この段階で起こる，とても重要な新しい発達をここで検討してみよう。それは，とり入れと投影の機制に基づいた相互関係の確立である。これは本能よりも愛情（affection）と密接に結びついている。私がこれから述べるいくつかの考えは，もともとフロイトから派生したものではあるが，そこへの注目を促したのはメラニー・クラインであり，彼女は投影同一化と取り入れ同一化を有用なかたちで区別して，これらの機制の重要性を強調したのである（Klein 1932, 1957）。

事例：40歳の女性，未婚

　これらの機制の重要性を実践的なかたちで例示するために，ある分析の一部を提示したいと思う。この女性患者について述べておく必要があるのは，

"他人の立場に立って考える"ことができないために，彼女の人生が貧しいものになっている，ということだけである。彼女は孤立しているか，あるいは本能の後押しによって対象と関係しようと試みるか，どちらかになってしまっていた。この患者の固有の困難にはとても複雑な理由があったが，彼女には他人がどう感じているかに思いやりをいだく能力が欠けていたため，常に歪められた世界に生きていた，と言えるだろう。それに加えて，彼女がどんなふうでどう感じているのかが他人には分かるということを感じる能力も彼女には欠けていた。

　この患者のように，仕事はできていて，たまに抑うつ的になって自殺を考えることがあるというような場合，上に述べた状態は，組織化された防衛であって，すべてが乳幼児期の最初から続く生来の能力の欠如というわけではないことが理解されるだろう。精神分析ではよくあることだが，一次的状態についての見方を得るためには，高度に洗練された防衛組織のなかでどう使われているのかという観点から種々の機制を吟味しなければならない。この患者は，とても痛切に共感や同情を抱く領域をもっていて，それはたとえば世のすべての虐げられた人たちに関してである。そこにはもちろん，他の集団から屈辱的な扱いを受けるすべての集団が含まれ，女性もそこに含まれていた。彼女は，非常に根深いところで，女性は地位が低くて下層（third-class）の存在なのだと思い込んでいた。（それに加えて，男性は彼女の分裂-排除された男性的要素を表わしていたので，彼女は実際において男性を自分の人生に入りこませることができなかった。この分裂-排除された異性の要素というテーマは重要だが，この章の主要なテーマではないのでここでは触れないことにする。そのテーマは第5章で展開されているので参照されたい。）

　　これから報告するセッションの数週間前から，患者が自分に投影同一化の能力が欠けていることを認識し始めた徴候が，すでにいくつか現われていた。彼女は，死んだ人間に対して気の毒に思うのは無意味だ，と何度も断言し，それも，あたかも反論されるものと予想しているかのよ

うに，攻撃的な口調でそう言うのだった。「死んだ人のことを好きだったのに後に遺されてしまった人たちを，気の毒に思うことはできるでしょう。でも，死んだ本人に関しては，もう死んだのであって，それで事は終わっているのです。」これは論理的に筋が通っていた。そして，彼女にとって論理を越えるものなど何もなかった。この種の態度が積み重なった結果，患者の友人たちは彼女のパーソナリティのなかに，はっきりとは分からないにせよ，何かが欠けていると感じるようになり，そのためにこの患者の友人関係の範囲は限られたものになっていた。

このセッションのなかで彼女は，非常に尊敬している男性が亡くなったという話をした。彼女は，自分が分析家つまり私の死の可能性について話していることに気づき，そして，自分がまだ必要としている私の特別な一部を失うことについて言っているのを自覚した。彼女は，ただ単に分析家に対する自分のニードの残滓だけを理由に，分析家が生きていて欲しいと願うというのは，どこか無神経なものがあると自分でも気づいているように感じられた（Blake 1968 参照）。

このあとの短い間，患者は，はっきりした理由もないのに際限もなく泣きたいのだと言った。そこで私は彼女に，あなたはそのように言うことで，泣くことができないとも言っているのだろう，と指摘した。彼女はこのように答えた。「ここでは泣けません。私にはこれしかないので，時間を無駄にできないからです。」――そして彼女は，「もう何もかも馬鹿みたい！」と言ってむせび泣き始めた。

ここでひとつの局面が終わって，患者は，書き留めてあった夢を話し始めた。

彼女の教えている学校の男子生徒が，中途退学して就職するかもしれない。彼女は，ここにもまた悲しみの原因があるのだと指摘した。それは子どもを失うようなものだった。ここに，最近1, 2年の分析で投影同一化が非常に重要な機制となってきた一つの領域があった。彼女が教えている子どもたち，なかでも才能のある子どもたちは，彼女自身を表わしていた。だから，子どもたちの成績は彼女自身の成績であり，もし

彼らが学校を去るようなことがあれば，それは破局的な出来事なのだった。こういった彼女自身を表わしている生徒たち，とくに男の子たちが冷淡に扱われると，彼女は自分自身が侮辱されるように感じた。

ここに最近になって発達した一つの領域があり，そこでは投影同一化が可能になってきていた。そして，その投影同一化は臨床的に見れば病的な強迫性を帯びたものであったとしても，子どもたちが教師から得ることを必要としているものという面では価値あるものであった。彼女が学校について描いているイメージのなかでは，生徒たちは下層の地位を与えられ，職員の多くが子どもたちを軽蔑しているかのように振舞っていると見えたけれども，重要なのは，これらの生徒たちが彼女にとっては下層市民ではないという点であった。

長い分析の中で，私はこのときに初めて，素材を使って投影同一化の事実を指摘することができた。もちろん，私は専門用語など使わなかった。夢に出てきた，学校を卒業まで続けずに退学して職に就いてしまうかもしれない少年を，（彼の教師である）患者は，彼女自身のなかの何かを見出しつつある場所（place）として受け容れることができたのである。彼女がそこで見出しつつあったのは，実際には，分裂‐排除された男性的要素であった（しかしすでに述べたように，この重要なテーマに関する詳細は，こことは別の事例素材の提示のなかにある）。

いまや患者は，交叉同一化（cross-identifications）について考察できるようになり，最近のいくつかの体験を振り返ることができた。彼女はそこで，投影同一化やとり入れ同一化をする能力が彼女に欠けているのを知らない人から見れば，信じ難いほど無神経な振る舞いをしていたのである。事実，それまで彼女は病気の人としての自分自身を病気の他人に押し込んで，その人の現実の状況は「まったく無視して」（これは彼女の使った言葉であり，新たな見方で自分自身を見ていたのである）すべての注意を向けるように要求していた[原注5]。このとき，彼女は，交叉

同一化が欠けているために彼女が常に抱いてきた感覚を言い表すのに，**疎外**（alienation）という言葉を有用にも持ち込んできた。彼女はさらに進んで，彼女が自分の病的自己を押しつけていた友人（その人は同胞を表わしていた）に対して抱いてきた嫉妬のかなりの部分は，その友人が交叉同一化において生きてコミュニケートする前向きな能力をもっていることと関係があるのだ，と言うことができた。

　患者は続けて，ある試験監督のときの体験を描写した。そのとき彼女の受持ちの男子生徒の一人が，美術の試験を受けていた。彼は素晴らしい絵を描いてから，その絵をすっかり塗り潰してしまった。彼女はそれを見ているのがひどく辛かった。彼女はそういう時に口を出す同僚もいることを知っているが，もちろん，試験倫理の面から考えればそれは公正なことではない。良い絵が消されていくのを見ながら，それを救うことができないことは，彼女の自己愛にとって痛烈な打撃だった。彼女は，あまりにも強力に，その少年を彼女自身の生きている体験の表現として使っていたため，この少年にとってみれば良い絵を消し去ることが価値をもっているのかもしれない，ということに気づくのに大変苦労した。彼にとって消すことに価値がある理由は，彼がうまくやって褒められる勇気を奮い起こすことができなかったからなのかもしれないし，あるいは，試験を通るためには試験官たちの期待に合わせなければならず，それは彼の真の自己を裏切ることになる，と心に決めたからなのかもしれない。おそらく彼は不合格にならねばならないのだろう。

　私たちがここに見ることができる機制は，彼女自身をよくない試験官にしていたかもしれないものであるが，その機制はまた，彼女自身の一部，とくに男性的あるいは主導的要素（executive element）を表わす子どもたちのなかに，彼女が葛藤を見出すということに反映されつつあった。私が報告しているセッションのこの場面で，患者は分析家の助けをほとんど借りることな

原注 5）精神神経症の分析に用いられる別の言葉を使えば，これは無意識のサディスティックな行為であったと言えるが，この言葉はここでは役に立たない。

く，それまでは子どもたちがまさしく彼女のために生きているように感じられていたけれども，決して彼らは彼女のために生きているわけではないのだ，ということに気づくことができた。また彼女は，彼女自身の諸部分を投影してきた子どもたちに関することでしか自分は生き生きとしないと言えるのではないか，という考えを抱いた。

　この機制がこの患者のなかでどのように働いていたかを見ると，クライン派がこの主題について提示してきたことのいくつかを理解することができる。そこで用いられている言語は，患者が**中身**（stuff）を実際に他の誰かのなかに，あるいは動物のなかに，あるいは分析家のなかに押し込むことを意味しているが，そのありようをここに見てとることができるのである。とくにこの用語がよく当てはまるのは，患者が抑うつ的気分にあるにもかかわらず，抑うつ的空想の素材を分析家のなかに押し込んでしまっているために，患者自身では抑うつ気分を体験していない場合である。

　　次の夢は，化学者から時間をかけて少しずつ毒を盛られている小さな子どもについての夢であった。この夢は，患者がいまなお薬物療法に頼っていることと関係していた。とはいえ，この患者の主な特徴が薬物依存というわけではない。彼女は寝つくのに本当に助けが必要であり，彼女の言うには，薬は大嫌いで，呑まないですむようにできる限りのことはしているが，もし眠れなくて睡眠欠如の状態で日中もやっていくとなると，もっとひどい状況になってしまうのだという。

　このあとに続いた素材は，この長い分析において，新たにこのセッションで出現したこのテーマを引き継ぐものだった。次に続いたいくつかの連想のなかで，患者は，ジェラード・マンリー・ホプキンズ[訳注1]の詩を引用した。

　私は柔らかく零(こぼ)れるもの
　砂時計のなかを──壁ぎわに
　固くはりついているが，動きと漂(ただよ)いに掘り崩され

第10章　本能欲動とは別に交叉同一化において相互に関係すること　*187*

　押し合い，くしけずられ落ちていく
　私は井戸水のように変わりなく，平らかで，窓硝子のようだ
　けれど，いつも，あの高みから山肌や荒野をずっと降りてくる
　水脈に，くくりつけられている……

　そこには，彼女がすっかり重力のような何らかの力のなすがままになっていて，漂い，何もコントロールできない，という考えが含意されていた。彼女はしばしば分析について，そしてセッションの頻度や長さに関する分析家の決定についてそんなふうに感じていた。ここに私たちは，交叉同一化なしで生きるとはどんなことなのかを見てとることができるだろう。それは，分析家が（あるいは神であれ運命であれ）投影同一化という手段では，つまり患者の欲求を理解することによっては何も供給できないということを意味しているのである。

　ここから患者は，非常に重要な別の事柄を語り始めた。それは，この交叉同一化という主題に関することではなく，彼女の女性自己と彼女の分裂-排除された男性的要素のあいだの争いが，和解しがたい性質をもつということに関連する内容だった。

　彼女は自分自身について，投獄され，監禁され，物事をまったくコントロールできないものとして，砂時計のなかの砂に同一化して語っていた。明らかになったことは，彼女は分裂-排除された男性的要素を投影同一化する技術をすでに発達させており，これによって彼女は，自分自身のその部分を投影できる生徒たちや他の人々を通して何らかの代理的な体験ができていたが，それに比べて，彼女の女性自己に関しては投影同一化の能力が著しく欠如していたことである。この患者は，いつでも自分自身を女性として考えることに何の困難もなかったが，女性は「下層市民」だと知っているし，これまでも知っていた，と言い，それについてはどうしようもないと**知っている**，と

訳注1）Gerard Manley Hopkins（1844-89）。英国の詩人，イエズス会の宗教家。宗教的な心情を反映する彼の詩は，その斬新な韻律が現代詩に大きな影響を与えた。ここに引用されているのは長詩「ドイチュランド号の難破」の一部。

いうのだった。

　いまや彼女は，彼女の女性自己と分裂‒排除された男性的要素とのあいだの絶縁（divorce）あるいは分離に関するジレンマを感じることができるようになっていた。そして，これによって，父親と母親についての新しい見方が出てきた。その見方とは，彼らに，結婚している人たちとしての，また両親としての，暖かくて献身的な相互関係を見ているものであった。良い記憶の回復が極致まで達した瞬間に，患者はもう一度，自分の顔が母親のスカーフに触れるのを感じた。これは，母親と融合している状態という考えを伝えており，いくぶん理論的に言えば，主体から対象が分離される以前，あるいは対象が客観的に知覚されて真に分離した外的なものとなる以前の一次的状態と結びついていた。

　　このとき，この回のセッションのなかで発展してきたものを補強するような，いくつかの記憶が出てきた。それらは，彼女（患者）がそのなかで病気の人であった良い環境についての記憶であった。この患者は，病因的な重要性のある不運な環境的要因をつねに利用してきたし，また利用する必要があった。それまでにも患者は，彼女が幼い少女の頃，両親が互いにキスを交わすのを目にしたときに感じたホッとする気持ちをしばしば報告したことがあった。いまや彼女は，このことの意味を，それまでとは違う面からもっと深みをもって感じ，その行為の根底にある感情に偽りがないことを信じられるのだった。

　このセッションでは，投影同一化の能力の発達の過程を見ることができた。この新しい能力は，この患者がそれまでの人生で達成できなかったような，新しいタイプの関係をもたらした。それに加えて，この能力が相対的に欠けていたことが，彼女の世界との関係や，世界の彼女との関係に，とくに相互的コミュニケーションの面で貧困化をもたらしていたことについて，新たな気づきが生じた。さらに付け加えなければならないことは，この新たな**共感**の能力に伴って，転移のなかに，新しい無慈悲さ（ruthlessness），分析家に

多大な要求をする能力が到来しており，それは，いまや外的または分離した現象である分析家は**自分で自分の面倒を見るだろう**，という前提に立っているのだった。彼女は，患者が貪欲さを達成できるようになったことを分析家は喜んでくれるだろうと感じていた。貪欲さは重要な意味において愛と等価である。分析家の機能は生き残ることなのである。

　この患者のなかに変化があった。それから 2 週間のうちに彼女は，（すでに亡くなっていた）母親について，ある宝石をもう身に着けられないから可哀想に思うとまで言えるようになった。その宝石は母親が彼女に遺してくれたものであったが，彼女はそれを身に着けるということができなかった。患者は，ほんの最近まで彼女自身が，人は死んだ者を可哀想だと感じることなどできないと主張していたことすら，ほとんど忘れていた。その考えはかつての冷徹な理論では正しかった。いまや彼女は，**想像力の面でも生きており**，死んだ母親に，たとえほんのわずかで代理的であれ，いくらかの生命を与えるために，その宝石を身に着けて生きていきたいと思うようになっていた。

変化と治療過程の関係

　どのようにして患者の能力にこれらの変化が起こるのだろうか，という疑問が生じてくる。それに対する答えは決して，解釈が心的機制の働きに直接的に作用することを通してそれらの変化が起こる，というものでは**ない**ことは確かである。ここまで提示してきた臨床素材のなかで明らかに直接的な種類の言語的言及をしていた事実にもかかわらず，私はそのように言うのである。私の意見では，私がこういう好き勝手なこと〔解釈〕を自分に許したのは，もうすでに作業がなされた後のことだったのである。

　この事例には長い分析歴があって，他の分析家と何年間か行い，そのあと私と 3 年間続けていた。

　投影的機制はおそらく精神分析的作業にとって最も重要なパスポートであり，この投影的機制を使う分析家の能力が徐々にとり入れられていくと示唆するのが妥当であろう。とはいえ，それがすべてではないし，根本的なもの

というわけでもない。

　私は，この事例や，これと似たさまざまな事例のなかで，患者は転移において依存へと退行する時期を必要としており，こうした退行の時期があることによって，患者（赤ちゃん）と同一化する分析家（母親）の能力に実際に基づいた，ニードへの適応の十全な効果が体験されるということを見出してきた。この種の**体験**の流れのなかに分析家（母親）と融合している体験が量的に充分あるので，それによって患者は投影同一化や取り入れ同一化などの機制を必要とせずに，生き，関係することができる。そのあとに，対象を主体から分離する苦しい過程が生じ，分析家は分離されて患者の万能的コントロールの外に置かれる。この変化の途中とその後に起こる破壊に分析家が生き残ることは，新たなことが起こるのを可能にする。それは，患者が分析家を**使用すること**であり，そして交叉同一化に基づく新たな関係性の始まりである（第6章参照）。いまや患者は，想像力で分析家の立場を理解することが可能になり始め，そして（同時に）分析家も，いわば足が地についた位置から，患者の立場を理解することが可能になり，またそうすることが有効にもなるのである。

　そうなると，その好ましい結果は，分析過程の継続によって起こる転移の進展の性質のうちに現れる。

　精神分析は，本能の働きと，本能の昇華に充分な注意を喚起してきた。ここで銘記しておくことが大切なのは，欲動に規定されない，対象と関係することのための重要な諸機制が存在するということである。私は，遊ぶことのなかの，欲動に規定されない諸要素を強調した。例を挙げて，赤ちゃんや親であることのなかに本来の場所をもっている依存と適応という現象の利用に属する，相互に関係することについて述べた。また，私たちの人生のかなりの部分は，交叉同一化において相互に関係することに費やされることも指摘した。

　これから私は，青年期の反抗に対する親の側のマネジメントの領域に特有な，諸々の関係性について述べたいと思う。

第11章　青年期発達の現代的概念と
　　　　　その高等教育への示唆[原注1]

予備的考察

　この広く大きな主題に対する私のアプローチは，私の特別な経験の領域からくるものでなければならない。これから私が言うことは，心理療法的態度を鋳型としてつくられたものでなければならない。心理療法家として，私はおのずと次のような点に即して考えている。

- 個人の情緒的発達
- 母親および両親の役割
- 幼児期のニードに対応して自然に発達してきたものとしての家族
- 家族という観念の延長として，および硬直した家族パターンからの救済として見た，学校やその他の集団の役割
- 青年のニードとの関係でその家族が演じている特別な役割
- **青年の未成熟さ**
- その青年の人生における成熟の漸進的獲得
- パーソナルな自発性を大きく喪失しすぎない，社会的集団や社会への同一化の獲得
- 成熟した人も未成熟な人も含めて個々の単一体から構成されている，集合名詞としての"社会"の構造

原注1）1968年7月18日，ニューカッスル-アポン-タインでの大英学生保健学会第21回年次大会にて開催されたシンポジウムの一部。

- 種々の自然な成長過程の到達点として見た，政治・経済・哲学・文化のさまざまな抽象概念
- 10億の個々人のパターンがひとつひとつ重ね合わされたものとしての世界

　成長過程が原動力であり，これは各個人が受け継いでいる。ここでは，ほどよい発達促進的環境が当然あるものという前提に立っており，そのような環境は各個人の成長と発達の出発点における**必須要件**(シネ・クア・ノン)である。成長し，成熟を達成するうえでの遺伝的傾向やパターンを規定する遺伝子はあるにしても，情緒的発達には，環境側の供給と無関係に起こることなど何もない。そして，その環境側の供給は，ほどよいものでなければならない。この論述には，完全という言葉が入っていないことに気づかれるだろう。完全さは機械に属することであって，ニードへの人間的な適応を特徴づける不完全さが，発達を促進する環境のもつ本質的な性質なのである。

　これらすべての基本にあるのは，**個人の依存**という観念である。依存は，最初のうちは完全に近い依存であるが，徐々に，順を追って相対的な依存へと変化し，独立へと向かう。独立は絶対的なものになることはなく，自律的な単一体と見なされる個人も実際には決して環境から独立しているわけではないが，成熟した状態であれば，幸福感やパーソナルな同一性をもっている感覚が生じる程度には，個人が自由で独立していると**感じる**方法もいろいろある。交叉同一化という手段によって，「私」と「私-でないもの」のあいだの明確な境界線は曖昧になる。

　私がここまでに書いたことといえば，個人の成長を集合的に見て原動力と認識したうえで，この個人の成長の大釜の表面でつねに沸き立っているものに関する，人間社会の百科事典のさまざまな項目を列挙しただけである。私がここで扱える事柄は当然ながら量的に限られているので，重要なのは，私がこれから述べることを人間性という巨大な背景幕のもとに置いてみることである。人間性というのは多くの異なる見方が可能なものであり，望遠鏡の一方の側からも，その反対側からも見ることができるのである。

病気か，健康か

　一般論から離れて個別のテーマを扱い始めると，私はこれを採りあれを捨てるという選択をしなければならない。たとえば，個人の精神医学的な病気の問題がある。社会は個々の成員すべてを含んでいる。社会構造は精神医学的に健康な成員によって構築され維持されている。にもかかわらず，社会はどうしても，病気である人々をも包含(コンテイン)しなければならない。たとえば，社会は次のような人々を包含している。

　未成熟な人々（年齢的な未成熟）。

　精神病質の人々（愛情剥奪の最終的結果——**希望がもてる**ときには，自分が体験した剥奪の事実を社会に認識させることになる人々。その剥奪とは，よい対象や愛情対象の剥奪，または自発的な動きから生じる強い緊張に耐えるために頼りにできる**構造**の剥奪である）。

　神経症の人々（無意識的動機づけとアンビヴァレンスに悩まされている）。

　気分の沈んだ人々（自殺とその他の選択肢のあいだを漂っている。その他の選択肢として，社会的貢献の面で最大級の達成を含むことがある）。

　スキゾイド的な人々（彼らはすでに誂(あつら)えられたライフワークをもっている。それは自分自身の確立であり，同一性の感覚とリアルに感じられる感覚をもった個人として自分を確立することである）。

　統合失調症の人々（彼らは，少なくとも病相期にはリアルに感じることができず，（最良の場合に）仮の代理的存在で生きることを基盤にして何かを達成することがある）。

これらに，私たちは最も厄介なカテゴリーを付け加えなければならない。これは権威や責任ある地位に身を置いている多くの人たちを含むカテゴリーである。すなわち，妄想的な人々であり，ある思考体系に支配されている人々のことである。彼らにおいては，その思考体系があらゆることを説明するために常に現われねばならず，そうしないと（個人がこのかたちで病的である場合は）観念の急性の混乱や，混沌の感覚，予見性の完全な喪失に陥ってしまうのである。

精神医学的な病気については，どのように記述しても重複が起こる。人々は病気の各分類にすっきりと分かれてはくれない。この点が精神医学を内科医や外科医にとって理解しがたいものにしている。彼らは言う。「君たちの分野には疾患があり，僕たちの分野には治療法がある（あるいは1〜2年後にはできてくる）。」どんな精神医学的ラベルも事例に正確に当てはまることはないし，とりわけ"正常な"または"健康な"というラベルに関してはそのことが言える。

私たちは病気という観点から社会を見ることもできるだろう。どのようにして社会のなかの病気の成員たちが注意を惹きつけるのか，いかに社会が個々人に始まる疾患分類によって色づけられるようになるかを見ていくこともできるだろう。あるいは，精神医学的に健康であるはずなのに，所属する社会単位によって歪められ無力化されてしまう個人を，家族や社会単位がどのようにして作り出すのかを検討することもできるだろう。

私はそのようなやりかたで社会を見ることを選ばなかった。私は社会を**その健康さという観点**から見ることを選んだ。すなわち，精神医学的に健康な成員たちの健康から自然に生じる，成長や永遠に繰り返される若返りのうちにあるものとしての社会である。ときには，ある集団のなかで精神医学的に不健康な成員の占める割合が高すぎるため，彼らの健康を総動員しても健康な要素が彼らを支えることができず，社会単位そのものが精神医学的病気の犠牲者になってしまう場合があることも私はよく知っているが，それを承知のうえで，やはり社会を健康の面から見ることを選ぶのである。

そのため私は，社会をあたかも精神医学的に健康な人々で構成されているかのように見なすつもりである。そのように見たとしても，社会というものが抱える問題は充分にあることがわかるだろう，まったく充分すぎるほどに！

私が正常という言葉を使わなかったことにお気づきのことと思う。この言葉は，安易な考え方とあまりに強く結びつきすぎている。しかし私は，精神医学的な健康というものはあると信じている。つまり私は，（他の人たちがやってきたように）パーソナルな充足へと向かう個人の成長が集団的に表現されたものとして社会を研究することは妥当だと感じているのである。当然ながら，どんな社会も，個々人によって成り立ち，維持され，つねに再構築されていく構造である以上は，社会なしにパーソナルな充足はありえないし，社会を構成する個々人の集団的な成長過程と無関係には社会も存在しえない。そして私たちは，世界市民を探すのは止めにして，あちらこちらに地域社会やナショナリズムや宗派の境界などを超えて広がった社会単位をもつ人々を見出して満足することを学ばねばならない。実際のところ私たちは，精神医学的に健康な人々の健康やパーソナルな充足が，**ごく限られた社会領域への忠誠**（たとえば地域のボウルズ・クラブ[訳注1]への忠誠など）に依拠しているという事実を受け容れる必要がある。むしろ受け容れようではないか。ギルバート・マレー[訳注2]がどこにでもいるなどと思ってしまうから失望する羽目になるのである。

主要な命題

私の命題を明快に述べるために，まず，ほどよい養育（good-enough mothering）の重要性に対する評価が，この50年間で著しく変わったことに触れておかなければならない。養育（mothering）には父親の関わりも含

訳注1）ボウルズは英国各地で愛好される中世起源の球技で，重い球を転がして目標球への距離の近さを競う。
訳注2）George Gilbert Aimé Murray（1866-1957）は英国のギリシャ古典学者。異なる宗教を俯瞰する視点をもち，国際政治に関与して国際連盟の議長を務め，国際連合の創設にも関わった。

まれるが，おそらく父親たちも，赤ちゃんとその世話に対する全体的な態度を言い表すのに母親的という用語を使うことを許してくれるに違いない。父親的という用語は，母親的という用語よりも必然的に少しばかり後の時期になって出てくる。徐々に男性としての父親が重要な要因になってくるのである。そして次に，家族が重要になってくる。その家族の基礎となるのは，父親と母親の結合であって，彼らは一緒におこなったことへの責任，つまり，いわゆる新しい人間である赤ちゃんに対する責任を共有しているのである。

　ここで母親的な供給に触れておこう。いま私たちは，赤ちゃんがどのように抱えられ，どのようにあやされるかが重要であることを知っているし，誰が赤ちゃんの世話(ケア)をするのか，またそれが実際の母親なのか他の人物なのか，といったことも重要なのを知っている。子どもの世話に関する私たちの理論では，世話の連続性が，促進的環境の概念にとって中心的な特徴となっている。この環境側の供給の連続性によって，そしてそれによってのみ，依存のうちにある新生児は人生の線上に連続性をもてるようになるのであり，予見不能なものにただ反応して永久に再出発を繰り返すようなパターンに陥らずに済むのである（Milner 1934 参照）。

　ここでボウルビー（Bowlby 1969）の仕事に言及することができる。母親という人物の喪失（たとえ一時的であっても）が，母親のイメージを生きたままに保つ赤ちゃんの能力の時間的限界を越えてしまった場合，その喪失への2歳児の反応がどのようなものになるかは，今後まだ研究の余地はあるにせよ，すでに広く認識されている。しかし，この研究の背景にある考えは，世話の連続性という問題の全体にまで広がるものであって，赤ちゃんのパーソナルな人生の始まり，つまり，赤ちゃんが母親を一人の全体性をもった人間(パーソン)であると客観的に知覚するよりも以前に起源をもつのである。

　もう一つ新たに付け加えよう。私たちは小児精神科医として，健康だけに関心をもっているわけではない。精神医学一般にもそれが言えると良いと思う。私たちが関心をもっているのは，健康な場合には高まっていくが，精神医学的に不健康な場合にはたとえ遺伝子が子どもを充足に向かわせようとも**高まることがない**，幸福の豊かさである。

いまや，私たちがスラム街や貧困を見るとき，ただ戦慄を覚えながら見るのではなく，赤ちゃんや子どもにとってみればスラム街の家族のほうが，そうした過酷な状況[原注2]のない素敵な家に住む家族よりも，より安全で促進的環境として「よい」場合があるという可能性にも目が開かれるようになってきた。また，習慣の面で，さまざまな社会集団のあいだにある本質的な相違を考慮することには価値があると私たちは感じる。たとえば，赤ちゃんを布でくるむ習慣を例にとれば，これは乳児が自由に探索をしたり足でけったりするのを許容するのとは対照的であり，後者のほうが英国のような社会では広く受け入れられている。おしゃぶりの使用，親指しゃぶり，自体愛的な行為一般などに対して，その社会ではどんな態度がとられているだろうか。幼少期の自然な失禁や，またそのしつけとの関係について，人々はどう反応するだろうか。かつてのトルービー・キングの〔統制的な〕育児書の影響は，いまや赤ちゃん自身にパーソナルな道徳性を見出す権利を与えようと試みる大人たちによって乗り越えられる途上にある。厳格な教化に対する反動が，極端な許容的態度という反対の極にまで走りがちなのも，これと同じことである。もしかすると，アメリカ合衆国の白人の市民と黒い肌の市民との違いは，皮膚の色の問題というよりも授乳のしかたの問題であることが明らかになるかもしれない。哺乳ビンで授乳された白人が，たいていは母乳で育てられたであろう黒人に対して抱く羨望は測り知れないものである。

　私が，完全に一般化している概念とは言えない無意識的な動機づけを扱っていることに気づかれるだろう。私が必要としているデータを，記入式の質問紙で集めることはできない。研究対象となった個人のなかで無意識的である動機を，コンピュータのプログラムで示すことは不可能である。だからこそ，精神分析を実践しながら生涯を送ってきた人は，人間に関するコンピュータ化された研究の特徴である表面的現象への狂信に対して，正気を擁護するために反対の叫びをあげなければならない。

原注2）狭小過密な住環境，飢餓，感染症，身体的な病気や災害の脅威，そして慈善的な社会が公布する法律の脅威

さらなる混乱

　もう一つの混乱の源は，次のような，いかにももっともらしい考え方にある。すなわち，もし母親たちや父親たちが彼らの赤ちゃんや子どもたちをうまく育てれば，問題はあまり起こらないのだという考え方である。まったく，とんでもない話である！　このことは私の主題と非常に密接に関わっている。私が言いたいのは，赤ちゃんや子どもの世話における成功や失敗がこちらに跳ね返ってくる時である青年期に目を向けるなら，今日起っている問題のいくつかは，現代の育て方や現代の個人的権利への態度のなかの肯定的要素に伴うものなのだ，ということである。

　もしあなたが，自分の子どものパーソナルな成長を促進するためにできることをすべてやったとしたら，いずれ意表を突くような結果に対処することが必要になるだろう。もし，あなたの子どもたちが少しでも自分自身を知ったならば，彼らは自分自身の全体を知るまで満足しないだろうし，そこには愛情深いと呼べる要素だけでなく，彼ら自身の攻撃的または破壊的な要素も含まれているのである。ここから長期にわたる格闘が起こることになり，あなたはそれを生き残る必要がある。

　あなたの子どもたちの何人かが，もしあなたの奉仕のおかげで早々に象徴を使えるようになり，遊べるようになり，夢を見られるようになり，満足のいくやりかたで創造的になれるようになったとしたら，あなたは幸運ということになるけれども，その場合でさえ，そこに到達するまでの路は険しいかもしれない。そして，どんな場合でもあなたは間違いをするだろうし，その間違いのせいで何もかも台無しになったように見えたり感じられたりするだろう。さらに，子どもたちは自分たちの挫折の責任をあなたが感じるようにしむけるだろうし，実際には責任がないときですらそうするだろう。子どもたちは，ただ一言，こう言うのである。生んでくれと頼んだ覚えはない，と。

　あなたにとっての報酬は，あの子やこの子のなかに徐々に現れてくるパーソナルな潜在能力の豊かさというかたちで得られる。そして，もしあなたが成功したならば，今度は，自分が経験したよりもパーソナルな発達のうえで良い機会を手に入れている自分の子どもたちに対して，嫉妬を覚えるように

なることを覚悟しておかなければならない。もし，いつの日かあなたの娘があなたに孫の子守りを頼み，それによって，あなたに子守りが満足にできると彼女が考えていることを示してきたならば，また，もしあなたの息子がある面であなたのようになりたいと言ったり，あなたが若かったら好きになったであろうような少女に恋をしたならば，あなたは報いられたと感じるだろう。報酬は，**間接的**に得られるのである。そして，もちろんご存じのように，あなたが感謝されることはない。

青年期過程における死と殺し[原注3]

　ここで私は，これらの事柄の再規定へと話を飛躍させよう。これらは，子どもが思春期を迎えたときや，青年期の苦闘の最中にあるときに，両親に課せられる課題に関わってくるからである。

　この10年，青年たちに自分自身を表現する自由がある国々で共通して現れている，個人と社会の諸問題について実に多くのことが書かれ続けているけれども，青年期的な空想の内容について個人的なコメントを加える余地はあるだろう。

　青年期という成長の時期に，少年たちや少女たちは，ぎこちなく不安定なかたちで子ども時代から脱け出して依存から離れていき，成人の地位へと手さぐりで進む。成長というものは，遺伝的傾向だけの問題ではなく，発達促進的な環境との高度に複雑な織り合わせの問題でもある。もし家庭がまだそこにあって使用できるようであれば大いに役立つし，家庭がもう使用できない場合や，むしろ家庭から離れたほうがよい（否定的な使用）場合には，青年期の成長過程を包含（コンテイン）するための小社会単位が供給される必要がある。その子たちが比較的無害な幼児や乳児であった早期の段階に生じていたのと全く同じ問題が，思春期にも現われてくる。特筆に値するのは，あなたが早期の段階でもうまくやっていたし，今でもうまくやっているという場合でさえ，

原注3）「青年期過程とパーソナルな直面の必要性」の表題で『小児科学』44巻5号第1部（1969）に掲載された。

スムースにいってくれるものとは期待できないことである。実際は，いろいろと問題が起こってくると予想できる。あるいくつかの問題は，こういった後期の段階〔青年期〕に本来的に備わっているのである。

　青年期的な考えと，幼児期のそれとを比較してみることには大いに価値がある。もし早期の成長段階の空想に**死**が含まれているのなら，青年期の空想には**殺し**が含まれている。思春期の成長が大きな危機もなく進んでいる場合でさえ，緊急のマネジメントの問題に対処する必要が出てくるかもしれない。なぜなら，成長するということは，親に取って代わることを意味するからである。**これは本当である**。無意識的空想のなかで，成長することは本来的に攻撃的な行為である。しかも，その子は，もう子どもサイズではないのである。

　ここで「俺はお城の王様だ」というゲーム[訳注3]を考察することは，役に立つだけでなく，理にかなっていると思う。このゲームは少年たちや少女たちの男性的要素に属するものである（このテーマは少年たちや少女たちの女性的要素の面から述べることもできるが，ここでは紙幅が足りない）。これは潜在期前期のゲームなのだが，思春期ではそれが人生状況の形をとるようになる。

　「俺はお城の王様だ」はパーソナルな存在の言明である。それは個人の情緒的成長の達成である。それはすべての競争相手の死や支配性の確立を含意するような位置（ポジション）である。予想される攻撃は，その次の句に示される。「おまえは汚い悪党だ。」（または「降りろ汚い悪党め。」）ライバルを名指しすれば，自分がどこにいるかが分かる。じきに汚い悪党が王様を打ち倒し，こんどは王様になるのである。オウピー夫妻の編纂した童謡辞典（Opie, 1951）によれば，このゲームは非常に古くからあるもので，紀元前20年にホラティウス[訳注4]が次のような子どもの歌を書き記しているという。

訳注3）マザーグースにも収められている二行詩「俺はお城の王様だ／おまえは汚い悪党だ」による遊び。一人が小高い場所に登ってこの詩を大声で歌うと，他の子たちが競ってその子を引きずり降ろし，代わって登った子がこの詩を大声で歌う，その繰り返し。

訳注4）Quintus Horatius Flaccus（65-8 B.C.）古代ローマの詩人。『風刺詩』，『詩論』などで知られる。

Rex erit qui recte faciet;（王とは正しく行う者なり）
Qui non faciet, non erit.（正しく行わぬは王にあらず）

　人間の本質が変化したと考える必要はない。私たちのやるべきことは，はかなく束の間のもののなかに，変わりないものを探すことである。私たちは，この児童期のゲームを，青年期と社会の無意識的動機の言語へと翻訳する必要がある。子どもが成人になるとすれば，その前進は成人の屍の上に達成されるのである（ここでは，遊ぶことの根底にある素材である無意識的空想の話をしていることを読者が当然分かっているものとして述べている）。もちろん私は，少年少女が実際の両親と調和的な関係を保ちながら，家庭のなかで必ずしも目立った反抗をすることもなく，この成長段階をどうにか通過していく場合があることを知っている。ただ，子どもの反抗は，その子が自分自身として存在できるように育てたことによって，あなたがその子に与えた自由に由来するのだということを覚えておいたほうが賢明である。ある場合には，こんなふうに言えそうなときもある。「赤ん坊という種を播いたら，爆弾を収穫する羽目になった。」実は，これは常に正しいのであって，いつもそう見えるとは限らないだけである。

　思春期と青年期の成長に付随する無意識的空想の総体のなかに，**誰かの死**というものがある。その多くは，遊びのなかで，また置き換えによって，そして交叉同一化にもとづいてうまく処理されうる。しかし（心理療法家として言えば），個々の青年の心理療法においては，死とパーソナルな勝利感が，成熟過程と成人の地位の獲得に本来備わっているものとして見出される。これは両親や保護者にとって状況を大いに難しいものにする。そしてまた個々の青年たち自身も，この危機的段階での成熟に付随する殺しと勝利感に対して尻込みするので，本人たちにとっても状況は難しくなるのである。この無意識的なテーマは，自殺衝動を体験したり，あるいは実際に自殺行動をしたりというかたちで顕在化してくる場合もある。両親にできる援助はほんのわずかしかない。両親にできる最善のことは，**生き残ること**であって，損なわ

れることなく，顔色を失うことなく，重要な原則は放棄せずに生き残ることなのである。これは決して，親たち自身が成長しないという意味ではない。

　青年期において，ある割合の人たちはその段階の犠牲者となるだろうし，ある割合の人たちは性や結婚に関してある種の成熟に達し，おそらく親たち自身のような親になっていくだろう。結構なことである。しかし，その背景のどこかには，生きるか死ぬかの格闘がある。もし力の衝突があまりにも容易に巧みに避けられてしまうと，状況は十全な豊かさを欠くことになってしまう。

　このことは私の主な論点，すなわち青年期の**未成熟さ**という難しい論点につながっている。成熟した成人はこれについて分かっていなければならないし，他のどのようなときにも増して，自分自身の成熟を信じなければならない。

　このことについて，誤解されずに述べるのが難しいことは分かっていただけるものと思う。というのは，未成熟さについて語ると，どうしても見下すような響きがしてしまいがちだからである。しかし，それは私の意図するところではない。

　どんな年齢の（たとえば6歳の）子どもでも，親の死や家族の離散などによって，突然，責任能力をもつことが必要になる場合がある。そういった子どもは，時期尚早に老成しなければならず，自発性や遊び，屈託のない創造衝動を放棄しなければならなくなる。青年の場合，このような立場に置かれることはもっと頻繁にある。ふと気がついたらもう選挙権を持っていたり，カレッジを運営する責任を負っていたりする。もちろん，状況の変化によっては（たとえば，あなたが病気になったり，死亡したり，経済的困窮に陥ったりすれば），時が熟するよりも前に，少年や少女を責任能力のある代理人にすることは避けられない。おそらくは弟たちや妹たちに世話や教育を受けさせねばならないし，生活していくためのお金が絶対に必要なのである。しかし，意図的な方針として成人が責任を引き渡すといった場合になると，また事情が違ってくる。実際，そうすることはまさに危機的な時点で子どもたちを見捨てるようなものである。ゲーム，あるいは人生ゲームの言葉で言え

ば，子どもたちがあなたを殺しそうになるところで，あなたは退位してしまうことになる。誰が幸せになるというのか。青年でないことは確かである。もはや彼は体制側になってしまうのだ。未成熟さのもつ想像的活動や渇望のすべてが失われてしまう。反抗はもう意味をなさなくなり，そして余りに早く勝利を手にした青年は自分自身のわなに落ち，独裁者にならざるをえなくなって，ただ殺されるのを待ちながら立っていなければならない。彼を殺すのは，彼自身の子どもたちという新しい世代でなく，同胞たちである。当然，彼は同胞たちを支配しようと試みる。

　これは，社会が無意識的動機を無視してしまって危険に瀕することになる数多くの領域の一つである。間違いなく，心理療法家の毎日の作業の素材は，社会学者や政治家に少しは活用されうるし，成人である一般の人々，つまり，必ずしも私生活だけではないにせよ，各人のごく限られた範囲内で影響力を持っている成人たちにも使われうるものである。

　私がここで言いたいのは（簡潔にするため独断的な言い方になるが），青年は**未成熟**であるということである。未成熟さは青年期における健康の本質的要素である。未成熟さの治し方は一つしかない。それは**時間の経過**であり，時間がもたらしてくれる成熟への成長である。

　未成熟さは，青年期状況の貴重な一部である。この未成熟さには，創造的思考，それまでにない新鮮な感覚，新しい生き方への発想といった，最もエキサイティングな特徴が含まれている。社会は，責任能力のない人たちの熱望によって揺り動かされる必要がある。もし成人がその地位から退いてしまうと，青年は時機尚早に，偽りの過程によって成人になってしまう。社会に対する助言として，次のようなことが言えるだろう。すなわち，青年たちのため，彼らの未成熟さのためを思うなら，たとえ彼らが責任を手に入れるために闘争をしかけようとも，決して，まだ彼らのものでない責任を引き渡して，彼らが偽りの成熟を増大させたり，獲得したりするのを許してはならない。

　成人がその地位から退かないという条件つきでこそ，青年たちが自分自身を見出し自ら運命を決定しようとする奮闘を，私たちの周りにある最も感動

的なものと見なすことができるのである。理想的社会についての青年の考えはエキサイティングで刺激的だが，青年期に本質的なのは，未成熟さと，責任がないという事実である。この青年期の最も神聖な要素はわずか数年しか持続せず，そして成熟が達成されるにつれて，各個人から失われていかねばならない特性なのである。

私は次のようなことを常に心に留めるようにしている。すなわち，社会が永続的に保持しているのは，青年期という状態なのであって，個々の青年期の少年少女ではない。青年期の少年少女は，残念ながら数年もすれば成人になってしまって，あっという間に，また次の新しい赤ちゃんたちや新しい子どもたちや新しい青年たちが世界についての意見や夢や新しい計画をその中で自由にもてるような，ある種の枠組みに同一化してしまうのである。

勝利感は，成長過程による成熟の達成を通して得られるものであって，決して，成人への安易な模倣に基づく偽りの成熟からもたらされることはない。この一言のなかに，いくつもの恐るべき事実が封じ込められている。

未成熟さの性質

ここで少しばかり，未成熟さの性質を吟味してみる必要があるだろう。私たちは，青年たちが自らの未成熟さに気づくことや，その未成熟さの特徴が何であるかに気づくことを期待してはならない。また，私たちも理解をする必要はまったくない。大切なのは，青年の挑戦が受けて立たれることである。では，誰が受けて立つのか？

正直に言うと，私はこの主題について話すことで，この主題を貶めているように感じる。私たちが安易に言葉にすればするほど，その効果は乏しくなる。誰かが青年に対して，上から見下ろすようにしてこう言うのを想像してみてほしい。「君の魅力的なところは，君の未熟さだ。」これは，青年の挑戦を受けて立つやり方としてはひどい失敗例であろう。おそらく，この「挑戦を受けて立つ（a meeting of the challenge）」という言い方は，正気への回帰を表わしている。**理解すること**（understanding）に代わって，**直面**

(confrontation) が登場しているからである。この直面という言葉は，ここでは，成熟した人物が立ち上がって，パーソナルな視点をもつ権利を主張する，という意味で使われている。その視点は，他の成熟した人々にもおそらく支持されるようなものである。

青年期に潜在しているもの

青年たちがまだ達成していないのは，どんな種類の事柄なのかを考えてみよう。

思春期の種々の変化が起こる年齢は，たとえ健康な子どもでも実にまちまちである。少年や少女はこれらの変化をただ待つしかない。こんなふうにただ待っていることは誰にとっても相当の重荷であるが，とくに発達の遅い者にとってはなおさらのことである。そのため，遅い者は早く発達した者を模倣することがあり，これは本来の成長過程というよりも，同一化に基づいた偽りの成熟へとつながる。いずれにせよ，性的な面での変化だけが唯一の変化ではない。身体的成長と現実の強さの獲得に向かう変化がある。そのため，暴力に新たな意味を与えることになる現実の危険が到来する。強さとともに，巧みな知恵や要領のよさも身についてくる。

時間の経過と生活の体験があってこそ，少年や少女はパーソナルな空想の世界で起こっているすべてのことに対する責任を徐々に受け容れられるようになる。その一方で，攻撃性が自殺やそれに類する形で現われてくる強い傾向がある。あるいはまた，攻撃性が迫害を探し求める形で現われることもあり，これは迫害的妄想体系の狂気から脱出しようとする試みなのである。迫害を妄想的に予期している場合には，狂気と妄想から逃れる試みとして実際に迫害を挑発してしまう傾向がある。よく構築された妄想体系をもつ一人の精神医学的に病的な少年（少女）が，集団的な思考体系を誘発できてしまい，**挑発された**迫害に基づく出来事が起こるに至ることがある。ひとたび迫害的状況の恰好な単純化が達成されてしまえば，もはや論理には何の力もない。

しかし，最も難しいのは，**性**の**無意識的**空想によって個人のなかに感じられる強い圧力と，性的な対象選択に関連するライバリー（競争心）である。

青年，あるいは成長過程の途上にある少年や少女は，世界で繰り広げられる残酷さと苦しみ，殺すことと殺されることに対してまだ責任がとれない。そのおかげで，この段階にある個人は，パーソナルな潜在的攻撃性に対する極端な反応，すなわち自殺（存在するすべての悪や，およそ考えうるすべての悪に対する責任を病的に受け容れること）をしなくてすむ。青年の潜在的罪悪感は恐ろしく強いようであり，自己のなかに良いものと悪いものとのバランスや，憎しみと愛に伴う破壊とのバランスを見出す能力が，個人のうちで発達するのには何年もかかるのである。そういった意味で，成熟はもっと後の人生に属するものであり，青年に対して，次の段階の20代前半を超えて先まで見通すことを期待するのは無理というものである。

いわゆる「簡単に寝てしまって」性交にいたる（そして一度か二度は妊娠にいたるかもしれない）少年少女たちについて，あたかも当然のように，彼らがすでに性的成熟に達しているものと思われてしまっていることがある。しかし彼ら自身はそうでないことを知っていて，性そのものを軽蔑しはじめる。簡単すぎる，と。性的成熟は，性にまつわる無意識的な空想のすべてを包含する必要があり，究極的に言えば，対象選択，対象恒常性，性的満足，性的輻輳（sexual interweaving）などに伴ってこころに現れるすべてを，個人は受け容れられるようになる必要がある。そこには，無意識的空想の全体からみて適量の罪悪感も含まれる。

構築, 償い, 修復 (Construction, Reparation, Restitution)

まだ青年は，頼りになる性質を備えていることが必要な事業（プロジェクト）に携わるということが，どれほどの満足をもたらしうるかを知らない。仕事というものが，社会的な貢献ゆえに，いかにパーソナルな罪悪感（無意識的な攻撃欲動に由来し，対象と関係することや愛と密接に結びついている）を軽減するか，また，そのことによってどれほど内なる恐怖や，自殺衝動ないしは事故傾性の程度を軽減する助けになるか，青年には理解できないのである。

理想主義

　青年期の少年少女に関して最もエキサイティングな事柄の一つは，彼らの理想主義である。青年はまだ脱錯覚のなかに身を落ち着けておらず，そのため彼らはいくらでも理想的な計画を作れるのである。たとえば美学生は，芸術は効果的に教えられるはずだと考えることができるので，芸術を効果的に教えてくれと激しく要求する。なぜそうしないのだ，と。彼らが考慮に入れていないのは，芸術を効果的に教えられる人などごくわずかしかいないという事実である。あるいは，学生たちは物理的条件が狭苦しく，改善できるはずだと考え，彼らはそう叫ぶ。その資金を調達するのは他の人たちである。「さて」彼らは言う，「すぐに国防計画を破棄し，そのお金で大学の新校舎を建設せよ」。長期の見通しを立てるのは青年ではない。それをするのは自然に，何十年も生きてきて老い始めた人々になる。

　以上の記述は，あまりにも圧縮されたものである。友情に最大級の重要性があることが省略されている。独身を通す人たちや結婚を先延ばしにする人たちの状況についての記述が省略されている。また，両性性（bisexuality）という非常に重要な問題が抜けている。この両性性の問題は，しだいに解決されてはいくにしても，異性愛的対象選択と対象恒常性の面では決して完全に解決されることがない。そしてまた，創造的に遊ぶことの理論に関連のある多くの事柄が，当然のこととして看過されている。さらに加えて，文化的継承物の問題もある。青年期の年代では，平均的な少年少女に，人類の文化的継承物について漠然と知っているという以上のことは期待できない。それについてただ知るだけでも大変な努力をしなければならないからである。いま少年少女である彼らは，きっと60歳になってから，文明がもつ豊かさやその蓄積された副産物を追い求めて，失われた時間を必死に埋め合わせようとするだろう。

　主要な点は，青年期は大筋で身体発達上の思春期に基づいているにしても，それ以上のものであるということである。青年期は成長を含意しており，この成長には時間を要する。そして，成長がまだ進行しているあいだ，**責任は親的人物たちによって取られねばならない**。もし親的人物たちがその地位を

退いてしまうと，青年は偽りの成熟へと飛躍をしなければならず，彼らがもつ最大の利点を失うことになる。すなわち，さまざまな考え(アイデア)をいだく自由や，衝動によって行動する自由を失うことになるのである。

　要　約

　要約すれば，青年期の人々が発言するようになり活動的になってきたことはエキサイティングなことであるが，いま全世界で感じられるそういった青年の闘いは，直面という行為によって受けとめられ，現実性を与えられる必要がある。この直面はパーソナルなものでなければならない。青年たちが生命をもち，生き生きとするためには，成人が必要なのである。この直面は，非-報復的で執念深さはないがそれ自体の強さをもつ包含(コンテインメント)することに属している。現代の学生紛争とその明白な表現は，私たちが誇りをもって達成した赤ちゃんや子どもへの世話の態度から生じてきた部分があるかもしれない，ということを覚えておくと有益であろう。若者に社会を変革させ，世界を新鮮に見る方法を大人たちに教えさせよう。しかし，成長しつつある少年少女が挑戦してきたときは，成人にその挑戦を受けとめさせよう。そして，挑戦を受けとめるのは必ずしも気分の良いものとは限らない。
　無意識的な空想において，これらは生と死の問題なのである。

終わりに

　私が提起しているのは，人間の発達には客観性や知覚可能性より以前の段階がある，ということである。理論上での人生の始まりにおいて，赤ちゃんは主観的あるいは概念的な世界に生きていると言える。その一次的状態から，客観的知覚の可能な状態への変化は，生得的あるいは遺伝による成長過程だけの問題ではない。それらに加えて，環境的な最低条件が必要である。これは，個人が依存から独立に向かって旅をするという包括的で広大なテーマの一部なのである。

　このような概念作用と知覚とのギャップは，研究にとって豊富な素材を提供する。私はひとつの本質的な逆説(パラドックス)を措定する。それは，私たちが受け容れなければならず，そして解決されるべきではない逆説である。この発想にとって中心的なこの逆説は，おのおのの赤ちゃんの世話のなかで，ある程度の期間，くりかえし許容される必要がある。

文　献

Alley, Ronald（1964）. *Francis Bacon: Catalogue Raisonné and Documentation*. London: Thames & Hudson.

Axline, Virginia Mae（1947）. *Play Therapy: The Inner Dynamics of Childhood*. Boston, Mass.: Houghton Mifflin.（小林治夫訳『遊戯療法』岩崎学術出版社　1972 年）

Balint, Michael（1968）. *The Basic Fault: Therapeutic Aspects of Regression*. London: Tavistock Publications.（中井久夫訳『治療論からみた退行』金剛出版　1978 年）

Bettelheim, Bruno（1960）. *The Informed Heart: Autonomy in a Mass Age*. New York: Free Press; London: Thames & Hudson, 1961.

Blake, Yvonne（1968）. Psychotherapy with the more Disturbed Patient. *Brit. J. med. Psychol.*, 41.

Bowlby, John（1969）. *Attachment and Loss. Volume 1, Attachment*. London: Hogarth Press and the Institute of Psychoanalysis; New York: Basic Books.（黒田実郎訳『母子関係の理論（Ⅰ）愛着行動』岩崎学術出版社　1991 年）

Donne, John（1962）. *Complete Poetry and Selected Prose*. Edited by J. Hayward. London: Nonesuch Press.（湯浅信之訳『ジョン・ダン全詩集』名古屋大学出版会　1996 年）

Erikson, Erik（1956）. The Problem of Ego Identity. *J. Amer. psychoanal. Assn.*, 4.（西平直・中島由恵訳「自我アイデンティティの問題」『アイデンティティとライフサイクル』誠信書房　2011 年）

Fairbairn, W. R. D.（1941）. A Revised Psychopathology of the Psychoses and Psychoneuroses. *Int. J. Psycho-Anal.*, 22.（山口泰司訳「精神病と精神神経症の，修正された精神病理学」『人格の精神分析学的研究』文化書房博文社　2002 年）

'Field, Joanna'（M. Milner）（1934）. *A Life of One's Own*. London: Chatto & Windus. Harmondsworth: Penguin Books, 1952.

Foucault, Michel（1966）. *Les Mots et les choses*. Paris: Éditions Gallimard. Published in English under the title The Order of Things. London: Tavistock Publications; New York: Pantheon, 1970.（渡辺一民・佐々木明訳『言葉と物―人文科学の考古学』新潮社　1974 年）

Freud, Anna（1965）. *Normality and Pathology in Childhood*. London: Hogarth Press and the Institute of Psycho-Analysis.（黒丸正四郎・中野良平訳『児童期の正常と異常　アンナ・フロイト著作集 9』岩崎学術出版社　1981 年）

Freud, Sigmund（1900）. *The Interpretation of Dreams*. Standard Edition, Vols. 4 and 5.（新宮一成訳「夢解釈Ⅰ・Ⅱ」『フロイト全集 4・5』岩波書店　2007・2011 年）

—— (1923). *The Ego and the Id.* Standard Edition, Vol. 19.（道籏泰三訳「自我とエス」『フロイト全集 18』岩波書店　2007 年）

—— (1939). *Moses and Monotheism.* Standard Edition, Vol. 23.（渡辺哲夫訳「モーセという男と一神教」『フロイト全集 22』岩波書店　2007 年）

Gillespie, W. H.（1960）. *The Edge of Objectivity: An Essay in the History of Scientific Ideas.* Princeton, N.J.: Princeton University Press.（島尾永康訳『客観性の刃—科学思想の歴史』みすず書房　2011 年）

Gough, D.（1962）. The Behaviour of Infants in the First Year of Life. *Proc. roy. Soc. Med.*, 55.

Greenacre, Phyllis（1960）. Considerations regarding the Parent-Infant Relationship. *Int. J. Psycho-Anal.*, 41.

Hartmann, Heinz（1939）. *Ego Psychology and the Problem of Adaptation.* New York: International Universities Press; London: Imago, 1958.（霜田静志・篠崎忠男訳『自我の適応—自我心理学と適応の問題』誠信書房　1967 年）

Hoffer, Willi（1949）. *Mouth, Hand, and Ego-Integration.* Psychoanal. Study Child, 3/4.

—— (1950). Development of the Body Ego. Psychoanal. Study Child, 5.

Khan, M. Masud R.（1964）. The Function of Intimacy and Acting Out in Perversions. In R. Slovenko (ed.), *Sexual Behavior and the Law.* Springfield, Ill.: Thomas.

—— (1969). On the Clinical Provision of Frustrations, Recognitions and Failures in the Analytic Situation. *Int. J. Psycho-Anal.*, 50.

Klein, Melanie（1932）. *The Psycho-Analysis of Children.* Rev. edn. London: Hogarth Press and the Institute of Psycho-Analysis, 1949.（衣笠隆幸訳『児童の精神分析　メラニー・クライン著作集 2』誠信書房　1997 年）

—— (1934). A Contribution to the Psychogenesis of Manic-Depressive States. In *Contributions to Psycho-Analysis 1921–1945.* London: Hogarth Press and the Institute of Psycho-Analysis, 1948.（安岡誉訳「躁うつ状態の心因論に関する寄与」『メラニー・クライン著作集 3』誠信書房　1983 年）

—— (1940). Mourning and its relation to Manic-Depressive States. In *Contributions to Psycho-Analysis 1921–1945.*（森山研介訳「喪とその躁うつ状態との関係」『メラニー・クライン著作集 3』誠信書房　1983 年）

—— (1957). *Envy and Gratitude.* London: Tavistock Publications.（松本善男訳「羨望と感謝」『メラニー・クライン著作集 5』誠信書房　1996 年）

Knights, L. C.（1946）. *Explorations.* London: Chatto & Windus. Harmondsworth: Penguin Books（Peregrine series）, 1964.

Kris, Ernst（1951）. Some Comments and Observations on Early Autoerotic Activities. *Psychoanal. Study Child*, 6.

Lacan, Jacques（1949）. Le Stade du Miroir comme formateur de la fonction du je, telle qu'elle nous est révélée dans l'expérience psychanalytique. In *Écrits.* Paris: Éditions du Seuil, 1966.（宮本忠雄訳「〈わたし〉の機能を形成するものとしての鏡像段階」

『エクリⅠ』弘文堂　1972 年）

Lomas, P. (ed.) (1967). *The Predicament of the Family.* London: Hogarth Press and the Institute of Psycho-Analysis.

Lowenfeld, Margaret (1935). *Play in Childhood.* Bath: Cedric Chivers, 1969.

Mahler, Margaret S. (1969). *On Human Symbiosis and the Vicissitudes of Individuation.* Vol. 1, Infantile Psychosis. London: Hogarth Press and the Institute of Psycho-Analysis.

Middlemore, Merrell P. (1941). *The Nursing Couple.* London: Hamish Hamilton Medical Books.

Miller, Arthur (1963). *Jane's Blanket.* New York and London: Collier/Macmillan.（厨川圭子訳『ジェインのもうふ―アメリカのどうわ』偕成社　1971 年）

Milne, A. A. (1926). *Winnie the Pooh.* London: Methuen.（石井桃子訳『くまのプーさん』岩波書店　2000 年）

Milner, M. (1934). *A Life of One's Own.* See under 'Field, Joanna'.

—— (1952). Aspects of Symbolism in Comprehension of the Not-Self. *Int. J. Psycho-Anal.*, 33.

—— (1957). *On Not Being Able to Paint.* Revised edn. London: Heinemann.

—— (1969). *The Hands of the Living God.* London: Hogarth Press and the Institute of Psycho-Analysis.

Opie, Iona and Peter (eds.) (1951). *The Oxford Dictionary of Nursery Rhymes.* Oxford: Clarendon Press.

Plaut, Fred (1966). Reflections about Not Being Able to Imagine. *J. anal. Psychol.*, 11.

Riviere, Joan (1936). On the Genesis of Psychical Conflict in Earliest Infancy. *Int. J. Psycho-Anal.*, 17.

Schulz, Charles M. (1959). *Peanuts Revisited – Favorites, Old and New.* New York: Holt, Rinehart & Winston.（三川基好訳『スヌーピーの 50 年―世界中が愛したコミック「ピーナッツ」』朝日新聞社　2001 年）

Shakespeare, William. *Hamlet, Prince of Denmark.*（小田島雄志訳『ハムレット　シェイクスピア全集 23』白水社　1983 年）

Solomon, Joseph C. (1962). Fixed Idea as an Internalized Transitional Object. *Amer. J. Psychotherapy*, 16.

Spitz, René (1962). Autoerotism Re-examined: The Role of Early Sexual Behaviour Patterns in Personality Formation. *Psychoanal. Study Child*, 17.

Stevenson, O. (1954). The First Treasured Possession: A Study of the Part Played by specially Loved Objects and Toys in the Lives of Certain Children. *Psychoanal. Study Child*, 9.

Trilling, Lionel (1955). Freud: within and beyond Culture. In *Beyond Culture.* Harmondsworth: Penguin Books (Peregrine series), 1967.

Winnicott, D. W. (1931). *Clinical Notes on Disorders of Childhood.* London:

Heinemann.
―― (1935). The Manic Defence. In *Collected Papers: Through Paediatrics to Psycho-Analysis*. London: Tavistock Publications, 1958.（妙木浩之訳「躁的防衛」北山修監訳『小児医学から精神分析へ―ウィニコット臨床論文集』岩崎学術出版社　2005年）
―― (1941). The Observation of Infants in a Set Situation. Ibid.（深津千賀子訳「設定状況における幼児の観察」上掲書所収）
―― (1945). Primitive Emotional Development. Ibid.（妙木浩之訳「原初の情緒発達」上掲書所収）
―― (1948). Paediatrics and Psychiatry. Ibid.（服部陽児訳「小児医学と精神医学」上掲書所収）
―― (1949). Mind and its Relation to the Psyche-Soma. Ibid.（岡野憲一郎訳「心とその精神 - 身体との関係」上掲書所収）
―― (1951). Transitional Objects and Transitional Phenomena. Ibid.（北山修訳「移行対象と移行現象」上掲書所収）
―― (1952). Psychoses and Child Care. Ibid.（岡野憲一郎訳「精神病と子どもの世話」上掲書所収）
―― (1954). Metapsychological and Clinical Aspects of Regression within the Psycho-Analytical Set-up. Ibid.（岡野憲一郎訳「精神分析的設定内での退行のメタサイコロジカルで臨床的な側面」上掲書所収）
―― (1956). Primary Maternal Preoccupation. Ibid.（小坂和子訳「原初の母性的没頭」上掲書所収）
―― (1958a). *Collected Papers: Through Paediatrics to Psycho-Analysis*. London: Tavistock Publications.（北山修監訳『小児医学から精神分析へ―ウィニコット臨床論文集』岩崎学術出版社　2005年）
―― (1958b). The Capacity to be Alone. In *The Maturational Processes and the Facilitating Environment*. London: Hogarth Press and the Institute of Psycho-Analysis, 1965.（牛島定信訳「一人でいられる能力」『情緒発達の精神分析理論』岩崎学術出版社　1977年）
―― (1959-64). Classification: Is there a Psychoanalytic Contribution to Psychiatric Classification? Ibid.（牛島定信訳「疾患分類：精神分析学ははたして精神医学的疾患分類に寄与したか」上掲書所収）
―― (1960a). Ego Distortion in Terms of True and False Self. Ibid.（牛島定信訳「本当の，および偽りの自己という観点からみた，自我の歪曲」上掲書所収）
―― (1960b). The Theory of the Parent-Infant Relationship. Ibid.（牛島定信訳「親と幼児の関係に関する理論」上掲書所収）
―― (1962). Ego Integration in Child Development. Ibid.（牛島定信訳「子どもの情緒発達における自我の統合」上掲書所収）
―― (1963a). Communicating and Not Communicating leading to a Study of Certain Opposites. Ibid.（牛島定信訳「交流することと交流しないこと：ある対立現象に関

する研究への発展」上掲書所収）
── (1963b). Morals and Education. Ibid.（牛島定信訳「道徳と教育」上掲書所収）
── (1965). *The Maturational Processes and the Facilitating Environment.* London: Hogarth Press and The Institute of Psycho-Analysis.（牛島定信訳『情緒発達の精神分析理論』岩崎学術出版社　1977 年）
── (1966). Comment on Obsessional Neurosis and 'Frankie'. *Int. J. Psycho-Anal.*, 47.（若山隆良・小山和子訳「強迫神経症と『フランキー』についてのコメント」『精神分析的探究 2　狂気の心理学　ウィニコット著作集 7』岩崎学術出版社　1998 年）
── (1967a). The Location of Cultural Experience. *Int. J. Psycho-Anal.*, 48.
── (1967b). Mirror-role of Mother and Family in Child Development. In P. Lomas (ed.), *The Predicament of the Family: A Psycho-analytical Symposium.* London: Hogarth Press and the Institute of Psycho-Analysis.
── (1968a). Playing: Its Theoretical Status in the Clinical Situation. *Int. J. Psycho-Anal.*, 49.
── (1968b). La Schizophrénie infantile en termes d'échec d'adaptation. In *Recherches* (Special issue: 'Enfance aliénée', II), December. Paris.
── (1971). *Therapeutic Consultations in Child Psychiatry.* London: Hogarth Press and the Institute of Psycho-Analysis.（橋本雅雄・大矢泰士監訳『子どもの治療相談面接』岩崎学術出版社　2011 年）

Wulff, M. (1946). Fetishism and Object Choice in Early Childhood. *Psychoanal. Quart.*, 15.

解　説

　本書の著者 D・W・ウィニコット（1896-1971）が亡くなってからほぼ半世紀になるが，最近になってもウィニコットに関する新しい書物が内外で続々と出版され，その関心は衰える気配がない。生前からウィニコットは世界各国に招かれて講義や講演を行い，ラジオ番組を持つなど，臨床家から一般の人にいたるまで幅広く知られていたが，没後久しいにもかかわらずこれだけの注目を得ているのは，後述のように，彼の発想のなかに同時代には容易に理解されない，時代を先取りした視点があったからでもあろう。また，ウィニコットへの今日の注目は，単純な理想化によるものではなく，そのさまざまな側面や複雑さを見つめながらそこから学ぼうとする，以前よりも成熟した受容になっているように思える。

　本書『遊ぶことと現実（Playing and Reality）』（原書 1971 年）は，ウィニコットの生前に編集されたものとして最後の論文集である。それ以前の，各時期の多様な臨床論文を集めた観のある『小児医学から精神分析へ』（1958）や『情緒発達の精神分析理論（原題：成熟の過程と促進的環境）』（1965）とはやや違って，移行現象と中間領域を扱った論文を中心に選ばれており，晩年を迎えたウィニコットの，ひとつのテーマを明確に打ち出そうとする意図がうかがえる論文集である。

　ウィニコットの生涯や思索の全貌については，わが国にも館直彦著『ウィニコットを学ぶ』（2013 年），北山修著『錯覚と脱錯覚』（改訂版 2004 年），妙木浩之編『ウィニコットの世界』（2003 年）をはじめとして数多くのすぐれた紹介があるので，関心のある方々にはぜひそちらをお勧めしたい。ここでは，本書を読むうえでいくらか助けになると思われる最小限の点に絞って記すことにしたい。

1. ウィニコットの背景について

　ドナルド・ウッズ・ウィニコットは 1896 年，英国南西部に長く延びたコーンウォール半島の港湾都市プリマスに裕福な商人の息子として生まれた。同胞は姉が二人であった。父はのちにプリマス市長を二度にわたって務め，爵位を得た人物である。ウィニコットは 14 歳の頃，父の判断によりケンブリッジの寄宿学校に転校する（当時の英国の裕福な家庭では普通のことであった）。彼はスポーツに学業に音楽に才能を発揮して活発な青年時代を送る一方，鎖骨を骨折したとき

の経験をきっかけに医師を目指すようになる。大学時代の彼が強く影響を受けたのはダーウィンの進化論であった。医学生の頃，第一次大戦が終わって以降自分が夢を思い出せなくなっていることに気づき，そこから精神分析の書物（スイスのプフィスターによる解説書『精神分析の方法』，ついでフロイトの『夢解釈』）と出会って強く惹きつけられる。彼の周囲にはまだ精神分析の考え方を援用する医師はいなかったが，各科の研修中に彼が担当したいくつかの神経症的な事例でフロイト的アプローチが功を奏した経験が彼の印象に強く残った（Kahr 1996, p.36）。1923 年，彼は小児科医としてパディントン・グリーン小児病院で働き始める。ここでの外来を彼は個人開業して以後も 40 年間続けて，約 6 万の症例を診察したとされる。この同じ 1923 年に，彼は四歳年上の美しい陶芸家アリス・テイラーと最初の結婚をした。結婚生活は 25 年続いたが，アリスが抱えていた精神病的な幻覚・妄想症状にウィニコットはかなりの苦労をすることになる。この同じ年，ウィニコットは精神分析を希望してアーネスト・ジョーンズに相談し，そこで紹介されたジェイムズ・ストレイチーとの 10 年にわたる個人分析を始める。まもなく彼は正式に精神分析家としてのトレーニングを開始し，個人分析が終わった後の 1934 年に精神分析家として，その翌年には児童分析家として資格を得た。また，1931 年には小児医学に関する著書を刊行している。

　多少前後するが，1926 年，児童分析の創始者の一人でありその稀有な才能に注目が集まっていたメラニー・クラインが，ジョーンズに招かれてロンドンに移住してきた。ストレイチーは，精神分析を子どもの事例に応用しようとするのならクラインに会ってみるべきだとウィニコットに勧める。クラインの『児童の精神分析』を読んだウィニコットは，子どもの事例の理解を深めてくれるその記述に大きく心を動かされ，1935 年から 41 年までメラニー・クラインのスーパービジョンを受けることになる。彼はクラインの個人分析を受けたいとも希望したが，逆にクラインが息子の分析をウィニコットに依頼したために（こういったことが当時は珍しくなかった）その希望はかなわず，クライン派のジョーン・リヴィエールを紹介されて約 4 年間の個人分析を受けた。彼とクライン本人との親しい関係は，のちに彼がクライン派を追われた後も終生続くことになる。

　ウィニコットはクラインの自由さに魅力を感じていたという。彼自身が言うように，彼女の深い影響のもとで児童分析家としての基盤を形成したことは間違いないが，その一方で，日常の母子臨床などを通して環境が子どもに与える影響を痛感していた彼にとって，問題を一貫して子どもの内的世界のみから説明するように見えるクラインの考え方とは相容れない部分も出てきて，これをいくら説明

してもクラインやリヴィエールとは話がかみ合わなかった。1940 年代の半ばに発表した論文から，すでにクラインとの違いは明らかだったが，1951 年にクラインの 70 歳記念論文集のために彼が書いた「移行対象と移行現象」の論文が彼女に拒否されたことをきっかけに，彼は明確にクライン派から追い出された格好となる。彼としてはクラインを否定するつもりはなく，その後も高く評価し続けたが，クラインの弟子たちに対しては彼女への盲従ぶり（と彼には見えたもの）を強烈に批判したこともあって，クライン本人を除くクライン派分析家たちとの関係は多少とも険悪なものとなった。すでに 1940 年代半ばに，英国精神分析協会は分裂を回避してクライン派・自我心理学派・独立学派の三グループが併存する形を確立しており，彼は独立学派に属することとなった。もちろん，独立「学派」とは言っても，あくまでクライン派と自我心理学派の対立でどちらにも属さない分析家の分類にすぎず，実際に一つの学派を形成しているわけではない。彼は 1952 年にケースワーカーのクレア・ブリトンと再婚し，以前にもましてオリジナルな思索を展開していくようになった。

　ウィニコットは著述，講義，講演，BBC ラジオの一般向け番組にいたるまで実に精力的に活動しながらも，前述のように小児病院での多忙な児童精神科的外来と自宅の診療所でのプラクティスを並行して続けていた。彼の臨床実践は，大きく分けて，継続的な精神分析や精神分析的心理療法と，一回ないし数回程度で完結する心理療法的相談面接（治療相談面接；therapeutic consultation）の二つに分けることができる。後者は，ごく限られた回数のなかで，心理療法的な理解と技法を生かしながら最大限の治療効果を得ようとする相談面接であり，「重要な瞬間」が訪れるのを待って解釈を積極的に伝える側面と，自我の機能を支える側面とのあいだで最適のバランスをとるような面接である（cf. Winnicott 1965b）。本書の事例にも，精神分析と治療相談面接の両方が出てくる。たとえば第 10 章の冒頭に出てくる 16 歳のサラの事例は，遠方の寄宿学校から一時的に帰宅していたという事情から，単発の面接に終わることが想定されたので治療相談面接を行っているが，その後の経過として，彼女は自宅に残る選択をし，のちにウィニコットとの継続的な精神分析に入ったことが記されている。そのため彼は，一回目の治療相談面接で積極的に解釈を行ったことに関して，もしも継続して分析をすることになると分かっていたらこんなに解釈しなかっただろうと述べている。ウィニコットの事例提示は，臨床家としての彼の面目躍如たるところが垣間見えて実に魅力的である。とはいえ，本書の事例のなかにも，一回 3 時間という面接枠の設定を受け入れているものがあったりして，彼のあまりにも

許容的な側面は議論のあるところでもある。

2. ウィニコットの分かりやすさと分かりにくさ

　ウィニコットの文章は，平易な言葉を使っていて読みやすいように見える反面，実際には内容をしっかりと把握するのが難しく感じられる論文も多い。ウィニコットが読み手の理解の自由度を尊重する著者であったことは確かなので，必ずしもしっかりと把握するということを重視する必要もないのであろうが，彼の文章の特徴は彼の考え方の特徴でもあるという意味で（彼自身も本書のなかで「文は人なり」という格言を引用している），彼の文章について少し述べてみたい。

　彼の文章はあいまいであるとも，喚起的であるとも言われる（藤山 2010）。彼はメタサイコロジーの用語（無意識の心理に関する構成概念）を使うことが自分の体質には合わないと述べていて，フロイトのその種の著作を読むこと自体も苦手だったようであり，自分自身の言葉で語ることを大事にしていた。そのため彼は平易な日常語を用語のようにして使うことがたびたびあるが，その意味は通常多義的であり，ときには途中で意味が広がったり，次第に移り変わったり，あるいは彼自身が突然変えたように見えたりすることさえあって，固定的に捉えようとすると分からなくなってしまうことがある。しかし，彼は固定的な意味を伝達すること自体よりも，むしろ，読み手自身の感覚を喚起し，読み手自身の考えを生起させることに価値を置いていたようである。言い換えれば，単なる意味の伝達よりも，読む体験自体が生み出す意味に価値を見いだしていたということである（cf. Ogden 2001）。彼はふだんから個人の独立と自由に価値を置き，何かに対する盲従をひどく嫌い，「生きていること」を重視していた（その個人的背景についての精神分析的探索は本稿の役割ではないのであえて触れない）。ここからさらに言えば，他人の盲従を引き起こすような固定的な内容の伝達よりも，相手が喚起されて生き生きとすることのほうが彼の望むところであったのだろう。もちろん，これらは良いことばかりではなく，彼の言葉を借りれば，遊びに付随する precariousness（不確かさ，あるいは危うさ）が付いて回ることにもなる。

　それとやや重なるが，彼の英国人らしいユーモアもまた，文化的な文脈の異なる読者にとって彼の文章を分かりにくいものにしているかもしれない。たとえば，本書の第 6 章に収録されている有名な「対象の使用」の論文を彼がニューヨークで発表したとき，「私はそこ（自分の命題の言明）に進むのを恐れているようである（p.124）」といったウィニコットらしい英国風の言い方が，当時の米国の分析家たちにはひどく誤解されたというエピソードもある。ただ，彼の場合，

ユーモアは自己を客観化することを通して，他者の盲従を避けつつ，自他の独立を守ってもいるのだろう。

　パラドックスを大切にしていること，あるいはパラドキシカルに語ることもまた，彼の言っていることを端的につかみにくく感じさせる要因の一つであろう。パラドックスは，互いに矛盾し対立しあう両極の「あいだ」に，はかなくも生きている形で表れる真実をとらえようとするものと言える。本書がテーマとしている「中間領域」はこのような「あいだ」の一例であるが，ウィニコットが伝えようとしたもののかなりの部分は，さまざまな次元において，このような「あいだ」にあるものである。人間的な真実はこのような弁証法的なやりかたでしか提示されえない側面があろうが，このように提示されるとそれ以上議論のしようがなくなってしまうのも事実である。このような弁証法的運動は，必ずしもひとつの文章のなかで完結させる必要はなく，当然ながら，ひとつの言説と他の言説とのあいだで生まれるものでもある。

　それとも関連するが，ウィニコットの理解しにくさの一つは，ひとつの考えを暗黙の前提としながら，それに対するアンチテーゼだけをいたずらっぽく提示するところにあるかもしれない。そのアンチテーゼ自体は刺激的でありながらも，むしろ前提となっているテーゼと彼のアンチテーゼのあいだにこそ生き生きとしたものが感じられることがある。彼はフロイトやクラインを読んでから自分の文章を読んでほしいと言い，この両者の価値を一貫して認めていた。彼の文章だけを読んで喚起されるものにも大いに価値があるのは間違いないが，フロイトとクラインの文脈に置いてみることで，また違った風景が奥行感を伴って見えてくる場合が多いことも初学者には伝えおきたい。

3.「あいだ」への注目

　ウィニコットの考えの新しさの一つは，上記のような「あいだ」への注目にあり，それによって，フロイトやクラインに立脚しながらも臨床的な現象をより的確にとらえるパラダイムを開いたところにあると言える。ただ，それを必ずしも理論的な言葉ではなく，そのパラダイムそのものを反映する独自の語り方で示していることが，彼の魅力でもあり，つかみにくさでもある。

　最近の精神分析的アプローチのトピックの一つである，逆転移の活用というテーマにしても，それが明確に定式化されたのは1950年代のポーラ・ハイマンの論文「逆転移について」であるが，ウィニコットはそれ以前に1947年の論文「逆転移のなかの憎しみ」でこの発想をはっきりと打ち出しており，ここでも時

代より先を走っていた観がある。ハイマンは上記の論文によってクライン派を追われるが，後年にはクライン派も広義の逆転移現象への着目を取り入れることになる。

また，ウィニコットの「あいだ」への着目は，当初のクライン派のように解釈をひたすら伝えるように見えるモデルに対して，「あいだ」の進展を重視しそれに即して判断するモデルを提示することにもなった。のちに，クライン派のなかでもクラインのいう「全体状況」を中軸におく見方を発展させたベティ・ジョゼフらの技法は，ややウィニコットに近い要素があるように思われるが（cf. 藤山2010)，このジョゼフの技法論は現代クライン派の多くの分析家に引き継がれている。

本書において晩年のウィニコットは，解釈をなるべく控えるアプローチを示すなかで米国のロジャーズ派の遊戯療法家アクスラインにも言及しているが，実際に彼が記している後期の事例を見る限りでは，むしろ必要な解釈をしっかりと（数は多くないにしても）伝えているように見える。そのあたり，彼のここでの論調と実際の臨床が必ずしも一致しないようにも思えるのだが，彼の主張には，いわばそれ以前の解釈万能主義に対するアンチテーゼを殊更に打ち出そうとしているような面もあり，彼の臨床は実際には両者のあいだにあったように見える。

また，対象や局面によって解釈を控える彼の考え方自体はいたって妥当なものであるとしても，分析家やセラピストは元来，個人的葛藤により解釈を伝えない方向に引っ張られがちであり（cf. Strachey 1934)，知らず知らずのうちに，そのための口実にウィニコットの発想を使ってしまうことも充分にありうる。ましてや逆転移の活用については尚更のことである。これに関しては，治療者本人の個人分析が望まれることはもちろんだが，ウィニコットのような教条主義的でないアプローチをとろうとすればするほど，治療者個人にいっそう高い水準の自己覚知と技量が求められることにもなるのも事実であろう。

4. ウィニコットにおける自閉スペクトラムへのアプローチ

ウィニコット自身は自閉症やアスペルガー症候群といった診断カテゴリーを用いていないので分かりにくいが，彼が記している事例には（カナー型自閉症の中核群ではないにしても）今日であれば自閉スペクトラム障害（ASD）と診断されたと考えられる子どもたちが少なからず含まれており，このことが彼の理論にも大きく反映されている。その点について詳述した児童精神科医の木部（2012）は，ウィニコットの用いている一次欠損，小児統合失調症などの用語が

現代では自閉症あるいは自閉スペクトラム障害として理解できることや，ウィニコットのいう「破綻恐怖」が自閉症の心的世界を描き出していることを指摘した。

歴史的には，かつて米国の自我心理学派に属するベッテルハイムがドグマティックな母原説を唱えたことから，自閉症に関する分野での精神分析的アプローチ全体がすっかり悪役のようになってしまった経緯があるが，これについてのウィニコットのアプローチはどうであろうか。一見，彼の理論は養育者との関係性など抱える環境の役割を重視しているのでそれと同類のように見られてしまいかねないが，木部（上掲書）が①ウィニコットは神経症以外のこころの障碍において生来的な素因を「外的要因」の一つに位置づけて重視していること（Winnicott 1965a），②ASDと考えられるボブの事例（ウィニコット『子どもの治療相談面接』）で弟の出産などの「それほど大きくない災い」が本人にとってトラウマ的に体験されたと述べていることを挙げているように，ウィニコットはASDに相当する人々の問題が本来的に周囲の人的環境に起因するなどとは見ておらず，むしろ，ある素質をもった人たちにとって，ごく普通に起こる範囲のできごとが破局的に体験されたりする，その体験に沿って見ていこうとしているのが，ここでのウィニコットのアプローチといえる。このボブの事例について言えば，治療相談面接という少ない回数の設定のもとで，スクィグル技法を通して，ウィニコットはボブの非自閉的部分とのあいだで上記のトラウマ的体験を扱って状態の改善を見ているほか，同様にASDの診断が想定される本書の第1章半ばの「紐」の事例でも，母親を通しての心理療法的な働きかけが功を奏したのを見ることができる（これらの詳しい検討については木部（2012）を参照されたい）。

英国で自閉的な子どもたちの治療に取り組んだクライン派出身のフランセス・タスティンは，ウィニコットの記述に強い影響を受けており，その流れを汲んで自閉的な子どもたちへの包括的なセラピーを発展させた現代のアルヴァレズらの治療の理論も，遊ぶことについてのウィニコットの見方を取り入れている。

一方，ASDには該当しないが類似した特徴をもつように見える人たちへの治療的援助もまた，現代における課題の一つであるが，本書の第10章の後半に示されている40代女性の精神分析の事例はこのような場合に相当すると思われる。ウィニコットは，この「他人の立場にたって考える」ことができずに困難を抱えていた女性に関して，いろいろな情報を勘案したうえで，発達早期からの能力の問題ではなく組織化された防衛によるものと見立て，分析を通じてしだいに投影同一化や交流が可能になる進展が起こったことが示されている。この変化が生じた理由について彼は，まず分析家との融合状態とそこでのニードへの分析家の適

応，そして融合状態からの困難な分離過程，その分離にともなう破壊性に分析家が生き残ったことを挙げている。交叉同一化の例示としてそれが成立した時期を中心に書いているため記述はあっさりしているが，ここにいたる過程は平坦でなかったことが伺われる。ASD にやや類似した要素を示す人たちに対して，個々人の多様性を前提に慎重にアセスメントしていくことの必要性がここにも示されているといえる。

　改訳の出版に際して，初版の訳者で共訳者の橋本雅雄先生の誠実さとご寛容に感謝したい。ご自身から再版に際してアップデートを提案され，大先輩であるにもかかわらずつねに対等の存在のように扱っていただき，私は憂慮なくのびのびと作業することができた。また，膨大な索引の作業も含めて改訳の出版に尽力され，常に支えていただいた岩崎学術出版社の長谷川純氏に感謝を述べたい。上記の国内書の著者たちと藤山直樹先生には，ウィニコット理解についてこれまで様々なかたちで直接，間接に教えていただいた（ただし訳文等の瑕疵はすべて訳者に責任がある）。そして，故・狩野力八郎先生には，本書の改訳に取り組むことになったとお伝えしたときにいくつか貴重な示唆をいただいた。狩野先生らしい簡明で要を得た示唆が，のちにどれも最大限に生きたことは驚くほどだった。もはやお礼の気持ちを伝えることが叶わないと思うと目頭が熱くなるばかりだが，ここに記して心より感謝したい。

大矢 泰士

解説・参考文献

Caldwell, L. & Joyce, A. (Eds) (2011) *Reading Winnicott*. Routledge.
藤山直樹 (2010)『集中講義・精神分析（下）フロイト以後』岩崎学術出版社
Kahr, B. (1996) *D.W. Winnicott: A Biographical Portrait*. Karnac Books.
木部則雄 (2012)『こどもの精神分析Ⅱ―クライン派による現代のこどもへのアプローチ』岩崎学術出版社
北山修 (2004)『改訂 錯覚と脱錯覚』岩崎学術出版社
妙木浩之編 (2003)『ウィニコットの世界』至文堂
Ogden, T. H. (2001) Reading Winnicott. In: *Conversations at the Frontier of Dreaming*. Jason Aronson.（大矢泰士訳「ウィニコットを読む」『夢見の拓くところ―こころの境界領域での語らい』岩崎学術出版社　2008 年）

Rodman, F. R.（2004）*Winnicott: His Life And Work*. Da Capo Press.

Rodman, F. R. (Ed)（2004）*Spontaneous Gesture: Selected Letters of D. W. Winnicott*. Karnac Books.（ロッドマン編　北山修・妙木浩之監訳『ウィニコット書簡集　ウィニコット著作集別巻1』岩崎学術出版社　2002年）

Saragnano, G. & Seulin, C. (Eds)（2015）*Playing and Reality Revisited*. Karnac Books.

Strachey, J.（1934）The nature of the therapeutic action of psycho-analysis. *International Journal of Psycho-Analysis 15*, 127–159.（山本優美訳「精神分析の治療作用の本質」松木邦裕編・監訳『対象関係論の基礎』新曜社）

館直彦（2013）『ウィニコットを学ぶ』岩崎学術出版社

Winnicott, D. W.（1965a）The psychology of madness. In: *Psychoanalytic Explorations*. Karnac Books, 1989.（若山隆良・小坂和子訳「狂気の心理学」北山修監訳『精神分析的探究2　ウィニコット著作集7』岩崎学術出版社　1998年）

Winnicott, D. W.（1965b）The value of the therapeutic consultation. In: *Psychoanalytic Explorations*. Karnac Books, 1989.（倉ひろ子訳「治療相談の意義」牛島定信監訳『精神分析的探究3　ウィニコット著作集8』岩崎学術出版社　1998年）

訳者あとがき

　本書は初版以来40年近く経過してしまいました。かの卓越した作家であり翻訳家でもある村上春樹氏は"翻訳というものは家屋にたとえるなら，25年でそろそろ補修にかかり，50年で大きく改築する，あるいは新築するのがおよその目安ではないかと常々考えている"とおっしゃっています。本書はまさに改築の時機でした。それにあたり気をつけたのは，英語を日本語にしきれなかった箇所の訂正，訳語用語の点検，文体の統一等でした。独りでは手に負えないので，D. W. ウィニコットに造詣が深くT. H. オグデンの訳者である大矢泰士氏に『子どもの治療相談面接』で支援していただいた後にお願いしました。彼が快諾下さったことで，長年気がかりだった改訳の作業が一気に進行することになりました。

　大矢氏は訳の怪しい箇所はきちんと訂正してくれ，初訳の時いささか外傷的な体験をしたことで私自身がこだわっていた訳語・用語の変更については，現在の学会で広く使用されている用語について極めて客観的・論理的な解説をしていただいたので，納得して同意しました（長年の胸のしこりが解消したのは，彼が研究者としても治療者としても卓れている証しでしょう）。初訳の私の文体にはムラがありましたが，それも平易で揺るぎない流れで統一してくれました。

　こうしてみると，橋本・大矢改訳というより，橋本原訳・大矢改訳のほうが適切かもしれません。かつて学生の頃からの朋友であり，学界に多大な貢献をしてきた，丸田俊彦氏や狩野力八郎氏が逝き，私のような学会から距離をとってしまった輩が，このような本を出せるのは，本当に大矢氏の誠実さ，精神分析への献身・謙譲な姿勢のおかげです。本当に心からの感謝の意を表わしたいと思います。

　また，岩崎学術出版社の長谷川純氏は，『子どもの治療相談面接』の時と同様，企画段階から，何くれとなく支援して下さり，彼なくしては当然のことながら，本書の出版はありえませんでした。本当にありがとうございます。

　2015年　初秋

橋本　雅雄

索　引

あ

アイデンティティ形成（identity-formation）　64
アクスライン（Axline, V. M.）
　遊戯療法について　69, 210
遊び（遊ぶこと）（play(ing)）
　——と移行現象　54
　——と自己の探求　72〜89
　——と対象と関係すること　139
　——とマスターベーション　52
　——において絶頂感がないこと　71, 135, 190
　——における引きこもりに近い状態　70
　——の位置づけ　55, 64, 68, 70, 72, 132, 138, 149
　——の興奮　64, 71
　——の治療的効果　65〜68
　——の不確かさ　64, 68, 71
　——の普遍性　56
　——の理論　51, 72
　——を拡大させたものとしての文化的体験　136, 137
　——を通してのコミュニケーション　53, 56〜63
　赤ん坊と母親の信頼関係における——　64, 65, 70
　自己治癒的な——　59, 63
　心理療法にとって本質的な——　51, 64, 73
　精神分析と——　52〜54
　創造的な体験としての——　68, 72, 73, 75, 140
　体験的存在の基礎としての——　89
　不安と——　71
　⇒ 文化的体験，体験の中間領域，移行対象
遊び場（playground），母親と赤ん坊のあいだの　64
あやすこと（handling）
　幼児にとっての——重要性　113, 152, 180, 196
在ることの感覚（sense of being）
　一体であることに先立つ——　111
　患者が探求する——　39, 77〜89
　自己の発見の基礎としての——　114
　女性的要素に属する——　111, 114, 117
　することに先行する——　117, 136, 180
アンビヴァレンス（ambivalence）　175, 193

い

怒り（anger）
　——と現実原則　125, 129
　欲求不満から生ずる——　111
　論理的な動機づけをもつ——　46
移行対象，移行現象（transitional objects and phenomena）　vii〜x, 1〜34, 164
　——と外的対象　18
　——と逆説　19, 72, 98, 123, 133, 148, 209
　——と錯覚　14〜18
　——と内的対象　12, 18
　——との関係における特殊な性質　6〜7
　——と母親が子どものニードを満たすこと　112, 134
　——と母親の失敗　32
　——と万能感の喪失　98

――とフェティシズム的な対象　12, 54
――と文化的体験に対する能力　7, 54
――についてのメタサイコロジカルな見解　12
――の記述　4～7
――の実在性の重要性　7
――の主要な機能　16
――のその後の運命　7, 19, 125
――の普遍性　54
――の歪んだ使用と典型的な使用　8～10
――の領域の精神病理　19, 26
――の連続性の重要性　18
乳房を表わす――　12
乳児と母親の結合の象徴としての――　133～135, 139
はじめての遊びの体験としての――の使用　133
不安に対する防衛としての――　5
分離によってもたらされた――　20～26
⇒ 体験の中間領域, 可能性空間
依存（dependence）
　――と関係した適応　128
　――と万能感の体験　40注
　――の減少　162, 199
　――への退行　139, 158, 190
　相対的――　162, 192
　治療者への――　171
　2歳児における――　59
　乳児期の絶対的――　19, 70, 96～99, 117, 138, 141, 192
　⇒ 独立（independence）
偽りの自己（false self）　19, 45注, 121, 140
遺伝要因（hereditary factors）
　――と男性的要素と女性的要素　115
イド満足（id satisfaction）　111
イメージ（images）
　――を形成する能力　141

う
うつ（depression）
　――と移行対象　5
　身体的疾患を形成する――　159～160
　青年期の――　172
　母親の――　25, 26, 159
ウルフ（Wulff, M.）
　――のフェティシズム的対象　12, 54, 214

え
エリクソン（Erikson, E.）　64, 113, 210

お
オウピー（Opie, I and P.）　200, 212
置き換え（displacement）
　――と対象と関係すること　179
　――の概念　144
おしゃぶり（dummy, pacifier）
　――の使用　ix, 9, 197
お守り（talisman）　54
親によるケア（parental care）
　――の間接的な報酬　199
　――の失敗の結果　28～30
親指しゃぶり（thum- and finger-sucking）　ix
　――と移行現象　2, 4, 9, 10
　――と自体愛　4
　――と「何もしないこと」　39
　――への違った態度　197

か
カーン（Khan, M. M. R.）　53, 71, 75, 211
外向（extroversion）　149
外向的な（extrovert）　93, 144
解釈（interpretation(s)）
　――を差し控えること　77, 119
　自己防衛と見なされる――　127
　分析家と――　83, 101, 103, 105, 119, 127, 140, 163, 164

索　引　227

外傷（trauma）　110, 134, 148
外的現実（external reality）
　　——と体験の中間領域　3, 18, 55, 141
　　——と内的現実　2, 3, 18, 55, 89, 181
　　——に対する象徴の使用　32
　　——に追従する態度　90
　　——の位置づけ　72
　　——の相対的客観性　30, 91
　　——への創造的アプローチ　94
　　遊びの領域と対比した——　70, 141, 146
　　行動主義者と——　144
　　投影機制と——　125
　　乳児と——　4, 14, 19
　　⇒ 内的現実，現実，現実原則，現実検討
概念作用と知覚とのギャップ（conception-perception gap）　209
　　⇒ 逆説，知覚
解離（dissociation）
　　——と空想すること　36, 38, 43
　　——と時間要因　37
　　スキゾイドの——　93
　　男性的要素と女性的要素の——　105, 117
　　ハムレットの——　115
　　病歴に見られる——　39, 44, 105
抱えること（holding）
　　乳児にとっての——の重要性　152, 180, 196
鏡-役割（mirror-role）
　　子どもの発達における母親と家族の——　152〜162
　　治療者の——　160〜162, 179
　　母親の顔の——　152, 156, 161
確信（confidence），幼児の
　　——と遊ぶ能力　45, 138, 150
　　——と母親的人物が頼りになること　138, 141, 149, 150
　　——と文化的体験に対する能力　138, 150
　　——の欠如の結果　150

家族（family）　196
　　——の子どもの発達における鏡-役割　162
　　——の青年期の発達における役割　191, 199
　　治療にかかわった——　25
　　よい——とスラム街の——　197
ガッディーニ（Gaddini, R.）　ix
可能性空間（potential space），母親と赤ん坊のあいだの　55, 72, 138, 141, 147〜151
　　信頼の体験に依拠する——　142, 148, 150
　　生活体験によって多様な——　55, 141
　　⇒ 体験の中間領域，逆説
ガフ（Gough, D.）　153, 211
家父長制（patriarchy）　108
家母長制（matriarchy）　108
環境，環境側の供給（environment, environmental provision）
　　——と依存欲求　98
　　——と情緒的発達　72, 75, 113, 152, 180, 192
　　——と創造性の根源　99
　　——と創造性の破壊　95
　　——と対象を使用する能力　123
　　——と統合失調症の発生　92
　　——と乳児の生活に与える影響の質と量　98
　　——と万能感の喪失　98
　　——の失敗（欠如）の結果　76, 140, 141, 180
　　——の連続性の重要性　18, 192, 196
　　成長にかかわる促進的——　92, 123, 192, 196, 199
　　⇒ ほどよい母親（環境），母親
玩具（toys）
　　——と移行現象　2, 6, 10, 18

き

記憶（memory）

――と母親との分離　*14, 20, 134*
吃音（stammering）　*56*
機能障害（dysfunction）
　欲求不満による――　*144*
逆説（paradox），移行対象，移行現象の概念の中の　*viii, 19, 72, 98, 123, 133, 148, 209*
客観性（objectivity）
　外的現実の相対的――　*91*
教育者（educators）
　――と脱錯覚という課題　*17*
狂気（madness）
　成人の――　*3, 18, 98*
　生の連続性の亀裂によって起こる――　*134*
　治療されない――　*120*
　乳児に許される――　*3, 98*
共生（symbiosis）　*180*
強迫行為（compulsive behaviour）
　病歴に見られる――　*21, 39*
強迫行動と儀式（obsessional activities and rituals）　*7, 39*
許容（permissiveness），教化に対する反動としての　*197*
ギレスピー（Gillespie, W. H.）　*91注, 211*

く

空想（すること）（fantasy(ing)）　*14, 27, 38〜49*
　――と解離　*36, 38, 40, 43*
　――と時間要因　*37*
　――と対象の破壊　*97, 124, 128*
　――によって引き起こされる緊張　*44*
　――の隔絶性　*36*
　――の実在世界と夢への干渉　*42〜44*
　青年期における殺しの――　*199〜200*
　想像へと変化する――　*36*
　万能感の――　*40*
　マスターベーションにおける――　*52*
　夢（見ること）から区別された――　*36, 47*

くまのプーさん（Winnie the Poo）　*vii, 54*
クライン（Klein, M.）　*211*
　――と攻撃衝動　*97*
　――と子どもの遊び　*53*
　――と投影同一化ととり入れ同一化　*181*
　――の内的対象の概念　*12*
　――の抑うつポジションの概念　*17, 181, 186*
グリーネイカー（Greenacre, P.）　*123注, 211*
クリス（Kris, E.）　*53, 211*

け

芸術的創造（artistic creativity）　*7, 96*
　――と自己の探求　*74, 89*
　⇒ 創造性
芸術と芸術家（art and the artist）　*93*
　――と錯覚　*3*
　――と自己の探求　*74*
　――と創造の衝動　*95*
　――と体験の中間領域　*18*
　――の心理学的研究　*96*
結合（union），母親と赤ん坊の
　分離する時点での――　*133〜135, 141*
幻覚（hallucination）　*14*
　統合失調症の――　*30, 91*
　目覚めている生活に入り込んできた夢現象としての――　*92*
健康（health），精神医学的　*195*
　――と移行対象　*5*
　――と青年期の未成熟性　*203*
　――と創造的に生きること　*74, 95*
　――の場合の女性的要素の多種多様さ　*115*
　遊ぶことと――　*56*
　社会の――　*193〜195*
　スキゾイドと明確には区別できない――　*92*
　性愛衝動と破壊的衝動の融合としての――

—— 97
現実，リアルさ（reality）
　——感覚　11, 30, 158
　——の受容　17
　⇒ 外的現実，現実検討
現実原則（reality principle）　122, 123, 125
現実検討（reality testing）　3, 17, 181
　——に先行する移行対象　12
健忘（amnesia）
　——のリアルさ　29

こ

攻撃性，攻撃衝動（aggression, aggressive impulses）
　——と現実原則　129
　——と責任の受容　205
　——と迫害の探求　205
　——の起源の検討　97, 127〜129
　自殺として顕在化する——　206
　生活体験による——の多様さ　128
　生得的な——　128
　パーソナルな成長の部分としての——　198
　⇒ 破壊性
交叉同一化（cross-identification(s)）　98注, 107, 192
　——の欠如の実例　182〜188
　——の面で相互に関係すること　121, 179〜190
　——を通してのコミュニケーション　163
口唇サディズム（oral sadism）　106, 114
口唇性愛（oral erotism）　1, 2, 4, 106, 114
行動化（acting out）　23, 163
行動パターン（behaviour patterns）
　ストレスによって再現される——　5
行動療法（behaviour therapy）　144
幸福（happiness）
　健康の上に築かれた——　196
　成熟の上に確立された——　192

興奮（exitement）　52, 70, 71, 121, 144
肛門性愛的な組織化（anal erotic organization）　12
こころ（mind）
　精神・身体から分裂・排除された——　181
　夢を見るときに焦点が合わない——　47
こころの活動（mental activity）　14
個人として存在すること（individuality）　97
子ども（child(ren)）
　——と遊びを通してのコミュニケーション　53, 56〜63, 73
　——と文化的体験の機会　150
　——のケアの連続性のニード　196
　——の寝つくための儀式　2
　遊びにおいて創造的である——　73
　遊びに我を忘れる——　17, 70
　成人に同一化している——　61, 62
　⇒ 乳児
子どもの発達（child development）　152〜155
　——における母親の鏡・役割　162
　自律への——　180
コミュニケーション（communication）
　遊ぶことを通しての——　53, 56〜63, 73
　交叉同一化を通しての——　163, 179〜190
　自由連想における——　76
　スクィグル・ゲームを通しての——　21, 165〜168
　精神分析における——　56, 68
　治療相談面接における——　163, 164〜179
孤立（isolation）　122, 182
殺し（murder）
　青年期の空想における——　200
混沌（chaos）
　——の前兆　155, 194

組織化された―― *76*
コンピュータのプログラム（computer programming）
　　――と表面的現象　*197*

さ

罪悪感（sense of guilt）　*144*
　　クラインと――　*97*
　　青年たちの潜在性の――　*206*
錯覚（illusion）
　　――と狂気　*3, 98*
　　――と体験の始まり　*14, 18*
　　――に関して母親に演じられる役割　*14〜18*
　　幼児に許容されうる――　*3*
殺人（murder）
　　夢の中の――　*41*

し

死（death）
　　――としての母親の不在　*28*
　　――の本能　*97*
　　青年期の空想における――　*200*
　　乳児の空想における――　*200*
　　分析家の――　*127, 183*
仕返し（retaliation）
　　――を欠いているものとしての生き残ること　*126, 127*
自我‐関係性（ego-relatedness）　*138*
自我構造（ego structure）
　　――の解体　*134*
　　――の修復　*134*
自我支持（ego support）　*180*
自我発達（ego development）
　　――と対象と関係すること　*111*
　　時期尚早な――　*62*
自我防衛（ego defences）
　　――と精神医学的健康　*135*
自己（the self）
　　――と在ることの感覚　*111, 113*
　　――と解離　*39, 93*

――としての乳房　*114*
――と対象と関係すること　*110, 121*
――の探求が成功する必須条件　*73〜76, 89*
映し返しを必要とする――　*84注, 85, 87, 89*
患者の――の探求　*38, 77*
創造の所産には見出せない――　*73, 96*
⇒ 在ることの感覚，偽りの自己，同一性，単一体自己
事故傾性（accident proneness）　*206*
自殺（suicide）
　　――と気分変動　*145, 193*
　　――と青年期の殺しの空想　*201*
　　攻撃性と――　*205*
　　創造的な生が隠された時の――　*95*
　　病歴に見られる――の可能性　*37, 182*
自体愛（auto-erotism）　*4, 5, 14, 18, 197*
失禁（incontinence）
　　――と吃音　*57*
自閉症（autism）　*94注*
社会（society）　*191*
　　――とパーソナルな充足　*195*
　　――と病気の成員　*194*
　　――と無意識的動機　*201*
　　精神医学的に健康な成員で維持される――　*193*
社会集団（social groups）
　　――と育児に関する習慣　*197*
　　――と性的体験に関する期待　*108*
社会単位（social unit）
　　――と個人の歪み　*194*
　　青年期の成長を包含するための――　*199*
宗教（religion）
　　――と幻想　*3*
　　――と象徴性　*8*
　　――と体験の中間領域　*7, 17, 18*
集団（関係性）（group (relationships)）　*3, 18*

索引　231

遊ぶことと——　56, 65, 70
自由連想（free association）
　——における一貫したテーマ　75
　——の実例　78
　——の本質的な要素　75
主観的対象（subjective object）
　——という用語の使い方　98, 110, 180
　——と客観的に知覚される対象　52, 71, 138
　——は破壊されない　125
　⇒ 知覚，投影
授乳（breast-feeding）
　——と社会集団　197
　——の終結　17
　⇒ 離乳（weaning）
シュルツ（Schulz, C. M.）　vii, 54, 212
昇華（sublimation）　144, 145
条件反射（conditioned reflexes）　144
象徴性（symbolism）
　——と不在　29
　——の使用　150, 179, 181
　移行対象の——　7
　紐の——　25, 57～58
　夢における——　48
情緒的発達（emotional development）
　——と環境側の供給　18, 72, 113, 152, 192, 196
　——と自律的状態　180
　——と青年期の成長　191
　——と対象と関係すること　179
　——と単一体自己の確立　3, 76, 146, 180
　——と男性的要素と女性的要素の分離　114
　——と備給された対象が生き残ること　125
　——における「する」ことの前に「在る」こと　112, 180
　——における母親への依存　13, 117
　——における母親の鏡・役割　152, 153

——の障碍　6
衝動（impulse）　98
　男性的要素と関係した——　117
小児期（childhood）
　——での両親の失敗の結果　38
　——の考え，青年期との対比　200
女性（women）
　——に対する男性の羨望　112
　ギリシャ神話における——の地位　109
女性的要素（female element），男性と女性における
　——と在るという体験　111, 113, 117
　——と対象と関係すること　110～112, 114, 117
　——と同性愛的行動　108
　——と母親　112～115, 117
　男性患者における分裂・排除された——　100～105
　ハムレットによって拒絶された——　116
　⇒ 男性的要素と女性的要素，男性的要素
所有物（possession(s)）
　——の早期の使用　8
　初めての——　1, 18
　⇒ 移行対象と移行現象
自律（autonomy）
　——の達成　180, 192
　——への患者のニード　148
神経症の人々（neurotic people）　193
心身症（psychosomatic illness）　103
心身症的障害（psychosomatic disorder）
　精神病患者が呈する——　120
身体的活動（physical activity），遊びに現われる
　遊びに現われる——　76, 89
身体的障害（physical disability）　60, 62, 91
心的外傷（trauma）　110, 134, 148
神秘的な体験（mystical experience）　143

信頼（trust）
　治療状況への——　　75, 76, 119, 171
　母親的人物への赤ん坊の——　　141,
　　149, 151
　⇒ 確信
心理療法（psychotherapy）　68〜70
　——と遊ぶこと　　51, 64, 68〜70, 69, 73
　——の鏡・役割　　161
　⇒ 分析家，解釈，精神分析

す

睡眠（sleep）　150
　——と移行現象　　2, 5, 10
　——と夢を見ること　　47
　——におけるREM睡眠とnon-REM睡眠　　76
スキゾイド状態（schizoid state）　27, 92, 193
　——と健康　　92
　——における乏しい現実感　　92, 93, 193
　赤ん坊の——　　93
スクィグル・ゲーム（squiggle game）　21, 165〜168
スケープゴート（scapegoat）　144
スティーヴンソン（Stevenson, O.）　ix, 212
スピッツ（Spitz, R.）　53, 212
刷り込み（imprinting）　110

せ

性（sex）
　——の無意識的空想　　205
性愛衝動（erotic impulses）
　破壊衝動と融合した——　　97
性感帯（erotogenic zones）
　——の興奮　　52, 71
　本能欲動と——　　110
成熟（maturity）　192
　——の獲得　　191, 192, 202, 204
　偽りの——　　204, 205

性的な——　　202, 206
成熟過程（maturational processes）　162
　——と促進的環境　　123注, 153
正常（normality）
　——という言葉を使わないこと　　195
成人（adults）
　——と遊ぶことにおいて創造的になれること　　72, 73
　——と青年の挑戦　　201, 208
　——と体験の中間領域　　17, 18
　——との分析において遊ぶこと　　54, 73, 77
　⇒ 創造性，文化的体験，体験の中間領域
精神医学的健康（psychiatric health）　196
　社会の——　　193, 195
精神神経症（psychoneurosis）
　——と創造的に生きること　　135, 137
　精神病患者が呈する——　　120
精神・身体が相互に関係すること（psychosomatic interrelating）　153
精神・身体的な絶頂感（psychosomatic climax）
　空想することにおいて欠けている——　　44
精神・身体の協同関係（psychosomatic partnership）　91, 181
精神遅滞（mental retardation）　31
精神的活動（mental activity）　76, 153
成人の地位（adult status）　199
　——の獲得　　202, 203
　⇒ 成熟
精神病質（psychopathic）
　愛情剥奪の結果としての——　　10, 193
精神分析（psychoanalysis）
　——と遊び（遊ぶこと）　　53, 68, 135
　——と対象の使用を論じる困難性　　119, 122
　——における体験の中間領域の無視　　vii, 95, 145
　本能体験を強調する——　　135, 190

索 引　233

　　⇒ 分析家
性的成熟（sexual maturity）　202, 206
性的体験（sexual experience）
　　――と期待　108
性的不能（impotence）　108
青年期（adolescence）　191～208
　　――と社会的集団への同一化　191
　　――と成熟の獲得　191, 202, 203
　　――と成人の地位　199, 202, 203
　　――と責任の引き継ぎ　202
　　――とは成長を意味する　207
　　――と理想的社会　204, 207
　　――の考えと子どものそれとの対比　200
　　――の無意識的空想　200, 201
　　親の態度の成功や失敗の産物としての――　198
青年期の反抗（adolescent rebellion）
　　――に対する親の側のマネジメント　190
　　生きるか死ぬかの格闘としての――　202
　　時期尚早の責任の引き渡しによって失う――　203
責任（responsibility）
　　――を時期尚早に引き受けること　202, 203
　　両親の――　202, 203, 207
絶頂感（climax）
　　本能体験における――　135
絶滅（annihilation）
　　「希望がない」を意味する――　129
前進的機制（progressive mechanisms）　175
喘息（asthma）
　　不安状態と――　9

　　そ

想起（remembering）　14
相互的コミュニケーション（intercommunication）　163, 179, 188
相互に関係すること（interrelating）
　　交叉同一化の面で――　179～190
創造（creation）
　　乳児による対象の――　2, 15, 98, 133
　　⇒ 逆説
想像（imagination）
　　空想（すること）と対比された――　36, 42
創造性，創造的に生きること（creativity, creative living）　90～91, 136, 144～147
　　――という観念　73, 90～99
　　――と自己の発見　73, 89, 90
　　――と体験の中間領域　18, 140, 141
　　――と文化的体験　138
　　――に対する能力　90, 97, 98, 138, 147
　　――に対する能力の喪失　94, 95, 99
　　――の健全性　90, 95
　　――の根源　99
　　――の出現する条件　89
　　――の破壊の可能性　94
　　遊ぶことと――　72, 73, 76, 140
　　生きること自体と関連する――　96
　　一次的――　2
　　個人間の――の多様さ　98, 147
　　ずっと前の時代の――　96
　　男性と女性の共通項としての――　100
　　男性の特質としての――　99～105
　　乳児期の――　139, 153
　　分析的作業における――　77, 89
　　⇒ 文化的体験，体験の中間領域
創造的に遊ぶこと（creative playing）　68, 72, 73
　　――と文化的遺産の享受　150, 181
　　――への子どものニード　151
想像力の面で生きること（imaginative living）　189
　　⇒ 創造性，文化的体験，体験の中間領域
疎外（alienation）　185
ソロモン（Solomon, J. C.）　ix, 212
存在することの感覚（sense of being）

⇒ 在ることの感覚

た

体験（experience）
　移行現象を通しての——の始まり　8, 18, 136
　万能感の——　15, 40, 64, 153
　無目的状態の——　74
体験の中間領域（intermediate area of experience）　143～151
　——と遊ぶこと　55, 64, 68, 70, 133, 138, 140, 149, 150
　——と芸術と宗教　7, 17
　——と錯覚　3, 15, 16, 18
　——と詩人や哲学者の夢中　vii
　——における多様な要因　55, 141, 147
　——の普遍性　vii, 54
　遊びの領域とつながっている——　17
　環境側の失敗による——の喪失　140
　個人の体験の産物としての——　147, 149
　成人と——　17, 18, 137
　精神分析的思考において無視された——　vii, 96, 145
　体験の始まりの基礎としての——　17, 18
　内的現実と外的現実の間の——　3, 12, 18, 141, 151
　母親（環境）によって可能になる——　17, 98, 138
　母親への赤ん坊の信頼に依拠する——　64, 138, 141, 149, 151
　⇒ 創造性，文化的体験，可能性空間，移行対象
退行（regression）
　依存への——　139, 158, 190
　良性と悪性の——　75
退行的機制（regressive mechanisms）　175
対象（object(s)）　119～130
　——が生き残ること　124, 126～130, 190
　——の自律性　124, 125
　——の喪失　140
　——の破壊　124, 127～130
　外的な，実在する——　122, 124, 125, 188
　乳児によって「創造された」——　2, 15, 16, 98, 133, 139
対象恒常性（object-constancy）　108, 129, 206, 207
対象選択（object-choice），性的な　206, 207
対象的主体（objective subject）　111
対象と関係すること（object-relating）
　ix, 18, 119, 124, 146, 153, 179, 180
　——と遊ぶこと　138, 181
　——に先立つ条件　18, 179
　——の始まり　2
　主体の体験としての——　122, 130
　対象の使用から区別された——　121, 123
　男性的要素と女性的要素と——　110～118
　夢と——　35
　⇒ 対象の使用（object-usage）
対象の使用（object-usage）　119～130, 146
　——と現実原則への変化　122, 123
　——に対する能力　120, 123, 130
　対象と関係することから区別された——　121, 123
　⇒ 対象と関係すること
対象を提示すること（object-presenting）
　環境側の機能としての——　153
対人操作（manipulation），患者の
　患者の——　127
脱錯覚（disillusionment）
　——と離乳　17
　青年と——　207
　母親の課題としての乳児の——　15, 17

母親の失敗（不在）による—— 37,
　　175
ダン（Donne, J.）　　vii, 210
単一体自己（unit self）
　——の確立　　3, 76, 146, 180
男性的要素（男性と女性の）（male
　element）
　——と対象と関係すること　110, 111,
　　114, 117
　——と盗むこと　　118
　女性患者における分裂・排除された——
　　182, 184, 187
　⇒ 女性的要素，男性的要素と女性的要素
男性的要素と女性的要素（male and female
　elements）　38注, 99〜118
　——と対象と関係すること　110〜112,
　　114〜116
　——のあいだの解離　　106注, 109
　——の対比　　110〜112, 114〜118
　——の分裂・排除された要素に関する臨
　　床例　　100〜105, 106注, 107

ち

知覚（perception）
　客観的——と主観的——と遊ぶこと
　　52
　客観的——と主観的——と移行対象
　　3, 15, 112
　乳児における主観的——　　63
　乳児にとって客観的に——することの苦
　　痛　　63
　⇒ 概念作用と知覚とのギャップ，逆説
父親（father）
　——に関した夢　　40, 41
　——の重要性　　196
父親のケア（paternal care）　　195
知的障碍（mental defectiveness）　94注
　——と優れた知性　　31
　病歴に見られる——　　59
知的能力（intellectual ability）
　——と知的欠損への恐怖　　31

乳房，母親の（breast, mother's）
　——と錯覚　　15
　——と自己の探求　　114
　在ることの象徴としての——　　113
　最初の関係性の対象としての——　　12,
　　15注, 57
　主観的現象としての——　　15
　女性的要素と——　　110, 112
　乳児による——の破壊　　128注
　母親的ケアの技術の全体としての——
　　15注
　本能欲動と——　　110
直面（confrontation）
　青年たちの——　　204, 208
治療者（therapist）
　⇒ 分析家
治療相談面接（therapeutic consultation）
　青年との——　　163〜179

つ

追従性（compliance）　　45注, 90
　——と不毛感　　90
　——の実例　　38, 56
償い（reparation）
　——の概念　　97

て

適応（adaptation）
　——の程度を減少すること　139, 147
　錯覚と100パーセントの——　　14
　母親の赤ん坊のニードへの——　　13〜
　　14, 18, 113, 128, 137, 150, 180
　分析家の患者への——　　148
　⇒ 環境，母親，ほどよい母親（環境）
テディベア（teddy bears）
　——への子どもの愛着　2, 11, 18, 59
転移（transference）
　——の管理　　163
　——の進展　　119, 190
　妄想性——　　104
　⇒ 解釈

と

同一化（identification(s)）
　　——と対象と関係すること　*121*
　　偽りの成熟の基となる——　*205*
　　投影——と取り入れ——の区別　*181*
同一性（identity）
　　——喪失の恐れ　*46, 47*
　　——をもっている感覚　*111, 192*
　　一次的——　*112*
　　女性的要素と——　*106, 112, 117*
　　男性的要素と——　*112*
投影，投影的機制（projection, projective mechanisms）　*179〜190*
　　——と外的現実　*125*
　　——と対象と関係すること　*122*
　　——を使用する能力　*114, 163, 179, 184, 188, 190*
　　クラインと——　*181*
　　病歴に見られる——　*181〜190*
統覚（apperception）　*3, 90, 154, 157*
統合失調症的状態（schizophrenic state）　*193*
　　——と環境側の供給　*92*
　　——と創造的に生きること　*136, 137*
　　——における遺伝的要因　*92*
　　神経症として現われる——　*120*
倒錯（perversion）
　　——の潜在的発達　*25*
同性愛（homosexuality）
　　ギリシャ神話における——　*109*
　　母親同一化から発展した——　*24*
　　分裂・排除された女性的要素にはばまれる——　*109*
動物行動学（ethology）　*110*
同胞葛藤（sibling rivalry）　*20, 22, 28, 165, 171, 174, 175*
独立（independence）　*180*
　　相対的——　*192*
トランプの独り遊び（patience-playing）
　　空想することとしての——　*48, 49*

取り入れ，取り入れ的機制（introjection, introjective mechanisms）　*111, 114*
　　——を使用する能力　*114, 163, 179〜190*
　　クラインと——　*181*
トリリング（Trilling, L.）　*145, 146, 212*

な

内向（introversion）　*149*
ナイツ（Knights, L. C.）　*117, 211*
内的現実（inner reality）　*146*
　　——と外的現実　*3, 18, 55, 89, 141, 181*
　　——と情緒的成長における過程　*143*
　　——と体験の中間領域　*3, 18, 55, 141*
　　——の位置づけ　*72*
　　遊びの領域と対比された——　*70, 141*
　　フロイトと——　*131*
　　⇒ 外的現実
内的対象（internal object）　*12*
懐かしさ（nostalgia）　*30, 49*

に

入院（hospitalization）
　　母親の——の影響　*20, 23, 25*
乳児（infant(s)）
　　——が創造的に生き始める　*139*
　　——と在ることの感覚　*111, 113, 117*
　　——と移行対象　*1〜34, 112*
　　——と音の使用　*6*
　　——と現実の受容　*4, 14*
　　——と錯覚　*3, 13〜19*
　　——と象徴の採用　*7*
　　——とスキゾイドという用語　*93*
　　——と想像的な遊び　*139*
　　——と脱錯覚　*15, 17〜18*
　　——と破壊したい衝動　*128*
　　——と母親の依存できることの確信　*138, 149〜151*
　　——と母親の鏡・役割　*152〜155, 162*
　　——とフラストレーション　*14*
　　——とほどよい母親（環境）へのニー

索　引　237

　　ド　　13, 63, 92, 98, 113, 137, 139, 152,
　　　192, 195
　　――と本能満足　　139
　　――と離乳　　17
　　――と「私 - でないもの」の認識　　55,
　　　110, 138, 147, 150, 152, 180, 192
　　――に許容される狂気　　3, 98
　　――の依存　　19, 70, 98, 117, 138, 141
　　――のパーソナルな成熟　　153
　　――の万能的コントロールから操作によ
　　　るコントロールへ　　12, 64
　　――のフラストレーション　　13, 14
　　母親の鏡としての役割と――　　64
　　⇒ 体験の中間領域，遊び（遊ぶこと）
人形（dolls）
　　乳児が愛着を示す――　　1, 2, 18

ぬ

盗むこと（stealing）　　7, 118

の

脳損傷（brain damage）
　　出産過程に伴う――　　112

は

破壊，破壊的衝動（destruction, destructive
　　impulses）
　　――と外在性の質　　129
　　――と現実原則　　125
　　――と性愛衝動との融合　　97
　　――に怒りが含まれないこと　　129
　　――の肯定的価値　　130
　　赤ん坊による乳房の――　　127, 128注
　　主体による対象の――　　124, 130
　　人生の早期から認められる――　　97
　　対象が――から生き残る　　124, 126,
　　　127, 129, 130, 190
　　対象が――から生き残ることに失敗する
　　　128
　　パーソナルな成長にとって重要な役割を
　　　もつ――　　198

迫害（persecution）
　　――を探求するものとしての攻撃性
　　　205
迫害的要素（persecutory elements）
　　140, 142
剥奪（deprivation）
　　――と精神病質　　193
　　――の結果　　5, 140
白昼夢を見ること（daydreaming）　　35
　　夢を見ることと区別される――　　42
母親（mother）
　　――からの分離の結果　　20, 133, 196
　　――と遊びの関係　　63～65
　　――と移行対象　　1, 5
　　――と錯覚をいだく機会を与える仕事
　　　17, 18
　　――と乳児との身体的関係性　　135注
　　――と乳児のニードへの適応　　13, 14,
　　　18, 113, 128, 137, 150, 180
　　――と乳児を脱錯覚させる仕事　　15,
　　　17
　　――のうつの結果　　20, 23～26, 158
　　――の鏡 - 役割　　152～162
　　――の失敗（欠如）の結果　　38～40,
　　　102, 175
　　錯覚をいだく機会を与える――　　14,
　　　15
　　乳児における確信の源泉としての――
　　　64, 65, 138, 141, 149～151
　　乳児における環境としての――　　113,
　　　152, 196
　　乳児の依存する――　　19, 70, 98, 117,
　　　138, 142, 149～151
　　ほどよい――　　13, 15, 64, 98, 113, 152
　　　～153, 195
母親同一化（maternal identification）
　　24
母親のケア（maternal care）
　　さまざまな文化における――　　113
母親の剥奪（maternal deprivation）
　　狂気として体験される――　　134

ハムレット（Hamlet）
　──のジレンマ　115～116
バリント（Balint, M.）　75, 210
ハルトマン（Hartmann, H.）　98, 211
反抗（rebellion），青年期の　190, 201
万能感（omnipotence）
　──と依存　40注
　──と希望がもてないこと　40注
　──と対象の使用　124
　──を喪失する恐怖　98
　──を喪失する衝撃　98
　乳児における──の体験　15, 40注, 64, 153

ひ

引きこもり（withdrawal）
　──と母親の欠如　155
　遊んでいる子どもの──　70
ひきつけ（fits）　66
備給（cathexis）
　──が枯れ果てること　129
　──と対象が生き残ること　121
ひとりでいられる能力（capacity to be alone）　64, 132
被剝奪児（deprived child）
　──は遊ぶことができない　140
紐（string）
　結合の象徴としての──　57, 58, 148
　コミュニケーションの延長とみなせる──　24
　分離の否認としての──　20～26
貧困（poverty）　197

ふ

不安（anxiety）
　──と遊ぶこと　71
　──と自由連想　75
　──と離乳　9
　──に対する防衛　5, 9
　選択の自由に伴う──　49
　本能的生活から起る──　135

フーコー（Foucault, M.）　96, 210
フェアバーン（Fairbairn, W. R. D.）　139, 210
フェティシズム（fetishism）　7
　──と移行対象　12
　乳児と──　54
不在（absence）
　死として理解される──　29
不適切さ（inadequacy）
　自殺の衝動と──　37
プラウト（Plaut, F.）　140, 212
ブレイク（Blake, Y.）　183, 210
フロイト（Freud, S.）　13, 73, 137, 144, 181, 210
　──と内なる心的現実　131
　──と個人としての存在　97
　──と文化　131, 146
　──のアンビヴァレンス〔両価性〕の概念　97
　──の「モーセと一神教」　97
　──の夢形成の仮説　92注
フロイト，アンナ（Freud, A.）　54, 210
文化（culture）
　──という言葉の使い方　136
　青年と──　207
文化的体験（cultural experience）
　──という言葉の著者の使い方　136
　──の位置づけ　72, 131, 142, 144～151
　──の供給の失敗　150
　遊ぶことと──　55, 70, 137, 141, 147
　移行現象と──　19, 54, 136
　移行現象や遊ぶことから発達する──　70, 136, 137
　外的現実と内的現実から区別される──　147
　個人間の──における多様さ　137, 147
　子どもへの──の供給　151
　人類の連続性を与える──　137
　精神分析理論で欠落していた──　vii

早期の生活体験によって決定づけられる
　　　　―― *138*
　　パーソナルな存在を超越した――
　　　　137
　　被剝奪児と―― *140*
　　⇒ 創造性，体験の中間領域
分析家（analyst）
　　――と解釈を差し控えること　*77, 86,*
　　　　119, 127
　　――と患者の自律へのニード　*148*
　　――と自由連想　*75*
　　――と退行　*190*
　　――と投影的機制を使う能力　*189*
　　――と破壊から生き残ること　*126,*
　　　　127, 130
　　――と発達上の障壁を取り除くこと
　　　　68
　　――の解釈的作業　*83, 101, 103, 119*
　　――の鏡・役割　*76, 161, 163, 179*
　　――の死　*127, 183*
　　患者に使用される――　*129*
　　⇒ 転移
糞便（faeces）　*12*
分離（separation）
　　遊ぶことと創造的に生きることの領域
　　　　としての母親と赤ん坊の――　*141,*
　　　　147, 149
　　乳児期における母親からの――の結果
　　　　20〜24, 28, 29, 134
　　母親と赤ん坊の――　*111, 133〜135,*
　　　　148
　　母親と赤ん坊の――と結合　*133〜135,*
　　　　137, 141

へ

ベーコン（Bacon, Francis）
　　――と顔の歪み　*156*
　　――の絵の鏡としての役割　*160,*
　　　　*161*注
ベッテルハイム（Bettelheim, B.）　*94,*
210

ペニス羨望（penis envy）　*106*注, *108*
　　男性患者の――　*101, 103*

ほ

防衛的組織化（defence organization）
　　――と偽りの自己　*19*
　　――と解離　*106*注
　　――と自由連想　*76*
　　――の力動的過程　*98*
　　想像を絶する不安に対する――　*134*
　　ハムレットにおける――　*115*
　　病歴に見られる――　*182*
防衛的退行（defensive regression）　*51*
ボウルビー（Bowlby, J.）
　　――と母親という人物の喪失　*196,*
　　　　210
ホッファー（Hoffer, W.）　*135*注, *211*
ほどよい母親（環境）（good enough
　　mother/environment）　*15*注
　　――と子どものニードへの適応　*13,*
　　　　98, 113, 123
　　――と体験の中間領域　*17, 64, 153*
　　――と万能感の喪失　*98*
　　個人の発達にとって本質的な――
　　　　192, 195
　　⇒ 環境，母親
ホプキンズ（Hopkins, G. M.）　*81, 85, 86,*
*87*注, *186*
本能関与（instinctual involvement）　*150*
　　遊ぶことをおびやかす――　*53, 71*
　　心理療法における――　*163*
本能的資質（instinctual endowment）
146
本能，本能欲動（instinct, instinct drives）
　　――と男性的要素と女性的要素　*114*
　　精神分析と――　*112, 135, 144, 180*

ま

マーラー（Mahler, M. S.）　*180, 212*
マスターベーション（masterbation）
　　――と遊ぶこと　*52*

満足・希求的（satisfaction seeking）
139, 144

み

ミード（Mead, M.） 113
未成熟さ（immaturity） 193
　——の性質 204
　極端な—— 73
　時間の経過で治癒される—— 203
　青年期の本質的要素としての——
　　202, 203
　⇒ 成熟
ミドルモア（Middlemore, M. P.） 135注,
　212
ミラー（Miller, A.） 54, 55注, 212
ミルナー（Milner, M.） 51, 52, 75, 135,
　180, 196, 212
ミルン（Milne, A. A.） 54, 212

む

無意識的空想（unconscious fantasy）
　青年期の—— 200, 201
無意識的象徴性（unconscious symbolism）
　132
無意識的動機づけ（unconscious
　motivation） 193, 197
無定形（formlessness） 45, 48, 75, 82, 89

め

メランコリー（melancholia） 107

も

妄想（delusions）
　統合失調症における—— 91
　迫害的体系としての—— 205
　分析家と—— 126
妄想状態（paranoid state） 194
　病歴に見られる—— 171, 179
目的のある活動（purposive activity）
　目的をもたずに存在していることから区
　　別された—— 75

や

薬物嗜癖（drug addiction） 7
　病歴に見られる—— 26
薬物療法（drug therapy） 186

ゆ

融合（merging）
　赤ん坊と母親の—— 19, 63, 133, 148,
　　180
誘惑（seduction） 71, 136
夢（を見ること）（dream(ing)） 7, 14,
　46, 47, 150
　——と生きること 35, 42
　——と空想することとの対比 35, 36,
　　45, 47～49
　——と幻覚 92
　——と子どもの遊び 70
　——と白昼夢 42
　——と無定形 45, 47
　——における転移素材 27
　病歴に見られる—— 27, 40, 41, 48,
　　169～170, 183～184, 186
　抑圧された—— 36
　抑うつ的な—— 27

よ

抑圧（repression）
　夢の—— 36
抑うつポジション（depressive position）
　17, 181
欲動満足（drive satisfaction）
　——と対象と関係すること 111, 190
予見性（predictability） 196
　——とパラノイア 194
　乳児にとっての——の重要性 155
欲求不満（frustration）
　——と満足の追求 112, 144
　——に対する反応 135
　怒りと—— 111

ら

ラカン（Lacan, J.） *152, 160, 211*

り

リアルさ（reality）
　⇒ 現実
リヴィエール（Riviere, J.） *17, 212*
理解すること（understanding）
　直面に場を譲る── *204*
理想主義（idealism）
　青年たちに見られる── *207*
離乳（weaning） *9, 17*
　⇒ 授乳
利用（exploitation）
　使用から区別された── *129*
両親（parents）
　──と青年たち *191, 198～205, 207～208*
　──と脱錯覚という課題 *17*
　治療にかかわった── *25*
両性性（bisexuality） *99, 207*
　──と性的体験に関する期待 *108*
　──を例証する症例 *100～105*
　大きく寄った── *115*
リラクセーション（relaxation） *75, 76, 89*

れ

連続性（continuity）
　移行対象の── *5, 18*
　ケアにおいて重要な── *5, 18, 196*
　隣接性に地位を譲る── *138*

ろ

ロウエンフェルド（Lowenfeld, M.） *53, 212*
ローゼンスタイン（Rothenstein, J.）
　フランシス・ベーコンについて *161注*

訳者略歴

橋本雅雄（はしもと　まさお）
1942年　栃木県に生まれる
1968年　慶応義塾大学医学部卒業，医学博士
現　職　医療法人社団こころの会 タカハシクリニック
訳　書　クーパー＝反精神医学（共訳，岩崎学術出版社）
　　　　ウィニコット＝新版 子どもの治療相談面接（共監訳，岩崎学術出版社）
著　書　精神医学書（分担，金原出版），精神分析セミナー（編著，岩崎学術出版社）ほか

大矢泰士（おおや　やすし）
1963年生まれ
東京大学文学部，教育学部教育心理学科卒業
東京都立大学大学院人文科学研究科心理学専攻博士課程単位取得
専　攻　臨床心理学，精神分析学
現　職　東京国際大学大学院臨床心理学研究科教授
　　　　青山心理臨床教育センター臨床心理士
著訳書　ライフサイクルの臨床心理学，思春期・青年期の臨床心理学（ともに共著，培風館），
　　　　オグデン＝もの想いと解釈，夢見の拓くところ（ともに訳，岩崎学術出版社），ウィ
　　　　ニコット＝新版 子どもの治療相談面接（共監訳，岩崎学術出版社）ほか

改訳 遊ぶことと現実
ISBN978-4-7533-1101-9

訳　者
橋本 雅雄
大矢 泰士

1979 年 3 月 30 日　　第 1 刷発行
2015 年 10 月 21 日　改訳第 1 刷発行
2024 年 5 月 15 日　改訳第 5 刷発行

印刷　（株）新協　／　製本　（株）若林製本工場

発行所　（株）岩崎学術出版社　〒101-0062　東京都千代田区神田駿河台 3-6-1
発行者　杉田 啓三
電話 03（5577）6817　FAX 03（5577）6837
©2015　岩崎学術出版社
乱丁・落丁本はおとりかえいたします　検印省略

新版 子どもの治療相談面接
D・W・ウィニコット著　橋本雅雄・大矢泰士監訳
卓越した治療技法と臨床感覚を生き生きと再現

抱えることと解釈●精神分析治療の記録
D・W・ウィニコット著　北山修監訳
独創的な分析家による綿密・精緻な治療記録

道のりから学ぶ●精神分析と精神療法についてのさらなる思索
P・ケースメント著　上田勝久，大森智恵訳　松木邦裕翻訳協力
「学ぶ」シリーズ第5弾

サイコアナリシス・オンライン●遠隔治療のための知識とトレーニング
J・S・シャーフ編著　妙木浩之監訳
ネットを用いた実践と訓練を論じ，ポストコロナ期の臨床に役立つ

クラインとウィニコット●臨床パラダイムの比較と対話
エイブラム，ヒンシェルウッド著　木部則雄，井原成男監訳
両派の理論の違いを臨床的体験から徹底的に討論

体系講義 対象関係論 上●クラインの革新とビオンの継承的深化
松木邦裕著
対象関係論の本体であるクラインを詳しく解説

体系講義 対象関係論 下●現代クライン派・独立学派とビオンの飛翔
松木邦裕著
現代クライン派精神分析と独立学派を展望

連続講義 精神分析家の生涯と理論
大阪精神分析セミナー運営委員会 編
精神分析の発展に寄与した分析家たちの苦悩の足跡をたどる

精神分析新時代●トラウマ・解離・脳と「新無意識」から問い直す
岡野憲一郎著
解離を愛着理論からとらえなおし，右脳の理解から新しい精神分析を提示

この本体価格に消費税が加算されます。定価は変わることがあります。